Premiers pas avec iPad

Nouvelle édition

POUR LES NULS

Premiers pas avec iPad pour les Nuls

Titre de l'édition originale : *iPad For Seniors for Dummies 6th edition*
Pour les Nuls est une marque déposée de Wiley Publishing, Inc
For Dummies est une marque déposée de Wiley Publishing, Inc

Collection dirigée par Jean-Pierre Cano
Traduction : Spectrobyte
Maquette et illustration : Marie Housseau

Edition française publiée en accord avec Wiley Publishing, Inc.

12, avenue d'Italie
75013 Paris - France
Tél. 01 44 16 09 00
Fax 01 44 16 09 01
E-mail : firstinfo@efirst.com
Web : www.editionsfirst.fr
ISBN : 978-2-7540-7288-5
Dépôt légal : 1er trimestre 2015
Imprimé en France par Pollina - L71325

Premiers pas avec iPad
Nouvelle édition
pour
LES NULS

Nancy Muir

FIRST
Interactive

Sommaire

Introduction

À propos de ce livre

Ce livre s'adresse tout particulièrement aux personnes d'un certain âge qui ne sont pas forcément au courant de tout ce qui concerne l'informatique, mais qui sont désireuses de découvrir les notions de base de l'utilisation d'un iPad, puis d'autres un peu plus approfondies.

Quelques hypothèses hasardeuses

Ce livre décrit une série de tâches que vous pourriez ou voudriez mener à bien. Il part du principe que vous n'avez jamais eu d'iPad entre les mains et s'adresse à vous dans un langage résolument non technique.

Il couvre l'iPad Air 2 et l'iPad mini 3, y compris la version Wi-Fi + 4G. Comme il sera question de l'application iBooks, nous vous invitions à l'installer. Cette opération est décrite aux Chapitres 9 et 10.

À quoi sert ce livre ?

L'iPad est parfait pour les seniors parce que son interface est simple et intuitive, surtout lorsqu'il s'agit d'échanger du courrier électronique ou d'écouter de la musique. Mais l'outil est capable de bien d'autres prouesses que ce livre vous propose de vous faire découvrir.

Première Partie

Apprivoiser son iPad

« À part ce petit problème d'orientation paysage, je suis très satisfait de mon iPad ! »

Chapitre 1

Acheter son iPad

Dans ce chapitre :

- iOS 8 ? V'là aut'chose !
- iPad Air ou iPad mini.
- Combien de mémoire me faut-il ?
- La Wi-Fi seulement ou la 3G en plus ?
- Que faut-il pour utiliser un iPad ?
- Les accessoires disponibles.
- Qu'est-ce qu'il y a dans la boîte ?
- Premiers contacts.

Votre tout nouvel iPad

Vous en avez entendu parler. On ne parlait même que de ça dans les journaux et à la télé quand il est sorti. Et du coup, vous en avez acheté un pour vous faire plaisir, pour surfer sur Internet, lire des livres électroniques, regarder des photos, et pleins d'autres choses.

Croyez-moi, si vous avez déjà acheté un iPad, vous avez bien fait parce que l'iPad, c'est plus qu'un ordinateur. C'est un appareil mobile parfait pour le senior que vous êtes sans doute (puisque vous avez acheté cet ouvrage). Et si vous ne l'avez pas encore acquis, les lignes qui suivent devraient vous aider à choisir le modèle qui vous convient.

Dans ce chapitre, nous évoquerons, en effet, les différents modèles d'iPad, leurs avantages et leur mode d'utilisation.

iOS 8 ? V'là aut' chose !

Vous n'êtes pas obligé de savoir ce qu'est l'iOS, mais cela aide bigrement. iOS, ce sont les initiales de *Operating System*, autrement dit, en bon français bien d'cheu nous, « système d'exploitation ». Vous n'en êtes pas plus avancé pour autant ? Dans ce cas, précisons que le système d'exploitation est le logiciel qui fait fonctionner un ordinateur ou, comme ici, votre iPad. Sans lui, votre tablette serait inerte. Elle ne servirait à rien. Mais le « *i* » d'iOS, dans toute cette histoire ? Ah ben, je l'attendais celle-là... La réponse est simple : Apple, le fabricant des iPad, iPod, iPhone, iMac et autres iAppareils, a pris l'habitude de faire précéder toutes ses inventions d'un « i ». Une manie comme une autre. Encore heureux que la firme à la pomme n'ait pas choisi un j ou un k... Le « 8 » est, bien sûr, le numéro de la version de l'iOS.

Mais à vrai dire, vous pouvez ignorer complètement ces subtilités. Mieux : chaque fois qu'Apple améliore son iOS, la mise à jour vous est notifiée et elle s'effectue ensuite très facilement.

iPad Air et iPad mini

Si, entre les deux, votre cœur balance, sachez que la différence fondamentale se situe au niveau de la taille, les iPad Air (basique ou 2) étant évidemment plus grands que les iPad mini (2 ou 3).

- **Taille et poids :** Les « Air » affichent une hauteur de 240 mm pour une largeur de 169,5 mm. Les « mini », pour leur part, plafonnent à 200 mm de haut x 134,7 de large. En matière de poids, les modèles mini se distinguent des Air par un poids plus réduit (331 gr. contre 469 pour l'iPad Air basique ou 437 pour l'iPad Air 2 en version Wi-Fi).

- **Écran :** Si tous les iPad proposent un écran Retina Multi-Touch rétroéclairé par LED et avec revêtement oléophobe, la taille de l'écran diffère forcément entre les modèles Air et les modèles mini ; elle s'établit à 9,7 pouces (diagonale) dans le premier cas et à 7,9 dans le second.

- **Appareil photo :** Tous les modèles arborent deux appareils photo. L'un, en façade, appelé « caméra FaceTime », sert à la visiophonie avec FaceTime. L'autre, au dos, baptisé « appareil photo iSight », sert à prendre des photos.

Dans tous les cas, la caméra FaceTime prend des photos de 1,2 Mpx (mégapixels) et des vidéos HD 720p. L'appareil iSight, pour sa part, propose 5 Mpx sur tous les modèles, exception faite de l'iPad Air 2 qui pousse cette valeur à 8 Mpx.

- **Processeur :** Même différence qu'en matière d'appareil photo iSight : tous les modèles sont équipés d'une puce A7 avec architecture 64 bits et coprocesseur de mouvement M7, exception faite de l'iPad Air 2, équipé, lui, d'un processeur A8X avec architecture 64 bits et coprocesseur de mouvement M8.
- **4G :** Cette fonction est optionnelle et permet de se connecter à Internet en utilisant un réseau de téléphonie mobile.
- **Prix :** Comptez, pour un iPad Air, 399 euros pour la version Wi-Fi et 519 pour la version Wi-Fi + Cellular en configuration minimale (16 Go). Ajoutez 100 euros pour les mêmes valeurs sur l'iPad Air 2. Quant aux déclinaisons mini, le 2 démarre à 299 (Wi-Fi) et 419 (Wi-Fi + Cellular) ; le 3 dans les mêmes conditions, à 399 et 519 respectivement.

Les éléments du paragraphe précédent vous ont éclairé sur les différences fondamentales entre les « Air » et les « mini » (Figure 1.1). Vous pourrez donc faire votre choix en toute connaissance de cause si, d'aventure, vous n'avez pas déjà sélectionné un modèle plutôt qu'un autre.

Figure 1.1

Combien de mémoire me faut-il ?

La mémoire dont il est question détermine la quantité d'applications, de photos, de livres, de vidéos et autres éléments que vous pouvez engranger dans votre iPad. La quantité de mémoire a aussi une incidence sur la fluidité des émissions de télévision que vous pouvez recevoir en *streaming*.

Le streaming concerne les émissions de radio et de télévision et s'oppose au téléchargement. Quand une émission est téléchargée, vous devez attendre la fin du transfert dans votre iPad avant de l'écouter ou de la regarder. Le fichier peut occuper énormément de place. En streaming, l'émission commence immédiatement. Les données arrivent au fur et à mesure et celles qui ont déjà été écoutées ou vues s'effacent. À la fin de l'émission, il ne reste plus rien en mémoire. Les Chapitres 11 et 13 sont consacrés à la musique et aux vidéos provenant d'Internet.

Un iPad peut être livré avec 16, 32, 64 ou 128 gigaoctets (Go). Vous devez évaluer, avant l'achat, la quantité de mémoire dont vous aurez besoin, car contrairement aux ordinateurs, il n'est pas possible d'en ajouter ultérieurement. Vous ne pouvez même pas brancher une clé USB ou un disque dur externe pour augmenter la capacité de stockage, car l'iPad est dépourvu de port USB. Apple propose fort heureusement le service iCloud qui permet de stocker des données sur Internet et d'y accéder avec votre iPad, mais aussi avec un ordinateur. Nous l'étudierons au Chapitre 2.

Grâce à l'accessoire Apple Digital AV, il est possible de connecter un disque dur externe à connexion HDMI. Reportez-vous au Chapitre 13 pour en savoir plus sur cette fonctionnalité.

Cela dit, vous ne connaissez toujours pas la quantité de mémoire à prévoir pour votre iPad. Voici une règle d'or : si vous avez l'intention de regarder beaucoup de vidéos et de les stocker dans votre iPad, 64 Go ne seront pas un luxe. Idem si vous êtes un passionné de photos et que vous désirez utiliser l'iPad comme videur de cartes mémoire et pour visionner vos meilleures photos. En revanche, si vous n'êtes pas un fana de photos, que vous téléchargez de temps en temps de la musique et que vous regardez des émissions de télévision, 32 Go seront amplement suffisants. Si vous désirez seulement surfer sur le Web, échanger du courrier, emporter quelques livres, photos, morceaux de musique et vidéos, 16 Go *devraient* suffire.

TRUC

Vous n'avez pas la moindre idée de ce que sont les gigaoctets ? Pour commencer, il faut savoir que 1 Go = 1 024 mégaoctets (Mo). Une application que vous téléchargez occupe en moyenne 3 à 5 Mo, mais certaines peuvent être plantureuses et s'étaler voluptueusement sur 20 Mo. Pour une chanson du genre *Douce France,* comptez 3 à 4 Mo. Les photos prises avec votre iPad Air font entre 1,5 et 2,5 Mo (mais seulement 0,3 Mo environ pour l'iPad 2). Les photos que vous prenez avec un compact ou un reflex et que vous transférez ensuite dans l'iPad peuvent occuper énormément de place ; reportez-vous au manuel de l'appareil photo pour en savoir plus. J'allais oublier les vidéos : comptez 10 Mo par minute. Et maintenant, à vos calculettes !

Il va de soi que plus l'iPad est riche en mémoire, plus son prix est élevé. Ainsi, un modèle iPad Air 2 Wi-Fi 16 Go coûte 499 euros ; le prix passe à 605 euros pour 64 Go, puis à 705 pour 128 (le prix du giga est donc spectaculairement dégressif).

La Wi-Fi seulement ou la 4G en plus ?

La différence fondamentale entre la Wi-Fi seule et la Wi-Fi + 4G est que, dans le premier cas, vous ne pourrez accéder à Internet que si une connexion Wi-Fi est disponible. C'est le cas chez vous, sans doute chez vos proches et amis, et aussi dans les hôtels, gares, aéroports et autres lieux publics, moyennant parfois finances.

En revanche, avec la 4G, vous pouvez vous connecter à Internet depuis n'importe quel endroit couvert par un de ces réseaux de téléphonie. En France métropolitaine, la quasi-totalité du territoire est desservie. Vous pouvez donc vous connecter à Internet depuis une barque immobilisée au beau milieu d'un lac tandis que le flotteur de votre canne à pêche ondule mollement sur les eaux. Notez que, pour bénéficier de l'accès au réseau, vous devrez souscrire un abonnement auprès d'un opérateur téléphonique. Par exemple, chez Orange, comptez 30 euros par mois minimum pour un forfait de 2 Go mensuels (plus que suffisant pour le courrier électronique, mais vite consommé si vous êtes un vidéophage).

Un iPad 4G offre un autre avantage : il est équipé d'un module GPS. La localisation est, de ce fait, beaucoup plus précise ; de plus, ce module est indispensable pour utiliser des applications de navigation. Si l'iPad n'est pas équipé d'un GPS, il parviendra néanmoins à effectuer une localisation. Comment ? Par triangulation à partir de bornes Wi-Fi s'il en détecte dans les environs.

Que faut-il pour utiliser un iPad ?

En principe, l'iPad est un appareil autonome. Il est donc utilisable sans ordinateur. Mais ça, c'est de la théorie.

Pour utiliser pleinement votre tablette, vous aurez de toute façon besoin d'une connexion Wi-Fi, à moins de squatter le McDo du coin. Et si vous tenez à transférer vos photos, vidéos et autres éléments de votre vie numérique dans l'iPad, vous aurez besoin d'un ordinateur. Vous effectuerez ces transferts par une procédure appelée *synchronisation* qui est bien sûr décrite dans ce livre.

Vous devrez aussi ouvrir un compte sur l'Apple Store, même si vous n'avez aucune intention d'acheter quoi que ce soit… et même pour les téléchargements gratuits. Et si votre iPad est un modèle Wi-Fi + 4G, vous devrez souscrire un forfait auprès d'un des opérateurs de téléphonie habilités : Orange, Bouygues, Free ou SFR, en France.

Il est donc recommandé de disposer, au choix, de l'équipement suivant :

- Un Mac équipé d'au moins un port USB 2.0, de Mac OS X version 10.5.8 ou ultérieure et du logiciel iTunes 10.5 ou ultérieur.
- Un PC équipé d'au moins un port USB 2.0, de Windows 7, Windows Vista ou Windows XP Édition familiale ou Édition professionnelle, avec le Service Pack 3 ou ultérieur et iTunes 10.5 ou ultérieur.

Voici à présent ce qui est obligatoire :

- Un accès Internet (grâce à une box ou à un routeur).

Et voici ce qui est facultatif :

- Un compte iCloud.

Le compte iCloud sert à deux choses : gérer le contenu de l'iPad en stockant notamment sur iCloud des données accessibles non seulement par votre iPad, mais aussi par un ordinateur Mac ou PC ou par un iPhone, voire un iPod touch de quatrième génération.

Les accessoires disponibles

S'il vous reste un peu de sous après avoir acheté l'iPad, vous pouvez envisager l'achat des accessoires suivants :

- **Étui Smart Cover :** Contrairement à l'écran d'un ordinateur, l'écran d'un iPad est exposé aux rayures et aux chutes. Un étui Smart Cover (Figure 1.2) le protégera tout en lui donnant un look très seyant lorsque vous ne l'utilisez pas. Comptez 40 euros environ pour un étui Smart Cover en polyuréthane et 70 euros pour un étui en cuir. Il existe quantité d'étuis moins chers, y compris sur l'Apple Store, la boutique virtuelle d'Apple.

Figure 1.2

- **Kit de connexion d'appareil photo pour iPad :** Comme l'iPad est dépourvu de port USB, il est impossible de transférer directement les photos dedans. Ce kit, vendu 30 euros environ, est composé de deux adaptateurs distincts : un lecteur de cartes mémoire SD (la grande majorité des appareils photo les utilisent) et un adaptateur USB. Vous brancherez dessus un lecteur de cartes mémoire lisant d'autres formats de cartes mémoire (CompactFlash, Memory Stick…).
- **Dock iPad :** Il est mince et léger. C'est un support qui maintient l'iPad debout, légèrement incliné en arrière. Il est commode pour utiliser confortablement l'iPad posé sur le bureau. Pour 30 euros environ, c'est un excellent investissement.

- **Dock avec clavier :** Le clavier virtuel de l'iPad est pratique pour un usage sporadique, mais si vous avez décidé d'écrire le roman de votre vie ou si vous envoyez des courriers électroniques à n'en plus finir, un véritable clavier sera autrement plus pratique. Le clavier sans fil Bluetooth destiné aux ordinateurs fonctionne parfaitement avec un iPad. Attention : le dock avec clavier spécialement conçu pour l'iPad est incompatible avec l'iPad 2 et l'iPad Air. Le clavier est utilisable, mais pas le support.
- **Câble Dock connecteur vers USB :** Il est semblable à celui fourni avec l'iPad, mais un peu plus long (1 mètre environ).
- **Adaptateur AV numérique :** Ce câble (Figure 1.3) permet de brancher l'iPad à un appareil équipé d'une prise HDMI, notamment un écran plat de téléviseur ou d'ordinateur. Il peut également servir pour un iPhone 4 ou 4S ou pour un iPod touch de quatrième génération. Il est vendu 40 euros environ.

Figure 1.3

- **Câble composite AV :** Vendu 40 euros, il sert à connecter l'iPad à un téléviseur ou à un *home cinema* à l'aide des ports vidéo composites Y, Pb et Pr. Une prise USB fait partie du lot de câbles.
- **Imprimante :** Elle doit être compatible AirPrint. C'est le cas de plusieurs modèles fabriqués par Hewlett-Packard et par Epson. Pour faire votre choix, allez sur le site `http://store.apple.com/fr/browse/campaigns/airprint`. Vous pourrez aussi utiliser cette imprimante avec un iPhone ou un iPod touch. Les applications AirPrint Activator 2 et Printopia permettent d'accéder à n'importe quelle imprimante partagée sur un réseau informatique.

TRUC

De nombreuses marques fabriquent des accessoires pour iPad. Farfouillez dans votre boutique préférée.

TRUC

Ne perdez pas votre temps à essayer d'établir une connexion avec une souris sans fil, car le principal moyen de communiquer avec l'iPad, ce sont vos doigts.

Qu'est-ce qu'il y a dans la boîte ?

La boîte blanche dans laquelle l'iPad est livré est de la taille d'une rame de papier. Voici ce que contient la boîte :

- **L'iPad :** C'est bien la moindre des choses. Il est protégé par un mince film en plastique transparent que vous devrez retirer avant usage.
- **Un étui avec de la documentation :** La doc est réduite à une simple carte indiquant à quoi servent les boutons de l'iPad. Il y a aussi un document de conformité aux normes électriques (lecture idéale pour s'endormir en cas d'insomnie) et un autre, le Guide d'informations importantes, qui mérite d'être lu à la loupe, vu la petitesse des caractères. Il y a aussi les traditionnels autocollants Apple.

Figure 1.4

- **Un transformateur secteur :** Équipé d'un port USB, il sert à recharger la batterie sur le courant secteur (Figure 1.4).
- **Un câble USB** (Figure 1.4) : Il a deux fonctions. La première est de recharger l'iPad en le branchant au transformateur. Le second est de communiquer avec un ordinateur sur lequel le logiciel iTunes est installé.

Premiers contacts

La carte livrée avec l'iPad se contente d'indiquer où sont les boutons et à quoi ils servent. La Figure 1.5 vous en apprend davantage.

Voici d'autres informations utiles :

- **Bouton principal :** Il s'agit du bouton circulaire placé au centre en bas. Appuyez dessus pour revenir à l'écran d'accueil. Ce dernier regroupe toutes les applications préinstallées et donne accès aux réglages de l'iPad. Chaque fois que vous ne savez plus trop que faire, appuyez sur ce bouton. Vous serez ainsi très souvent tiré d'affaire. Ou du moins, vous saurez où aller ensuite. Si vous enfoncez ce bouton deux fois consécutivement, vous visualisez la liste des applications en cours d'exécution, chacune d'entre elles étant représentée par la mini-fenêtre correspondante.
- **Bouton Marche/Arrêt ou Veille/Marche :** Appuyez sur ce bouton (décrit plus en détail au Chapitre 2) pour mettre l'iPad en marche, le mettre en veille ou l'arrêter.
- **Appareils photo :** Celui qui se trouve au dos est l'appareil photo principal. Celui placé en façade est plutôt une webcam qui vous servira à communiquer en voyant votre correspondant.
- **Bouton Silence :** Il coupe le son de l'iPad. Il peut aussi être configuré pour empêcher la rotation du contenu de l'écran, quand l'iPad est penché sur un côté, ce qui est pratique pour la lecture d'un livre électronique.
- **Haut-parleur :** Il se trouve en bas à droite, près du bouton principal. La sonorité est correcte.
- **Volume :** Il règle le volume du son. Le bouton qui augmente le son sert aussi de déclencheur pour l'appareil photo.

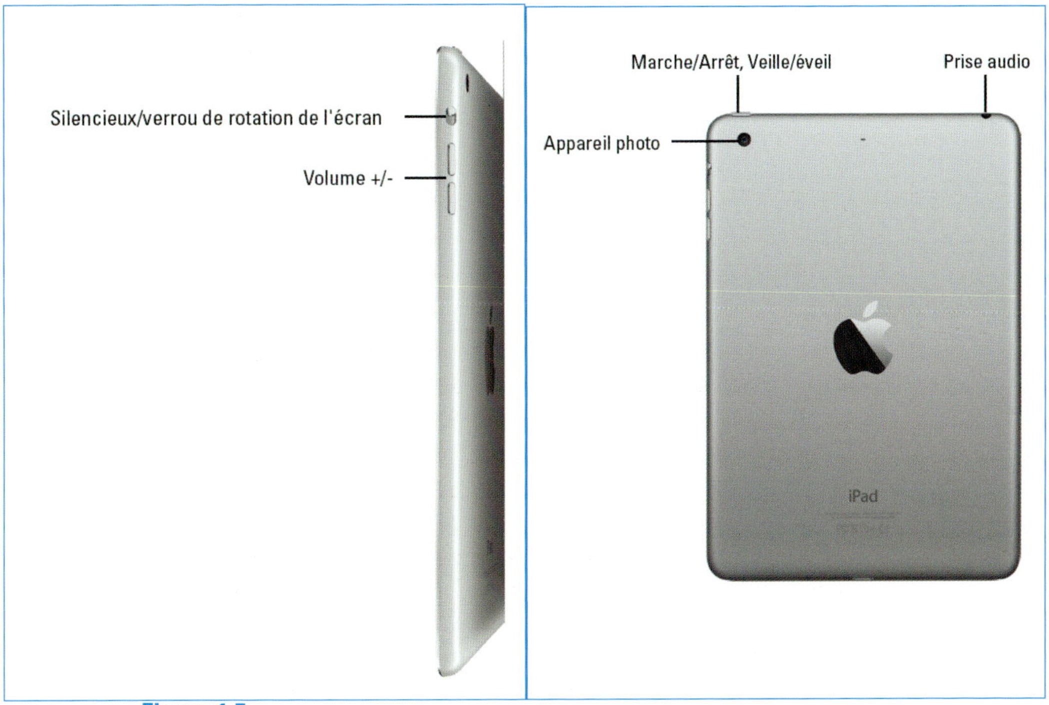

Figure 1.5

- **Prise pour écouteur :** Utilisez-la pour écouter la musique en stéréo avec des écouteurs (celui d'un iPhone par exemple) ou pour brancher des petites enceintes.
- **Microphone :** Vous l'utiliserez pendant vos communications par Internet, avec Facebook ou d'autres applications de téléphonie par Internet. Avec le Nouvel Apple, il vous servira à dicter vos textes dans les nombreuses applications qui exploitent cette fonctionnalité.

- Les connecteurs du bas de l'iPad :

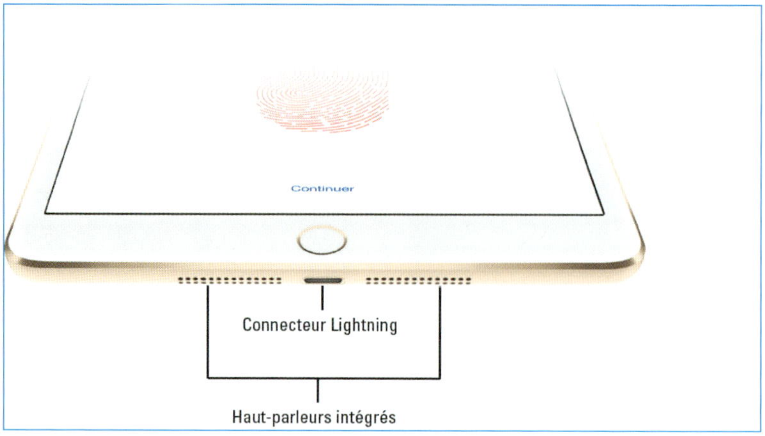

Figure 1.6

- Les éléments en façade :

Figure 1.7

Chapitre 2

L'écran d'accueil

Dans ce chapitre :

- La toute première fois.
- Le bel écran Multi-Touch.
- Touchez, effleurez !
- Afficher le clavier virtuel.
- Dissocier le clavier.
- Exploiter la fonction Texte prédictif.
- Dicter du texte.
- Corriger le texte.
- Rechercher dans l'iPad.
- Mettre iOS à jour.
- Multitâche ? C'est quoi ça ?
- Les gestes du multitâche.
- Les appareils photo de l'iPad.
- Rotation de l'écran et silence.
- La barre d'état.
- Petit inventaire des applications.
- Mettre en veille, éteindre, rallumer.

Bienvenue à l'écran d'accueil

Je ne tournerai pas autour du pot (ou de la tablette, en l'occurrence) : l'iPad exige un petit apprentissage parce qu'il est assez différent des autres ordinateurs que vous pourriez avoir utilisés. Mais si vous possédez déjà un iPhone ou un iPod touch, vous ne serez pas du tout dépaysé. La différence tient principalement à l'écran tactile de l'iPad. Les habitudes que vous auriez prises sur un ordinateur, comme le clic droit avec le bouton de la souris, n'ont plus cours sur l'écran Multi-Touch de l'iPad.

Mais rassurez-vous : avec un iPad, tout est simple. Le commander du bout des doigts est autrement plus naturel que de raboter la table avec une souris.

Dans ce chapitre, vous mettrez l'iPad en marche et vous découvrirez le contenu de l'écran d'accueil. Vous apprendrez aussi à interagir avec lui de différentes manières, avec un ou deux doigts (non, il ne s'agit pas de claquer des doigts pour appeler l'iPad).

TRUC

L'inconvénient de l'écran tactile, c'est qu'il se salit peu à peu, surtout quand on l'utilise après s'être préparé des tartines avec de la confiture qui dégouline sur les doigts. Une lingette de nettoyage pour écran sera fort utile.

La toute première fois

Lorsque l'iPad vient d'être déballé, vous devez vous enregistrer. L'opération peut être faite en utilisant la version à jour d'iTunes installée sur un ordinateur, en procédant comme suit :

1. **Prenez l'iPad en main, tenu comme une feuille de papier.**

2. **Maintenez la touche Veille/Marche enfoncée jusqu'à ce que le logo d'Apple – une pomme – apparaisse. Vous devez tout d'abord sélectionner la langue ; choisissez le français, puis le pays. Ensuite, un écran demande si vous désirez vous enregistrer avec iCloud ou avec iTunes. Touchez l'option iTunes et continuez.**

3. **Branchez le connecteur large du câble USB à l'iPad.**

4. **Branchez l'autre extrémité du câble à un port USB de votre ordinateur. Les deux appareils communiquent un instant entre eux.**

5. **Connectez-vous à votre compte iTunes dans la boîte de dialogue affichée sur l'écran de l'ordinateur, puis suivez les instructions pour enregistrer votre iPad et choisir si vous utiliserez iCloud (décrit au Chapitre 3) et si vous acceptez la localisation géographique de l'iPad. Cette option peut être modifiée par la suite, comme nous le verrons au Chapitre 3. Cela fait, l'écran d'accueil apparaît. L'iPad est opérationnel.**

6. **Débranchez le câble USB.**

Si vous achetez l'iPad dans un Apple Store, l'employé pourra vous le préparer. Votre iPad sera immédiatement opérationnel.

Vous pouvez dès à présent transférer certains éléments dans votre iPad : de la musique, des vidéos, des applications, des contacts, des livres audio, des calendriers, des livres électroniques, des podcasts, des signets, des ratons laveurs. Ah non, pas les ratons laveurs… Vous pouvez aussi transférer vers l'ordinateur tout ce que vous téléchargez directement dans l'iPad, y compris les applications achetées sur iTunes ou dans l'App Store. Nous y reviendrons aux Chapitres 8 et 9.

Si vous avez opté pour iCloud au cours de l'enregistrement ou par la suite, les mises à jour du système d'exploitation iOS seront effectuées sans que vous ayez besoin d'utiliser un ordinateur.

Le bel écran Multi-Touch

L'écran d'accueil (Figure 2.1) contient deux ensembles d'icônes. Le premier, en haut, contient seize applications que nous examinerons en détail dans la section « Petit inventaire des applications », un peu plus loin dans ce chapitre. Le deuxième ensemble d'icônes se trouve en bas de l'écran, dans une partie appelée Dock. Ce sont aussi des applications, mais que vous utilisez plus fréquemment. Comme vous le verrez par la suite, lorsque des écrans supplémentaires seront créés, le Dock sera toujours affiché en permanence.

Figure 2.1

Traitez l'écran avec délicatesse. Il est en verre et n'est pas à l'abri d'incidents. Méfiez-vous surtout des bijoux (bague, chevalière…) qui pourraient le cogner ou le rayer. Et bien sûr, n'exposez pas l'iPad à une chute.

L'écran est tactile. Dès que vous le touchez, l'iPad considère que vous attendez quelque chose de lui. La preuve :

1. **Touchez l'icône Réglages. Diverses options décrites en détail tout au long de ce livre apparaissent, comme le montre la Figure 2.2.**

2. **Pour revenir à l'écran d'accueil, appuyez sur le bouton principal.**

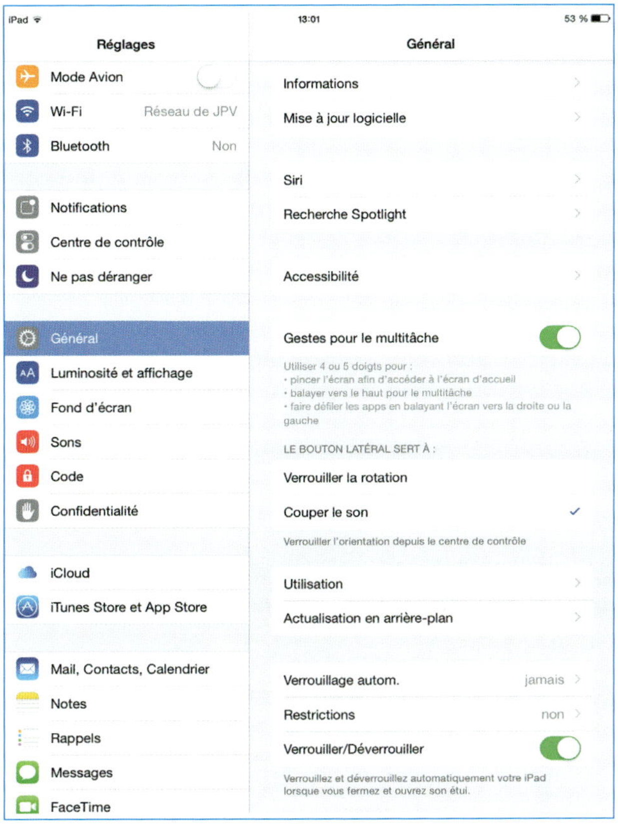

Figure 2.2

3. Effleurez l'écran de gauche à droite : vous accédez à un autre écran. Quand vous aurez téléchargé des applications, elles apparaîtront dans un écran supplémentaire auquel vous accéderez de la même manière, par effleurement. Remarquez les petits points au-dessus du Dock : chacun correspond à un écran. Celui à gauche, en forme de loupe, donne accès à l'écran de recherche Spotlight.

4. Basculez l'iPad sur un côté : le contenu de l'écran pivote et les icônes se repositionnent. L'iPad peut être utilisé dans n'importe quelle position.

TRUC

Vous pouvez choisir un autre fond d'écran, comme expliqué au Chapitre 4. Il est même possible d'utiliser une de vos photos.

Touchez, effleurez !

L'écran Multi-Touch réagit à toute une série de gestes qu'il est utile de connaître. Les voici :

- **Toucher :** Pour ouvrir une application, choisir une option dans une liste, sélectionner un champ de saisie, actionner une flèche permettant d'aller à l'écran précédent ou suivant, touchez l'élément du bout du doigt.

- **Double-toucher :** Cette technique permet notamment d'agrandir un article dans une page Web ou de zoomer en avant et en arrière dans l'application Plans.

Figure 2.3

- **Pincer-écarter :** C'est une variante du double-toucher. Quand une page Web (Figure 2.3), une photo, une carte ou un message Internet est affiché, pincer ou écarter permet de réduire ou d'agrandir cet élément.

  TRUC

  Le triple-toucher permet de zoomer encore plus. Il est aussi possible d'effleurer avec quatre ou cinq doigts, comme nous le verrons plus loin dans ce chapitre. Ces techniques sont commodes pour ceux qui ont un problème de vision. (Le Chapitre 4 décrit les fonctions d'accessibilité destinées aux personnes ayant des handicaps de perception ou moteurs.)

- **Tirer :** Lorsque vous déplacez le bout du doigt sur l'écran, son contenu se déplace. Par exemple, si vous tirez l'écran d'accueil du centre vers le bas, vous accédez à l'écran de recherche de l'iPad. Quand vous tirez vers le haut pendant que vous lisez un article de journal, vous faites remonter la page afin de lire la suite.

- **Effleurer :** Pour parcourir encore plus rapidement une page, effleurez rapidement l'écran dans la direction désirée.

- **Toucher la barre d'état :** Pour remonter instantanément en haut d'une liste, d'une page Web ou d'un message électronique, touchez la barre d'état tout en haut de l'écran.

- **Toucher continûment :** Lorsque vous utilisez Notes, Mail ou toute autre application permettant de sélectionner du texte ou si vous êtes sur une page Web, garder le doigt sur du texte sélectionne le mot et affiche les commandes permettant de couper ou copier.

Essayez à présent ce petit exercice pratique :

1. **Dans le Dock (bande d'icônes ancrées dans le bas de l'écran d'accueil), touchez l'icône Safari pour démarrer le navigateur Web.**

2. **Touchez un lien pour accéder à une autre page.**

3. **Double-touchez la page pour l'agrandir; pincez avec vos doigts pour la réduire.**

4. **Tirez la page du bout du doigt.**

5. **Effleurez rapidement la page pour la faire défiler plus vite.**

6. **Gardez le doigt sur un mot qui n'est pas un lien. Ce mot est sélectionné tandis qu'apparaît, notamment, la commande Copier (Figure 2.4).**

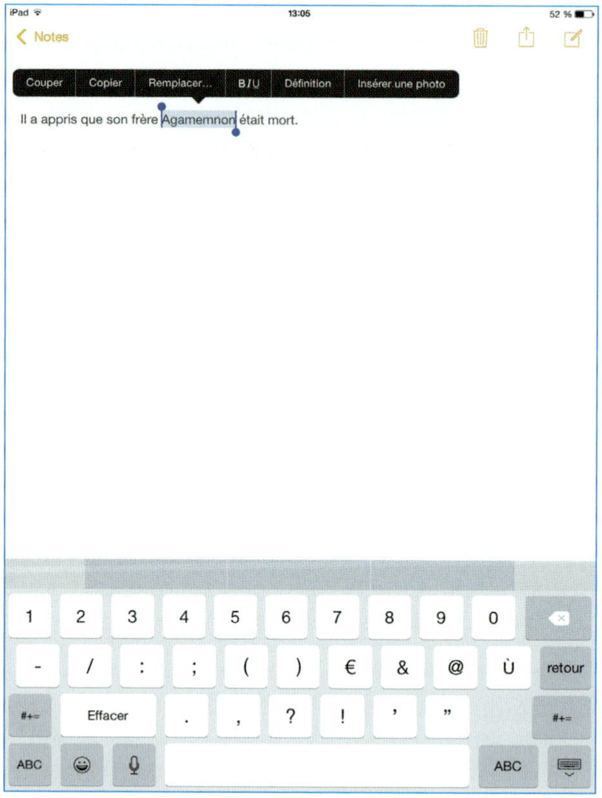

Figure 2.4

7. **Laissez le doigt sur un lien ou sur une image. Un menu apparaît, avec des commandes pour ouvrir le lien ou copier le lien ou l'image, ou enregistrer cette dernière.**

8. **Pincez la page afin de zoomer en arrière, puis écartez les doigts pour zoomer en avant.**

9. **Appuyez sur le bouton principal pour revenir à l'écran d'accueil.**

Afficher le clavier virtuel

Le clavier virtuel de l'iPad apparaît chaque fois que vous vous apprêtez à saisir du texte, que ce soit dans les applications Notes, Mail ou ailleurs.

1. Sur l'écran d'accueil, touchez l'application Notes.

2. Touchez la feuille pour faire apparaître le clavier. Le clavier virtuel apparaît (Figure 2.5).

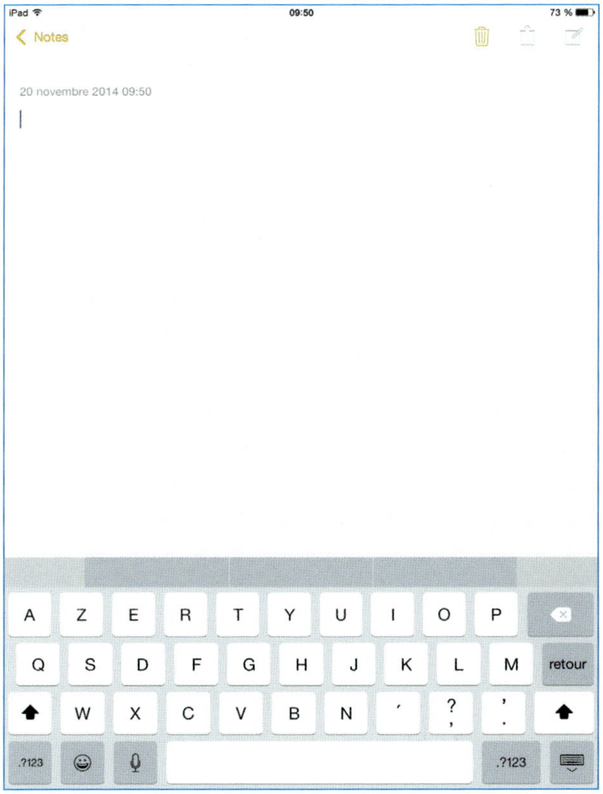

Figure 2.5

3. Saisissez quelques mots à l'aide du clavier. Pour agrandir les touches, tenez l'iPad en largeur.

4. Si vous avez fait une faute de frappe, tapez sur la touche d'effacement, en haut à droite du clavier. Elle supprime le caractère situé à gauche de la barre d'insertion.

5. Pour commencer un nouveau paragraphe, tapez la touche Retour, à droite du clavier.

6. Pour saisir des chiffres ou des caractères spéciaux, tapez sur la touche .?123 (de part et d'autre, près de la barre Espace). Les touches du clavier changent. Pour revenir au clavier alphabétique, touchez la barre Espace ou la touche ABC.

7. Utilisez la touche Majuscule comme d'habitude. Elle se désactive dès que vous avez saisi un caractère.

8. Double-touchez la touche Majuscule. Elle devient bleue et reste verrouillée jusqu'à la prochaine fois que vous la toucherez. Vous pouvez ainsi saisir du texte en majuscules.

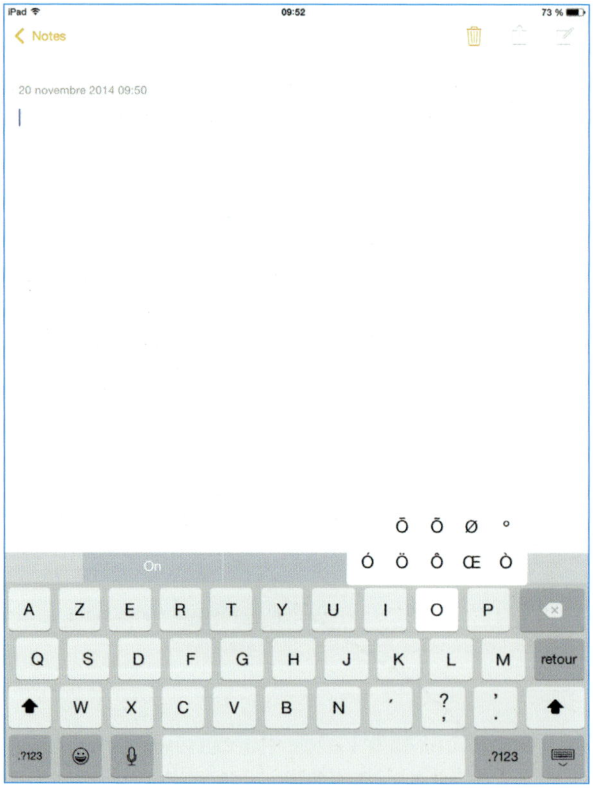

Figure 2.6

9. **Pour accéder aux caractères accentués, laissez le doigt sur la touche concernée (Figure 2.6). Vous pouvez accéder de la même manière à la cédille et à quantité de touches spéciales.**

10. **Pour masquer le clavier, tapez la touche ornée du symbole d'un clavier, en bas à droite.**

11. **Appuyez sur le bouton principal pour revenir à l'écran d'accueil.**

Le clavier peut être déplacé : laissez le doigt sur la touche Clavier, en bas à droite, et dans le menu, choisissez Détacher. Tirez à présent le clavier vers le haut en effleurant la touche Clavier vers le haut. Pour replacer le clavier en bas de l'écran, laissez le doigt sur la touche Clavier et dans le menu, choisissez Ancrer.

Double-touchez la barre Espace pour placer un point et une espace (eh oui, en typographie, « espace » est féminin).

Exploiter la fonction Texte prédictif

Peut-être avez-vous remarqué la présence, juste au-dessus du clavier, d'une barre de suggestions. C'est que iOS 8 est futé : il cherche à vous faciliter la vie en vous suggérant des termes (mots ou expressions) qu'il estime appropriés en fonction du contexte.

Voyez plutôt :

1. **Tapez « J'ai ». Aussitôt, la fonction anticipe et vous fait plusieurs suggestions (Figure 2.7).**

2. **Si une de ces suggestions vous intéresse, touchez-la pour l'intégrer dans votre texte.**

C'est juste miraculeux. Surtout quand on sait que l'outil est doté d'un mode apprentissage qui lui permet de se familiariser au fil du temps avec votre façon bien à vous de communiquer afin d'affiner en conséquence ses suggestions pour qu'elles collent au plus près à votre manière personnelle de vous exprimer.

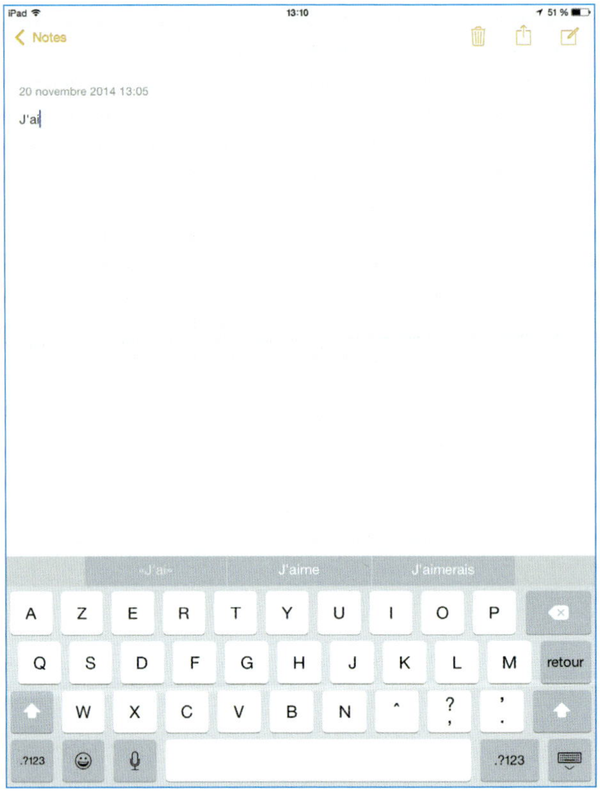

Figure 2.7

Vous préférez être seul maître à bord ? Désactivez cette barre en faisant glisser son bord supérieur vers le bas. Elle disparaît, symbolisée par un petit trait horizontal. Des remords ? Faites le mouvement inverse et la voilà qui refait surface.

Dissocier le clavier

Le clavier peut être scindé en deux parties. Cette disposition peut être pratique pour saisir du texte en tenant l'iPad à la main, par exemple lorsque vous l'utilisez en vous déplaçant dans un local ou à l'extérieur. Vous taperez alors avec vos pouces.

1. **Ouvrez une application comme Notes.**

2. **Touchez la feuille pour faire apparaître le clavier.**

3. **Posez deux doigts au milieu du clavier et écartez-les. Le clavier se dissocie, comme le montre la Figure 2.8.**

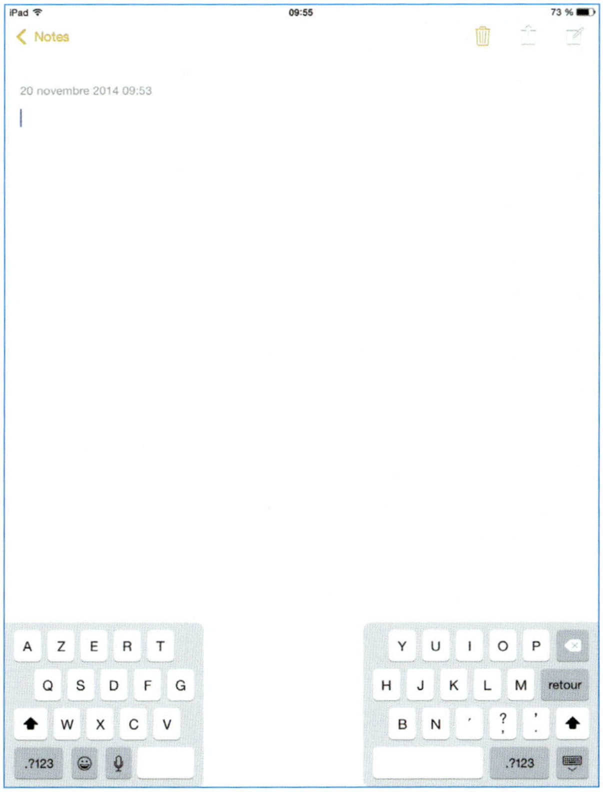

Figure 2.8

4. **Exercez-vous à saisir du texte avec les pouces (c'est bien sûr plus difficile que de se tourner les pouces).**

5. **Pour réunir le clavier, posez un doigt sur chaque partie et pincez-les.**

TRUC

Autre façon de faire : touchez-maintenez le bouton Clavier en bas à droite, puis choisissez Dissocier dans le menu local. Le clavier est dissocié et déplacé vers le haut. Choisissez, au même endroit, Ancrer et réunir pour revenir à la normale.

Dicter du texte

L'iPad Air est doté d'une fonction qui ravira tous ceux qui sont allergiques à la dactylographie. Ceux-ci pourront en effet dicter du texte dans la plupart des applications. L'iPad convertira leurs paroles en texte.

Pour savoir si votre iPad est du modèle autorisant la dictée, il suffit de regarder le clavier en l'ouvrant dans Notes, par exemple : si une touche ornée d'un microphone se trouve à gauche de la barre Espace, votre tablette est un iPad de troisième génération et c'est tout bon.

Voici comment dicter du texte avec un iPad Air :

1. **Ouvrez une application comme Notes.**

Figure 2.9

2. **Tapez sur la touche ornée d'un microphone, à gauche de la barre Espace. Siri, l'outil de commande vocale de l'iPad, prend la main (Figure 2.9).**

Figure 2.9

3. **Dictez votre texte.**

4. **Quand vous avez terminé, touchez le bouton OK. Un petit moment s'écoule au cours duquel l'iPad convertit vos paroles en texte. Ce texte s'affiche dans le corps de la note, au niveau du point d'insertion.**

Évitez des phrases trop longues, car leur transcription serait fort longue également. Préférez une dictée phrase par phrase. Vous constaterez que le texte est non seulement correctement écrit – même si quelques mots erronés à corriger ne sont pas exclus – et l'orthographe globalement respectée, du moins lorsque les phrases ne sont pas trop compliquées.

Corriger le texte

Si un mot est mal orthographié, vous devrez le corriger manuellement. Voici comment positionner la barre d'insertion à l'endroit d'une erreur :

1. **Laissez le doigt sur une partie vide, sans texte (si vous laissez le doigt sur du texte, vous le sélectionnez, ce qui n'est pas souhaitable). Une loupe apparaît.**

2. **Tirez la loupe jusqu'à l'emplacement de la correction et positionnez la barre d'insertion à droite du caractère à effacer.**

3. **Tapez sur la touche d'effacement autant de fois que nécessaire pour supprimer des caractères, puis saisissez la correction.**

Rechercher dans l'iPad

Votre iPad est truffé d'applications et le sera bientôt de photos, de musiques, de vidéos, d'adresses de contacts et de bien d'autres éléments. Parfois, vous saurez exactement où les trouver, mais il arrivera que ce soit moins évident. La fonction de recherche Spotlight de l'iPad – calquée sur celle du Mac – vous sera alors bien utile. Voici comment rechercher dans un iPad :

1. **À partir de l'écran d'accueil, effleurez vers le bas pour accéder à l'écran Spotlight. Vous y voilà (Figure 2.10).**

2. **Commencez à saisir le critère de recherche. Un exemple : vous tapez la lettre h. Dès la saisie, Spotlight découvre l'application Horloge qui commence par un** H**. Si plusieurs objets sont trouvés, au fur et à mesure que vous ajoutez des caractères, la recherche se réduit et se précise.**

3. **Une fois l'objet de votre recherche identifié, touchez-le pour l'ouvrir aussitôt dans l'application à laquelle il appartient.**

TRUC

Spotlight est futé : il isole les résultats en fonction de ce qu'il estime que vous recherchez dans le contexte actuel. Ainsi, si vous tapez le mot « réunion », il vous proposera d'emblée et pour commencer vos entrées calendrier ou vos mails dans lesquel(le)s ce mot apparaît.

Figure 2.10

Mettre iOS à jour

Ce livre est fondé sur la dernière version d'iOS à la date où ces lignes sont écrites, soit iOS 8.1. Chaque nouvelle version d'iOS installe de nouvelles fonctionnalités ou améliore des fonctionnalités existantes.

Pour être sûr de bénéficier des dernières nouveautés, vous devez périodiquement veiller à sa mise à jour. Si vous avez configuré iCloud, les mises à jour sont effectuées automatiquement. Sinon, vous devrez connecter l'iPad à l'ordinateur pour les installer. Voici comment :

1. **Connectez l'iPad à l'ordinateur à l'aide du câble USB. Démarrez ensuite iTunes.**

2. **Dans iTunes, cliquez sur le bouton iPad que vous trouverez en haut à gauche (le dernier de la série placée juste sous les**

boutons classiques du haut de la fenêtre), puis cliquez au besoin sur Résumé (Figure 2.11).

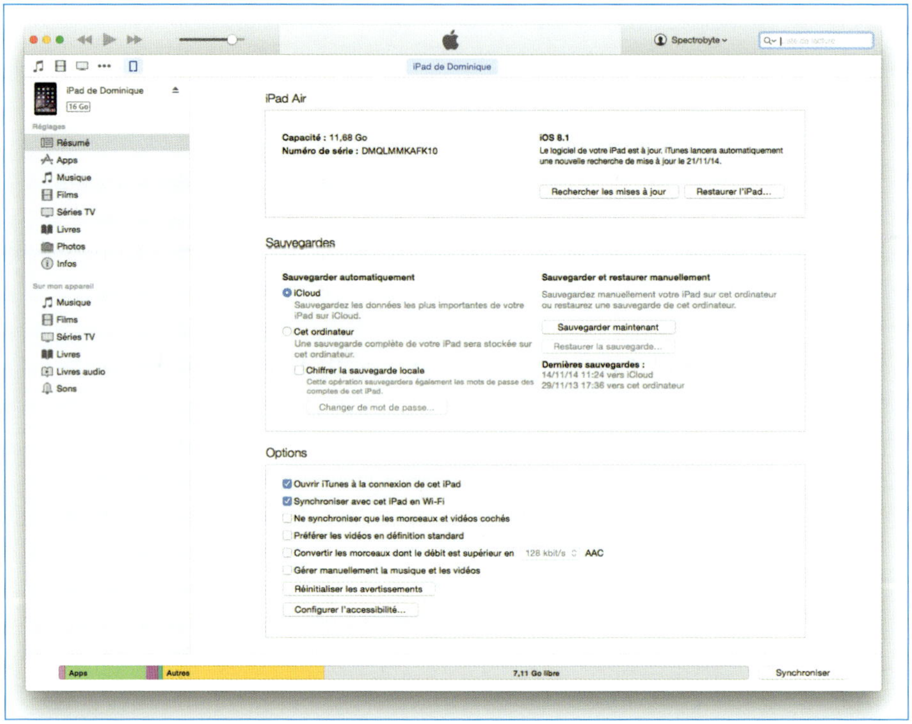

Figure 2.11

3. Dans le volet droit, consultez l'info placée à droite dans la rubrique iPad : elle indique la version de i'OS installée sur votre tablette. iTunes se charge, de manière automatique, de s'informer des mises à jour disponibles à intervalles réguliers. Rien, toutefois, ne s'oppose à ce que vous preniez vous-même la direction des opérations grâce au bouton intitulé fort à propos Rechercher les mises à jour.

TRUC

Il est également possible d'effectuer ces mises à jour par Wi-Fi :

1. Gagnez Réglages > Général.

2. À droite, touchez Mise à jour logicielle.

3. Si une mise à jour est disponible, l'iPad vous en informe et met à votre disposition un bouton intitulé Télécharger et installer.

Touchez ce bouton pour lancer la procédure (à condition de disposer d'un certain pourcentage de charge, faute de quoi le lancement de l'opération est inhibé ; il vous faudra alors brancher votre tablette sur secteur).

Multitâche ? C'est quoi ça ?

Le multitâche est une fonctionnalité qui permet à plusieurs applications de fonctionner en même temps. Elle existe depuis belle lurette sur les ordinateurs. Sur un iPad, elle permet de passer d'une application à une autre sans être obligé de quitter la première. Voyons cela :

1. **Ouvrez une application. N'importe laquelle.**
2. **Double-cliquez le bouton principal.**

Figure 2.12

3. L'écran d'accueil remonte, libérant une bande qui propose, en version miniature, autant de fenêtres qu'il y a d'applications en service, l'écran d'accueil et Notes dans notre exemple (Figure 2.12). Si vous aviez ouvert davantage d'applications, vous pourriez faire défiler ici vers la droite ou vers la gauche pour visualiser la mini-fenêtre correspondante.

4. Touchez la fenêtre de l'app à laquelle vous souhaitez accéder.

TRUC

Dans le haut de l'écran s'affichent des pastilles qui représentent vos contacts récents et vos contacts favoris (si vous en avez défini).

Les gestes du multitâche

Le multitâche a sa gestuelle particulière. Quelques gestes bien utiles :

- Depuis l'écran d'accueil ou depuis n'importe quelle fenêtre, effleurez vers le haut avec quatre ou cinq doigts pour accéder au bandeau des icônes multitâches. Cela vous évite de double-toucher le bouton principal.
- Effleurez dans l'autre sens pour masquer ce bandeau.
- Lorsqu'une application est ouverte, effleurez-la horizontalement avec quatre ou cinq doigts pour passer à l'application suivante ou précédente, selon le sens dans lequel vous effleurez.

Ces gestes ne vous intéressent pas ? Désactivez-les. Pour ce faire, touchez Réglages depuis dans l'écran d'accueil ; dans la rubrique Réglages de gauche, touchez Général ; dans la liste Général de droite, basculez le commutateur Gestes pour le multitâche sur Off.

Les appareils photo de l'iPad

Tous les iPad sont équipés de deux appareils photo. Ces optiques servent certes à prendre des instantanés (comme nous le verrons au Chapitre 12), mais elles servent aussi à filmer (Chapitre 13).

Sur le plan des fonctionnalités (utilisation, commandes, réglages...), les appareils photo des deux types d'iPad sont identiques. On remarque toutefois quelques différences au niveau des caractéristiques techniques (Figure 2.13).

iPad Air 2	iPad Air	iPad mini 3	iPad mini 2	iPad mini
Caméra FaceTime HD :	**Caméra FaceTime HD :**	**Caméra FaceTime HD :**	**Caméra FaceTime HD :**	**Caméra FaceTime HD :**
Photos de 1,2 Mpx	Photos de 1,2 Mpx	Photos de 1,2 Mpx	Photos de 1,2 Mpx	Photos de 1,2 Mpx
Vidéo HD 720p	Vidéo HD 720p	Vidéo HD 720p	Vidéo HD 720p	Vidéo HD 720p
Appels vidéo FaceTime par réseau Wi-Fi ou cellulaire[3]	Appels vidéo FaceTime par réseau Wi-Fi ou cellulaire[3]	Appels vidéo FaceTime par réseau Wi-Fi ou cellulaire[3]	Appels vidéo FaceTime par réseau Wi-Fi ou cellulaire[3]	Appels vidéo FaceTime par réseau Wi-Fi ou cellulaire[3]
Détection des visages	Détection des visages	Détection des visages	Détection des visages	Détection des visages
Capteur arrière de luminosité	Capteur arrière de luminosité	Capteur arrière de luminosité	Capteur arrière de luminosité	Capteur arrière de luminosité
Appareil photo iSight :	**Appareil photo iSight :**	**Appareil photo iSight :**	**Appareil photo iSight :**	**Appareil photo iSight :**
Photos de 8 Mpx	Photos de 5 Mpx	Photos de 5 Mpx	Photos de 5 Mpx	Photos de 5 Mpx
Mise au point automatique	Mise au point automatique	Mise au point automatique	Mise au point automatique	Mise au point automatique
Détection des visages	Détection des visages	Détection des visages	Détection des visages	Détection des visages
Capteur arrière de luminosité	Capteur arrière de luminosité	Capteur arrière de luminosité	Capteur arrière de luminosité	Capteur arrière de luminosité
Objectif à cinq éléments	Objectif à cinq éléments	Objectif à cinq éléments	Objectif à cinq éléments	Objectif à cinq éléments
Filtre infrarouge hybride	Filtre infrarouge hybride	Filtre infrarouge hybride	Filtre infrarouge hybride	Filtre infrarouge hybride
Ouverture ƒ/2,4	Ouverture ƒ/2,4	Ouverture ƒ/2,4	Ouverture ƒ/2,4	Ouverture ƒ/2,4
Photos HDR	Photos HDR	Photos HDR	Photos HDR	Photos HDR
Panoramique	Panoramique	Panoramique	Panoramique	—
Mode rafale	—	—	—	—

Figure 2.13

Mais, comme nous le disions, les commandes sont identiques pour les deux iPad. Touchez l'application Appareil photo sur l'écran d'accueil. Ce dernier se transforme en écran de visée, comme le montre la Figure 2.14.

De haut en bas, les commandes disponibles servent à :

- Permuter entre l'appareil photo principal et l'appareil photo en façade (webcam).

  Activer le Time et choisir entre deux délais possibles : 3 ou 10 secondes, ce qui vous laissera le temps à vous, photographe, de vous joindre au groupe que vous photographiez !

- Activer ou désactiver le mode HDR.
- Déclencher ou commencer à filmer et cesser de filmer.

  Activer le mode Time-Lapse, un nouveau mode qui permet de prendre une série consécutive de clichés à intervalles réguliers, l'idéal pour saisir un magnifique coucher de soleil ou l'éclosion d'une rose odorante. C'est l'appareil lui-même qui détermine la fréquence des prises (qui s'établit, en général, à 10 clichés par minute). Dès que vous interrompez la fonction, vous pouvez visualiser l'ensemble de photos prises sous la forme d'un film vidéo en accéléré.

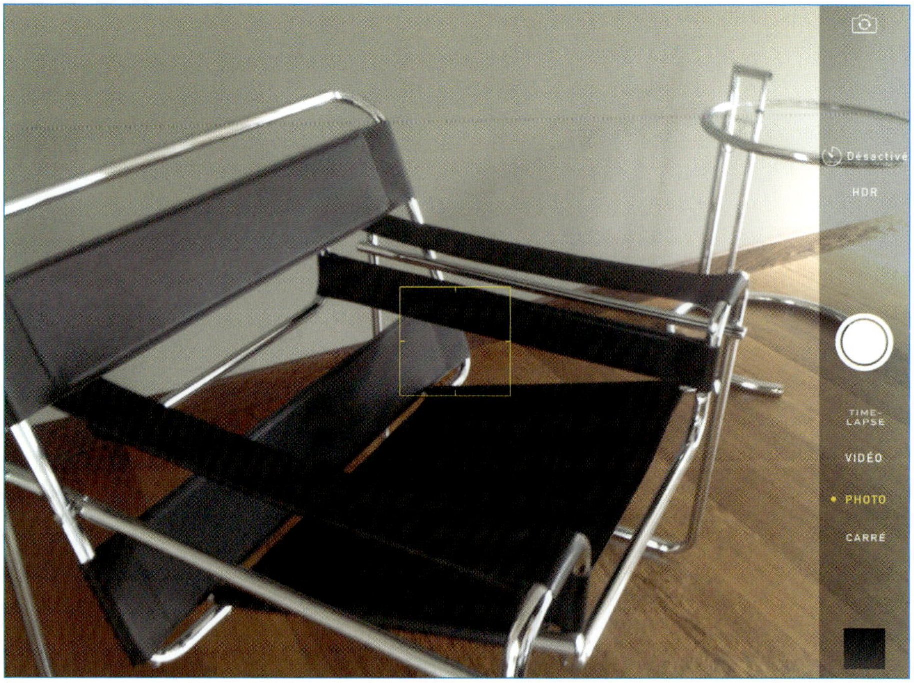

Figure 2.14

- Activer le mode vidéo ou le mode photo.
- Opter pour le format carré.
- Accéder directement à la dernière photo ou séquence enregistrée.

Vous pouvez aussi :

- Effectuer la mise au point et régler l'exposition en touchant l'écran.
- Zoomer jusqu'à 5 fois (touchez l'écran pour afficher la glissière du zoom numérique).

- Afficher une grille d'aide à la composition divisant l'écran selon la règle des tiers (en mode Photo).

Lorsque vous visionnez une photo, vous avez la possibilité de l'envoyer par courrier électronique, de l'intégrer dans un message texte, de l'imprimer (sous réserve de compatibilité AirPrint), de l'utiliser comme fond d'écran, de l'affecter à un contact, de la voir dans un diaporama… Des fonctions apparentées existent pour la vidéo avec, en plus, quelques options de montage. Nous y reviendrons au Chapitre 13.

Rotation de l'écran et silence

La rotation de l'écran, lorsque l'iPad est pivoté sur le côté, peut être bloquée afin que l'écran reste tel qu'il est à ce moment-là. Si vous choisissez de le faire, c'est le commutateur Silence, sur le côté de l'iPad, qui est utilisé pour bloquer ou débloquer la rotation.

1. **Sur l'écran d'accueil, touchez l'icône Réglages.**
2. **Dans la rubrique Réglages, touchez Général.**
3. **À droite, dans la rubrique Le bouton latéral sert à, touchez l'option Verrouiller la rotation ou touchez Couper le son, si vous préférez cette option.**
4. **Appuyez sur le bouton principal pour revenir à l'écran d'accueil.**
5. **Actionnez le commutateur latéral pour choisir le comportement de l'iPad : rotation de l'écran quand vous le penchez de côté, ou silence total pour ne gêner personne.**

La barre d'état

La *barre d'état* se trouve tout en haut de l'iPad (Figure 2.15).

Figure 2.15

Les minuscules icônes qui s'y trouvent fournissent quantité d'informations utiles comme l'heure, le niveau de la batterie et l'état de la connexion sans fil. Le Tableau 2.1 recense les éléments qu'on y trouve couramment.

Tableau 2.1 : Les principales icônes de la barre d'état.

Icône	*Usage*	*Ce qu'elle indique*
	Wi-Fi	La connexion au réseau Wi-Fi.
	Activité	La progression d'une tâche (un téléchargement, par exemple).
12:07	Heure	L'heure courante.
	Rotation de l'écran	Le blocage de la rotation de l'écran.
	Lecture	La lecture en cours d'un morceau de musique ou d'une vidéo.
	Batterie	Cette icône s'affiche lorsque la batterie est en charge.

TRUC

Lorsque le Bluetooth ou une connexion à un réseau privé VPN – ou la 4G ou GPS pour l'iPad qui en est équipé – sont en service, leur icône apparaît également sur la barre d'état. (Si vous n'avez aucune idée de ce que peut bien être un réseau privé VPN, ce n'est pas la peine de vous en soucier.)

Petit inventaire des applications

L'iPad est livré avec des applications (des « apps », en jargon Apple). Sans elles, votre tablette ne vous servirait pas à grand-chose. Les icônes de ces applications se trouvent sur l'écran d'accueil. Nous allons les passer brièvement en revue, mais nous y reviendrons plus en détail tout au long de ce livre. Commençons par les icônes du Dock, visibles même dans les écrans supplémentaires :

- **Messages :** Cette application permet de communiquer par des messages textuels ou illustrés avec des photos, avec d'autres personnes utilisant un appareil mobile fonctionnant sous iOS (iPad, iPhone, iPod touch et Mac).

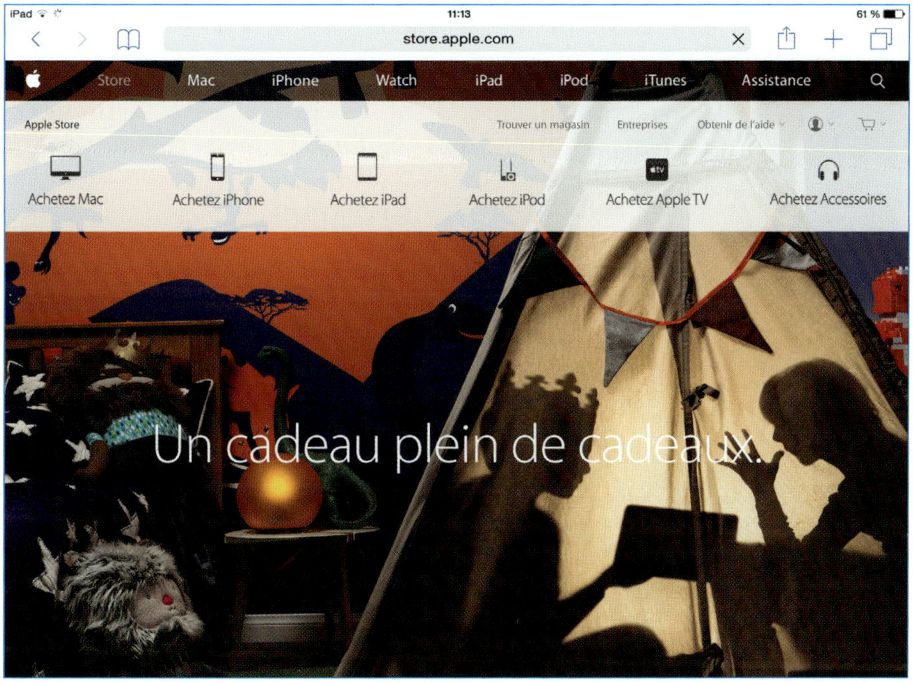

Figure 2.16

- **Mail :** Vous utilisez cette application pour recevoir et envoyer du courrier électronique, comme expliqué au Chapitre 6.
- **Safari :** C'est un navigateur Web (Figure 2.16), autrement dit l'application qui vous permet de visiter des sites Internet. Son principe de fonctionnement est le même que celui d'un ordinateur. Vous découvrirez au Chapitre 5 comment l'utiliser.
- **Musique :** Cette icône donne accès aux morceaux engrangés dans l'iPad et permet de les écouter. Il sert aussi à écouter des podcasts et des livres audio.

Dix-huit autres icônes se trouvent dans la partie principale de l'écran d'accueil, au-dessus du Dock. Les voici par ordre alphabétique :

- **App Store :** Dans cette boutique en ligne, vous achetez des applications pour votre iPad. Il y en a pour tous les goûts et pour tous les usages et beaucoup sont gratuites.
- **Appareil photo :** Touchez cette application pour prendre des photos ou filmer en vidéo.

iOS 8

Autres : Il s'agit là d'un dossier dans lequel Apple a regroupé deux apps mineures : Astuces et Podcasts. Le premier, comme on peut s'y attendre, vous fournit une série de trucs qui vous permettront de tirer le meilleur parti de votre tablette. Le second vous garantit l'accès à vos podcasts.

- **Calendrier :** Avec cette application très pratique, vous pourrez gérer votre temps. Elle notera vos rendez-vous et vous les rappellera à temps.
- **Contacts :** C'est votre carnet d'adresses (Figure 2.17). Vous y inscrivez les coordonnées complètes des personnes avec lesquelles vous communiquez.

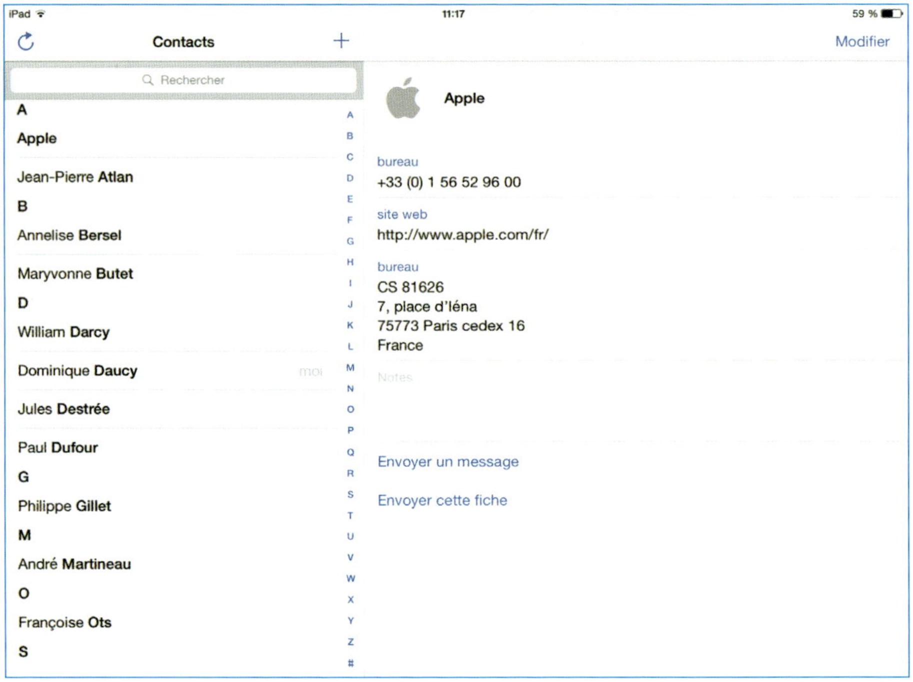

Figure 2.17

- **FaceTime :** Cette application utilise l'appareil photo en façade pour établir une communication Internet en visiophonie avec d'autres utilisateurs d'iPad, d'iPhone, d'iPod de quatrième génération ou de Mac. La liaison transite par le réseau Wi-Fi.
- **Game Center :** C'est la cour de récréation de l'iPad. Achetez des jeux sur l'App Store, puis connectez-vous à d'autres joueurs partout dans le monde pour faire des parties d'enfer avec eux.
- **Horloge :** Horloges multiples, alarme, chronomètre et minuteur vous attendent au détour de cette application.
- **iBooks :** Ça faisait longtemps qu'on l'attendait. Désormais, l'application iBooks fait partie intégrante du système d'exploitation de l'iPad. Ça tombe bien vu qu'elle est indispensable pour lire des livres électroniques. Pour apprendre à utiliser cette app, reportez-vous au Chapitre 10.
- **iTunes Store :** C'est une des deux boutiques virtuelles d'Apple, avec l'App Store et l'iBooks Store. Touchez cette icône pour télécharger de la musique (tous les genres sont représentés), des films, des séries télévisées, *etc.* Nous y reviendrons au Chapitre 8.
- **Kiosque :** Avec cette application, vous pouvez vous abonner à des périodiques français ou étrangers, ou les acheter au numéro.
- **Notes :** Notez à la volée toutes les idées à ne pas oublier (pense-bêtes). Vous pouvez même dicter les notes au lieu de les saisir.
- **Photo Booth :** C'est une cabine photographique qui permet de prendre des vues comme dans une cabine Photomaton, mais avec d'amusants effets spéciaux.
- **Photos :** Cette application contient les photos prises avec l'iPad ou celles que vous avez importées. Les photos peuvent être réparties dans des albums et visionnées sous forme de diaporama. Beaucoup d'opérations se font du bout du doigt (pour passer d'une photo à une autre), en écartant ou en pinçant les doigts (pour ouvrir ou fermer un album).
- **Plans :** Cette application vous permettra de vous orienter partout dans le monde, d'établir un itinéraire en voiture ou à pied et de visiter des villes rue par rue. En touchant l'adresse d'un contact, Plans vous montrera où ce contact habite comme si vous étiez devant chez lui.

- **Rappels :** C'est une application fort utile pour noter des tâches à effectuer, tenir des listes à jour et être tenu au courant de l'avancement de tous les projets.

- **Réglages :** Ce n'est pas véritablement une application, mais le point d'accès aux innombrables réglages de votre iPad. Parcourez les menus, sous-menus et panneaux en tous genres pour vous familiariser avec les possibilités de votre tablette. Fort utile : si vous avez mis la pagaille dans votre iPad en le réglant n'importe comment, touchez Réglages > Général > Réinitialiser (tout en bas de l'écran) > Réinitialiser tous les réglages.

- **Vidéos :** Cette application, similaire à Musique, sert à regarder les vidéos téléchargées depuis l'App Store.

Mettre en veille, éteindre, rallumer

Nous avons vu, au début de ce chapitre, combien il est facile de mettre l'iPad en marche. Voyons à présent comment le mettre en *veille,* c'est-à-dire éteindre son écran et pouvoir ensuite le remettre en service, et aussi comment l'éteindre quand vous ne vous en servez pas. Voici les procédures que vous pouvez suivre :

- **Appuyez sur le bouton Veille/Marche :** L'écran s'éteint et l'iPad est verrouillé.

  TRUC : Si vous avez acheté un Smart Cover pour votre iPad, il suffit de rabattre le volet sur l'écran pour que l'iPad se mette en veille. Le soulever réveille l'iPad.

- **Appuyer sur le bouton principal :** L'iPad s'éveille. Tirez le curseur Déverrouiller pour déverrouiller l'iPad (Figure 2.18).

- **Maintenir le bouton Veille/Marche enfoncé jusqu'à ce que la glissière Éteindre apparaisse en haut de l'écran :** Tirez ensuite sur cette glissière pour éteindre l'iPad.

  TRUC : L'iPad se met automatiquement en veille après un certain temps d'inactivité. Ce délai peut être modifié en touchant Réglages > Général > Verrouillage autom. Choisissez ensuite une durée d'inactivité : 2, 5, 10, 15 minutes ou Jamais.

Figure 2.18

Chapitre 3

Paramétrer son iPad

Dans ce chapitre :

- Charger la batterie.
- Télécharger iTunes sur votre ordinateur.
- Créer un compte iTunes.
- Configurer l'iPad pour iTunes.
- Synchroniser l'iPad avec l'ordinateur à l'aide d'iTunes.
- Comprendre iCloud.
- Obtenir un compte iCloud.
- Configurer la synchronisation avec iCloud.
- Accéder au « Guide de l'iPad ».

C'est là que tout commence

La première chose à faire quand vous mettez l'iPad en marche est de vérifier la charge de la batterie. Ensuite, quand vous voudrez télécharger des applications ou du contenu gratuit ou payant, il vous faudra un compte sur iTunes.

Vous connecterez alors l'iPad à l'ordinateur et vous synchroniserez ces deux appareils afin qu'ils échangent du contenu. Par exemple, vous transférerez de la musique ou des photos de l'ordinateur vers l'iPad.

Si vous le désirez, vous pourrez aussi tirer parti du service iCloud d'Apple et transférer tous vos contenus entre tous vos équipements sans fil Apple.

Charger la batterie

Quand vous venez de l'acheter, l'iPad est plus ou moins chargé. Mais comme cette charge se perd peu à peu lors du stockage en magasin, ce qui est normal, vous devrez commencer par le recharger.

1. **Prenez le câble USB et le transformateur (Figure 3.1). Ce dernier est composé de deux éléments que vous devez réunir : le transfo lui-même et un adaptateur pour la prise électrique.**

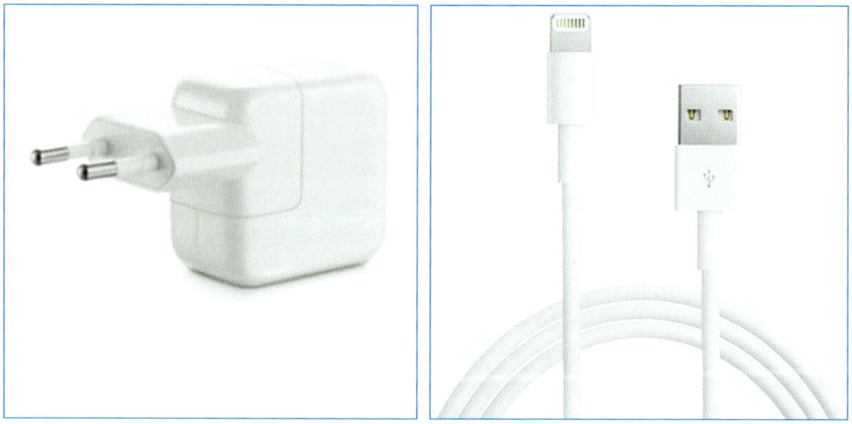

Figure 3.1

2. **Insérez l'extrémité étroite du câble USB dans le connecteur situé sous le bouton principal de l'iPad.**

3. **Insérez l'autre partie dans le transformateur.**

Vous pouvez brancher la prise USB à celle d'un ordinateur, mais seulement pour les connexions avec iTunes ou d'autres logiciels. Le chargement de la batterie n'est possible qu'avec le transformateur, qui débite un courant continu de 5,1 v à 2,1 milliampères (mais 0,5 mA pour le port USB d'un ordinateur). N'oubliez pas d'emporter le transformateur et le câble lorsque vous partez en déplacement pour plus de quelques heures.

Télécharger iTunes sur votre ordinateur

Si vous utilisez un Mac, iTunes est d'ores et déjà installé. Vous le trouverez dans le Dock.

En revanche, si votre ordinateur tourne sous Windows, vous devrez télécharger iTunes à partir du site `www.apple.com/fr/itunes` en utilisant Internet Explorer ou tout autre navigateur :

1. **Démarrez votre navigateur Internet et allez sur le site `www.apple.com/fr/itunes`.**

2. **Sur la page Web du site (Figure 3.2), cliquez sur le bouton Télécharger iTunes, en haut à droite.**

Figure 3.2

3. **Apple détecte le type d'ordinateur que vous utilisez : un PC tournant sous Windows. Il affiche la page Web correspondante. Vérifiez à la rubrique Configuration Windows requise que votre ordinateur est apte à recevoir iTunes, puis cliquez sur le bouton Télécharger.**

4. Une barre d'options apparaît dans le bas de l'interface d'Internet Explorer. Cliquez sur le bouton Exécuter. L'ordinateur collecte des informations. Patientez.

5. Le logiciel d'installation démarre et vous souhaite la bienvenue. Cliquez sur le bouton Suivant, en bas à droite.

6. Le panneau des options d'installation (Figure 3.3) contient deux options. L'une ajoute un raccourci d'iTunes sur le Bureau de l'ordinateur afin d'y accéder rapidement. C'est une option que vous pouvez conserver, car elle est commode. L'autre option fait d'iTunes le lecteur par défaut de tous vos fichiers audio. Si vous avez pris des habitudes avec un autre programme, comme le Lecteur Windows Media, et que vous ne voulez pas les changer, décochez la case Faire d'iTunes le lecteur par défaut des fichiers audio.

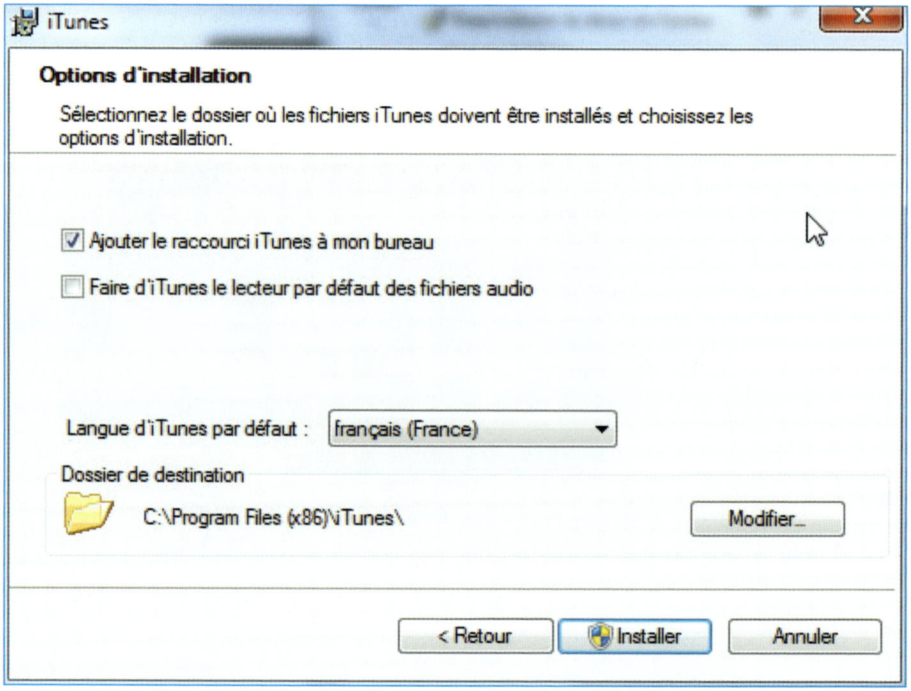

Figure 3.3

7. Cliquez sur le bouton Installer. Windows vous demandera sans doute si vous autorisez iTunes à apporter des modifications

à l'ordinateur. Cliquez sur Oui. Une barre indique ensuite la progression de l'installation.

8. **L'installation terminée, cliquez sur le bouton Terminé. Le contrat de licence d'iTunes vous est ensuite présenté. Si vous en avez le loisir, lisez les dizaines et les dizaines de pages d'un jargon procédurier que nous n'envions pas aux Américains. Cliquez sur le bouton Accepter (vous n'avez pas le choix si vous voulez utiliser iTunes).**

Créer un compte iTunes

Un compte iTunes est indispensable pour télécharger de la musique, des vidéos et autres éléments, y compris ceux qui sont gratuits.

1. **Démarrez iTunes : sur un Mac, cliquez sur son icône dans le Dock ou dans le Launchpad ; sous Windows, cliquez sur l'icône iTunes présente sur le Bureau ou choisissez Bouton Démarrer > iTunes > iTunes.**

2. **Dans la barre de menus, cliquez sur Connexion. La fenêtre Se connecter à l'iTunes Store s'affiche (Figure 3.4).**

Figure 3.4

3. **Cliquez sur Créer un identifiant Apple.**

4. **L'écran Bienvenue dans l'iTunes Store apparaît. Cliquez sur Continuer.**

5. **La cohorte de juristes d'Apple, décidément en verve, vous inflige un autre pensum de dizaines de pages indigestes. Prenez néanmoins le temps de les parcourir, car il y va de votre argent. Cochez la case « J'ai lu et j'accepte ces Conditions générales ». Le bouton Accepter devient actif. Cliquez dessus.**

6. **Dans la page de création de vos identifiants Apple (appelé « Apple ID » dans l'univers Apple) (Figure 3.5), remplissez les champs requis. Désactivez éventuellement les deux options proposées en bas à gauche, puis cliquez sur Continuer.**

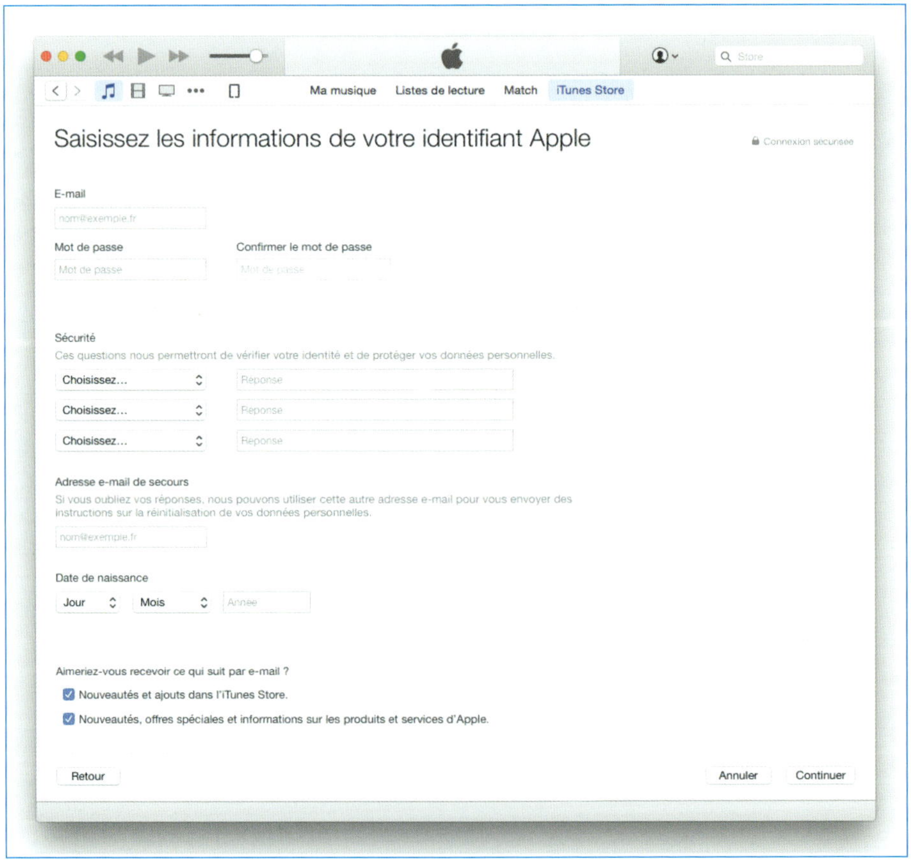

Figure 3.5

7. **Apple vous demande vos coordonnées bancaires (Figure 3.6). Même si vous n'avez pas l'intention d'acheter quoi que ce soit, Apple requiert ces infos. Remplissez les champs requis, puis**

indiquez vos coordonnées civiles et postales. Cliquez sur Créer un identifiant Apple.

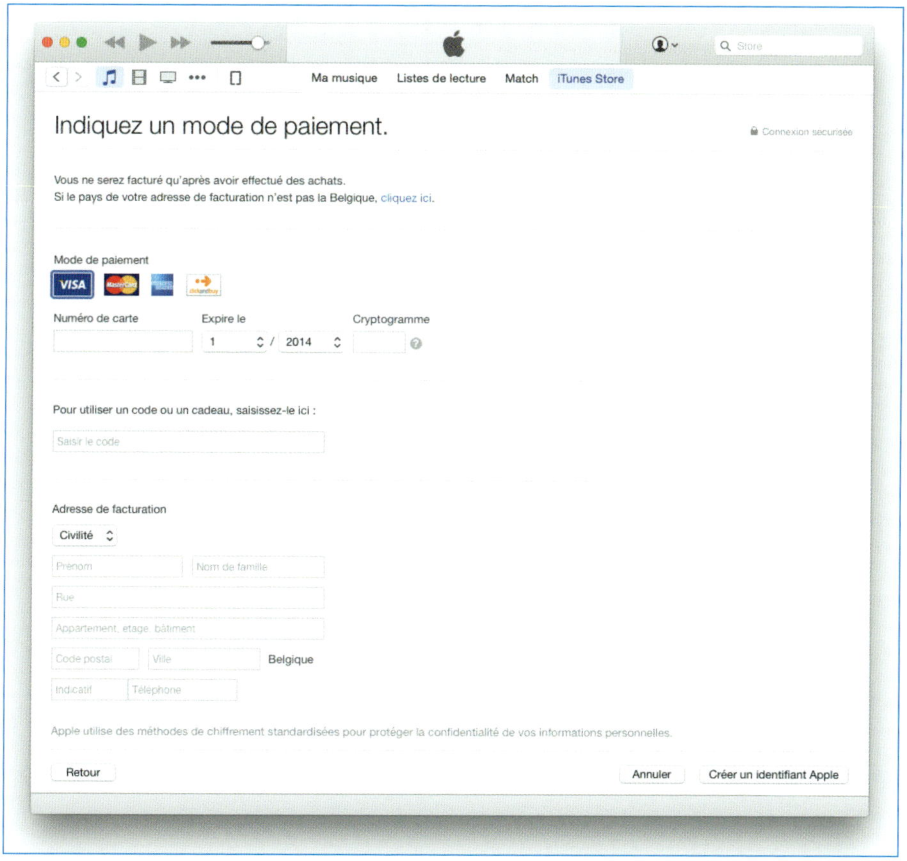

Figure 3.6

8. **Un écran confirme que votre compte vient d'être créé. Cliquez sur le bouton Terminé pour regagner l'iTunes Store.**

Configurer l'iPad pour iTunes

1. **Démarrez iTunes : sur un Mac, cliquez sur son icône dans le Dock ou dans le Launchpad; sous Windows, cliquez sur l'icône iTunes présente sur le Bureau ou choisissez Bouton Démarrer > iTunes > iTunes.**

2. **Dès qu'un iPad est connecté à l'ordi par le câble USB, son nom est repris dans le menu iPad qui dresse la liste des tablettes déjà configurées (Figure 3.7). Sélectionnez votre tablette à cet endroit.**

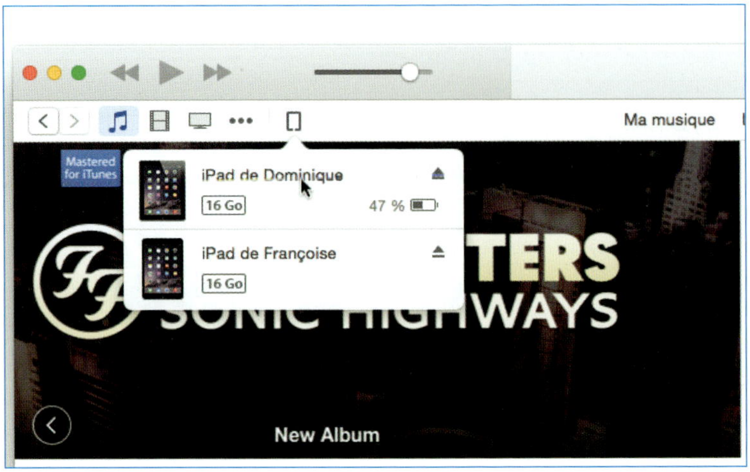

Figure 3.7

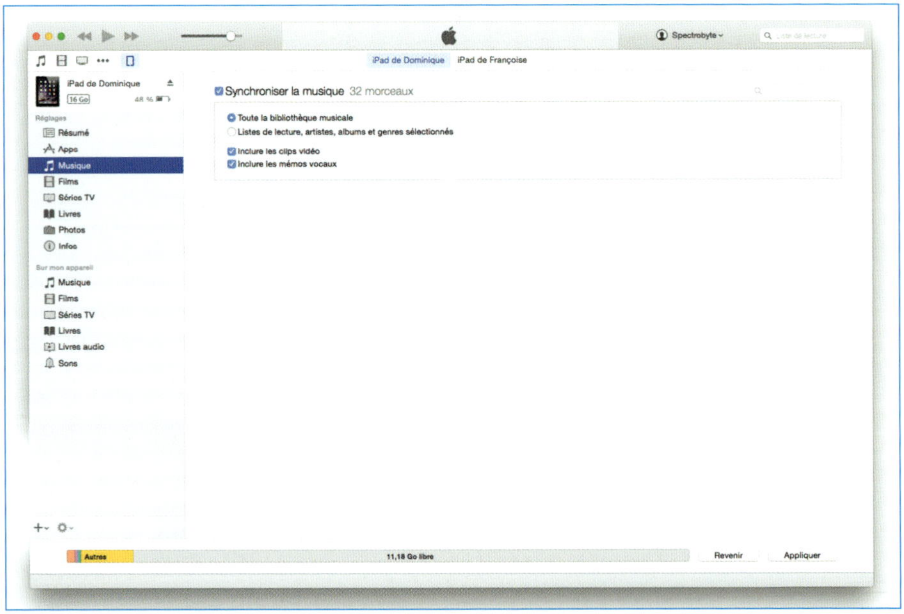

Figure 3.8

La fenêtre de l'iPad apparaît avec, dans le volet gauche, une série d'onglets : Résumé, Apps, Apps, Musique, Films, Séries TV, Livres, Photos et Infos. Il suffit de cliquer sur l'une de ces rubriques pour afficher, dans la partie droite de la fenêtre, la page correspondante dans laquelle vous pourrez choisir les éléments à transférer vers votre iPad – à synchroniser, dans le jargon d'Apple. La Figure 3.8 montre les options de l'onglet Musique.

Ces options permettent de tout transférer automatiquement vers l'iPad ou, au contraire, d'agir de manière sélective.

3. **Reportez-vous au Tableau 3.1 pour connaître les options disponibles dans chaque rubrique.**

Tableau 3.1

Rubrique	*Ce que vous pouvez faire*
Résumé	Mise à jour de l'iPad et configuration des options de synchronisation.
Apps	Synchronisation et gestion des applications téléchargées et des dossiers d'applications, si vous en avez créé. Choix de l'écran où elles apparaissent.
Musique	Sélection des morceaux à télécharger vers l'iPad.
Films	Activation du téléchargement automatique des films.
Séries TV	Sélection des épisodes ou des « saisons » à télécharger.
Podcasts	Si un abonnement à un ou plusieurs podcasts a été défini, cet onglet permet de les synchroniser automatiquement.
Livres	Synchronisez tous vos livres électroniques, ou certains d'entre eux seulement, avec votre iPad.
Photos	Sélection des dossiers contenant des photos à télécharger dans l'iPad.
Infos	Choix des informations à synchroniser : contacts, calendriers, courriers électroniques, signets ou favoris, et notes.

Synchroniser l'iPad avec l'ordinateur à l'aide d'iTunes

Après avoir sélectionné, dans iTunes, le contenu à transférer (comme nous venons de l'expliquer), vous effectuerez ce transfert, soit *via* câble USB, soit *via* Wi-Fi.

Pour synchroniser par câble :

1. **Insérez le connecteur dans l'iPad.**

2. **Insérez l'autre extrémité du câble dans le port USB de l'ordinateur.**

3. **La version d'iTunes installée dans l'ordinateur s'ouvre. Le nom de l'iPad apparaît sous l'icône correspondante (reportez-vous à la Figure 3.7). Sélectionnez, dans cette éventuelle liste, le nom de l'iPad à synchroniser.**

4. **Cliquez, en bas à droite, sur le bouton Synchroniser.**

Si, par contre, vous envisagez la solution Wi-Fi, assurez-vous d'abord que l'iPad et l'ordinateur sont en mesure de communiquer sans fil :

1. **Commencez par établir une connexion filaire entre l'iPad et l'ordi.**

2. **Dans iTunes côté ordi, sélectionnez votre iPad, puis, dans la rubrique Options de la fenêtre Résumé, validez Synchroniser avec cet iPad en Wi-Fi.**

3. **Cliquez sur Appliquer.**

4. **Quittez iTunes.**

5. **Débranchez le câble.**

Lorsque vous souhaiterez, par la suite, lancer la synchro sans fil :

1. **Sur l'écran de l'iPad, cliquez sur Réglages > Général > Synchronisation Wi-Fi iTunes.**

2. **Dans le volet de droite (Figure 3.9), touchez Synchroniser.**

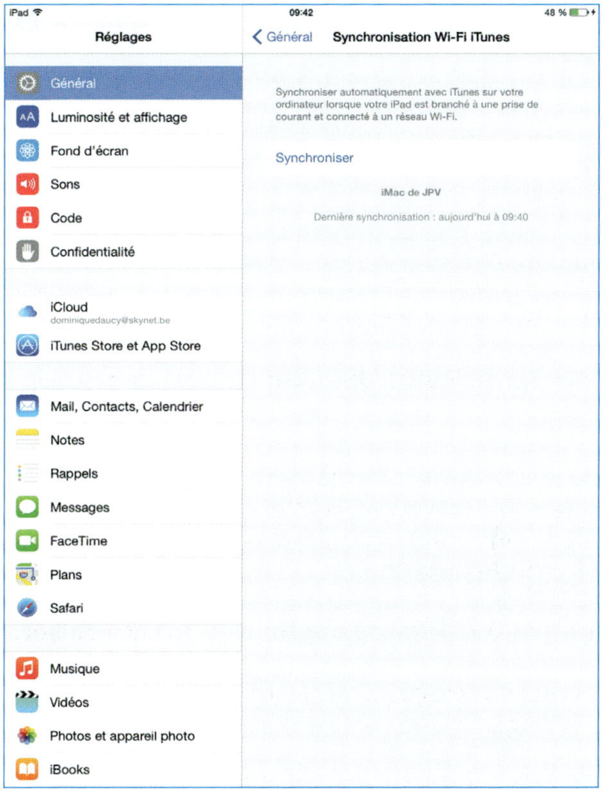

Figure 3.9

Comprendre iCloud

Outre la synchronisation par câble ou par Wi-Fi, vous pouvez synchroniser l'iPad à l'aide d'une toute nouvelle technologie appelée « informatique dématérialisée » ou, en anglais *cloud computing*. Ce terme est à l'origine d'iCloud, le service d'Apple permettant de stocker des données dans leurs serveurs et d'y accéder sans fil depuis n'importe où dans le monde avec n'importe quel appareil Apple.

Pour cela, vous devez ouvrir un compte iCloud. L'opération est gratuite et vous donne droit à 5 gigaoctets (Go) d'espace de stockage gratuit. Ensuite, tous les fichiers que vous créez et tout ce que vous achetez sur l'App Store ou dans l'iTunes Store, ainsi que tous les fichiers créés avec des applications Apple, comme iWorks, sont automatiquement synchronisés.

Si vous téléchargez beaucoup d'applications et de contenu, vous pouvez opter pour une extension de stockage, c'est-à-dire que vous pouvez acheter de l'espace supplémentaire facturé au mois : 20, 200, 500 GO, voire 1 To pour 0,99, 3,99, 9,99 ou 19,99 euros respectivement. Toutefois, les 5 Go gratuits suffisent largement à bon nombre d'utilisateurs.

Pour acheter de l'espace supplémentaire, touchez Réglages > iCloud > Stockage. Touchez Acheter du stockage supplémentaire, puis, dans la fenêtre suivante, touchez le bouton correspondant à la quantité souhaitée ; confirmez en touchant Acheter en haut à droite.

Une nouvelle fonctionnalité iCloud fait son apparition sous label iOS 8. Dénommée « iCloud Drive », elle n'est rien d'autre que le classique stockage en ligne de vos fichiers sur le cloud, comme c'était déjà le cas dans iOS 7. La différence se situe au niveau de l'organisation : sur votre Mac évoluant sous Yosemite, un dossier baptisé iCloud Drive a fait son apparition dans la barre latérale de vos fenêtres Finder (Figure 3.10) ; vous pouvez donc désormais accéder facilement à son contenu et l'organiser comme bon vous semble (dossiers, sous-dossiers, *etc.*).

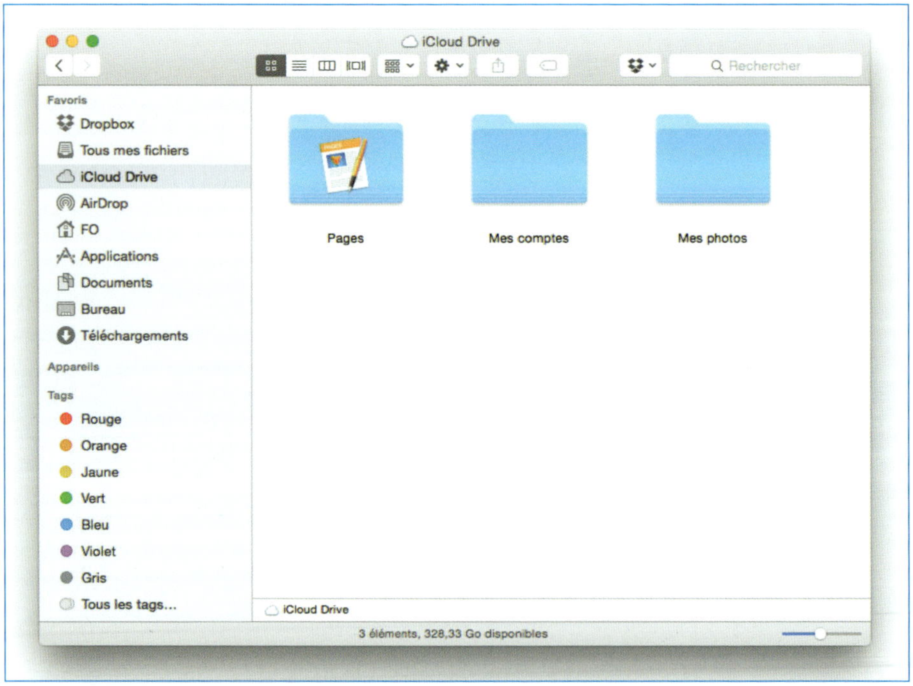

Figure 3.10

TRUC

Les paramètres de sauvegarde du contenu de l'iPad sur iCloud se trouvent dans Réglages, à la rubrique iCloud. Quand le commutateur Sauvegarde/Sauvegarde iCloud est actif, la sauvegarde s'effectue automatiquement. Sinon, vous devez la faire manuellement.

Créer un compte iCloud

Pour utiliser iCloud, vous devez créer un compte. Il est lié à l'identifiant Apple que vous possédez peut-être déjà. iCloud peut aussi être activé dès la configuration initiale de l'iPad, à moins que vous préfériez passer, par la suite, par Réglages et utiliser votre identifiant.

1. **Lors de la configuration de l'iPad tout neuf, vous avez le choix entre la sauvegarde automatique de vos données sur l'ordinateur ou sur iCloud (Figure 3.11).**

Figure 3.11

2. **Activez l'option iCloud.**

Voici maintenant comment procéder à partir de l'iPad si vous n'avez pas opté pour iCloud lors de la configuration initiale :

1. **Sur l'écran d'accueil, touchez Réglages.**
2. **Dans la liste Réglages à gauche, touchez iCloud.**
3. **Touchez le premier champ du volet droit (Figure 3.12); saisissez-y votre identifiant Apple (c'est généralement votre adresse de messagerie Internet), puis votre mot de passe.**

Touchez ensuite Se connecter. Une phase de vérification démarre, comme vous l'indique la mention en tête du volet.

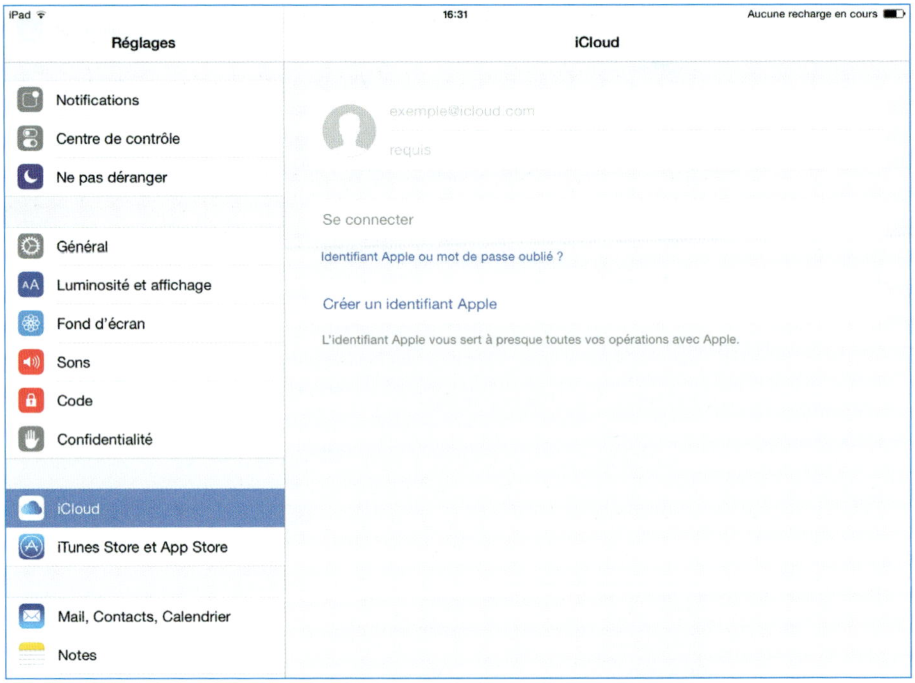

Figure 3.12

Si vous n'avez pas d'identifiant, touchez le bouton Créer un identifiant Apple, puis suivez les instructions.

4. **Lorsque la vérification prend fin, un petit panneau vous demande si vous souhaitez fusionner vos données Safari et vos contacts avec iCloud. Touchez le bouton Fusionner.**

5. **Après enregistrement, un autre panneau demande l'autorisation d'utiliser la position géographique de l'iPad. Touchez le bouton OK. Votre compte iCloud est à présent configuré.**

Configurer la synchronisation avec iCloud

iCloud étant opérationnel, vous devez maintenant indiquer le type de contenu à synchroniser. Notez que tous les contenus achetés sur les boutiques virtuelles d'Apple – iTunes Store et App Store – seront automatiquement synchronisés *via* iCloud.

1. **Sur l'écran d'accueil, touchez Réglages.**

2. **Dans la liste Réglages à gauche, touchez iCloud.**

3. **Dans le panneau de configuration que montre la Figure 3.13, touchez le commutateur de chaque élément de la liste pour le désactiver ou l'activer. Ces éléments sont E-mails, Contacts, Calendriers, Rappels, Signets et Notes.**

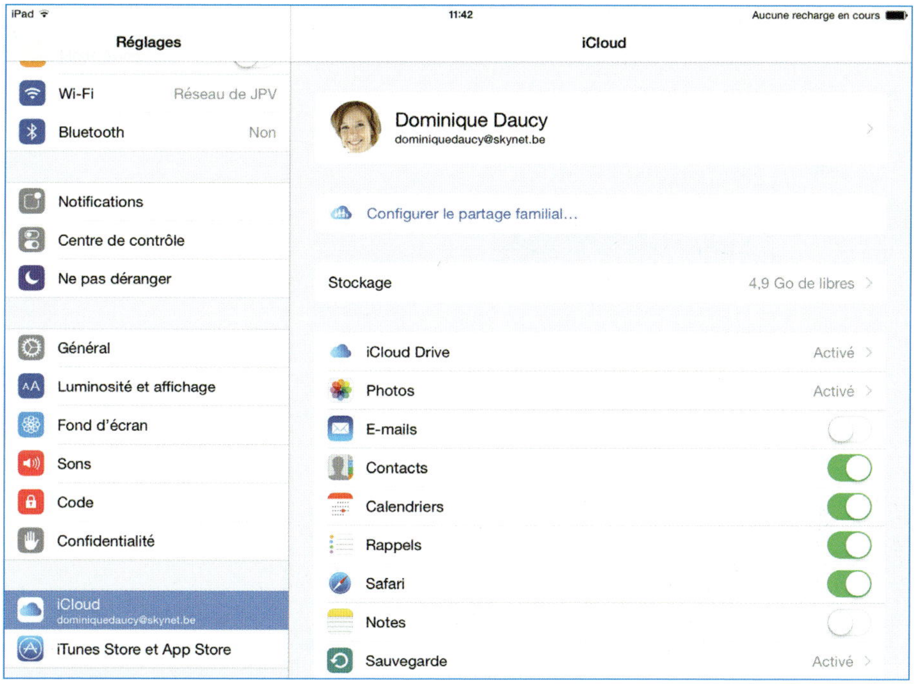

Figure 3.13

4. **Pour autoriser les applications à entreposer leurs données et documents sur iCloud, activez iCloud Drive.**

5. **Pour gérer le partage des photos (Photothèque iCloud et Flux de photos), touchez Photos et agissez dans le volet correspondant (Figure 3.14).**

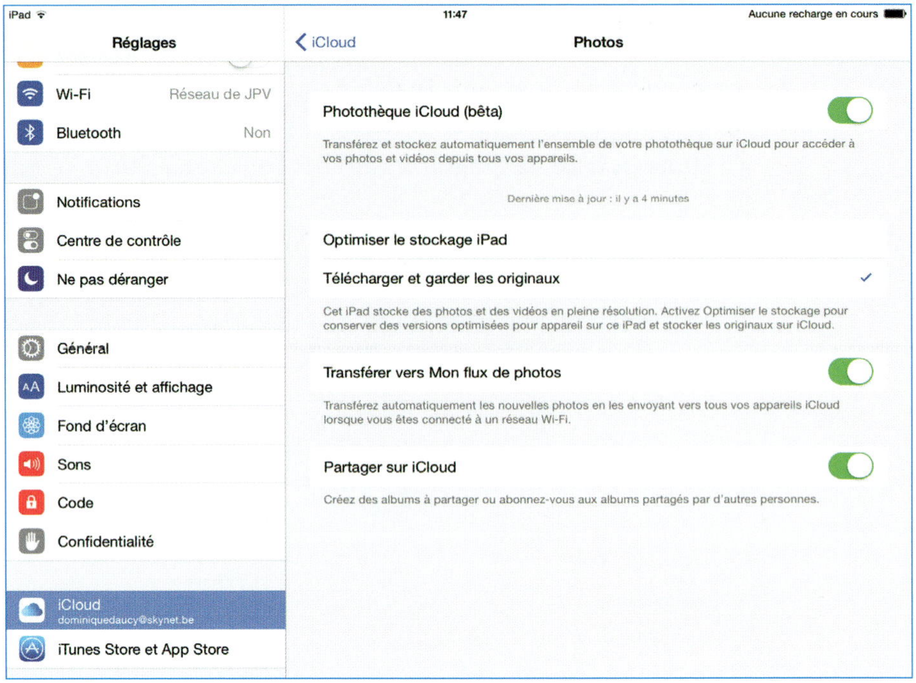

Figure 3.14

6. Pour activer la sauvegarde automatique, touchez Sauvegarde. Depuis la fenêtre suivante, vous pouvez activer la sauvegarde vers iCloud ou lancer une sauvegarde manuelle.

Pour permettre de retrouver l'iPad si vous l'avez égaré ou s'il a été volé, assurez-vous que dans le panneau de configuration iCloud, l'option Localiser mon iPad est activée. Vous pourrez alors faire apparaître un message sur l'écran de l'iPad égaré ou le faire sonner, voire supprimer son contenu à distance.

Accéder au « Guide de l'iPad »

Le *Guide de l'iPad* est le mode d'emploi de votre tablette. Il n'est pas installé sur la tablette proprement dite, mais sur Internet, ce qui garantit sa mise à jour permanente, au gré… des mises à jour.

1. Sur l'écran d'accueil, touchez Safari.

2. **Dans la zone de recherche, entrez :**

```
guide utilisateur ipad ios 8
```

3. **Dans la liste des résultats, touchez iPad Guide de l'utilisateur – Support – Apple.**

4. **Double-touchez une zone vide de la page. Un bouton intitulé Ouvrir dans iBooks fait son apparition en haut à droite (Figure 3.15).**

Figure 3.15

5. **Touchez ce bouton. Aussitôt, l'iPad ouvre iBooks qui, sur ses rayons, vous propose le guide en question (Figure 3.16).**

Figure 3.16

6. **Pour la suite des opérations, reportez-vous au Chapitre 10 qui décrit, en détail, le maniement d'iBooks.**

Chapitre 4

Les réglages de base

Dans ce chapitre :

- Régler la luminosité de l'écran.
- Changer le fond d'écran.
- Activer le zoom.
- Afficher en inversant les couleurs.
- Configurer VoiceOver.
- Régler le volume sonore.
- Écouter en monophonie.
- Demander à l'iPad de lire le texte.
- Afficher en gros caractères.
- Activer le toucher assisté.
- Exploiter la fonction Accès guidé.

Les fonctions d'accessibilité

Les utilisateurs de l'iPad sont comme tout le monde, et parmi eux, certains sont confrontés à des handicaps visuels, auditifs ou moteurs. Les concepteurs de l'iPad ont heureusement pensé à eux.

Pour rendre la lecture plus confortable, vous pouvez régler la luminosité de l'écran. La fonction de zoom permet d'agrandir l'écran beaucoup plus qu'un simple écartement des doigts. L'option Blanc sur noir affiche le texte en blanc sur un fond noir, une présentation plus lisible pour certaines personnes. Il est aussi possible d'activer la fonction VoiceOver qui lit tout ce qui est affiché sur l'écran.

Il va de soi que le réglage du volume est une fonction indispensable pour l'audition. Mais l'iPad est aussi doté d'une fonction Audio mono pour les écouteurs ou un casque. En effet, au lieu d'envoyer chacun des deux canaux audio vers leur écouteur respectif, cette fonction envoie un son monophonique dont l'audition est plus claire pour certains malentendants. La fonction Énonciation auto énonce automatiquement les suggestions de correction de majuscules. Enfin, il est possible d'agrandir les textes pour mieux les voir. Les personnes qui rencontrent des difficultés avec la gestuelle de l'iPad peuvent activer la fonction d'aide Assistive Touch.

Régler la luminosité

Lorsque l'iPad est utilisé comme liseuse, régler la luminosité rendra la lecture des livres plus confortable.

1. **Sur l'écran d'accueil, touchez l'icône Réglages.**

2. **Touchez l'option Luminosité et affichage (Figure 4.1).**

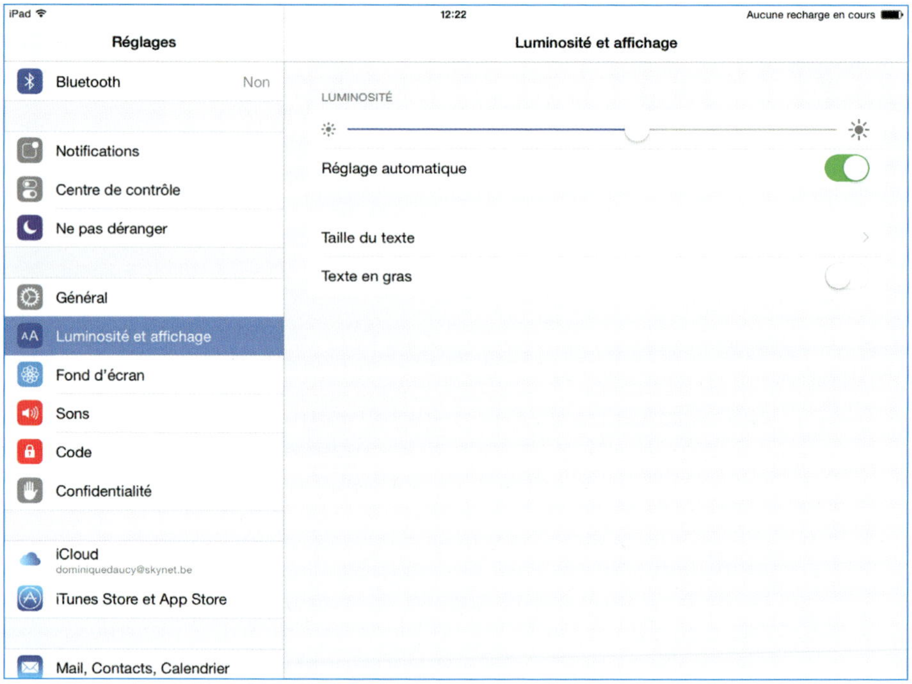

Figure 4.1

3. Pour régler manuellement la luminosité, touchez le commutateur Réglage automatique afin de désactiver cette fonction.

4. Tirez le curseur de la glissière vers la droite pour rendre l'écran plus clair, vers la gauche pour le rendre plus sombre.

5. Appuyez sur le bouton principal pour quitter les réglages.

Si les reflets sur l'écran vous gênent, envisagez l'achat d'un film de protection. Non seulement il protège l'écran des rayures, mais il atténue aussi les reflets.

L'application iBooks est capable d'afficher les livres en sépia, une teinte plus reposante pour la lecture. Reportez-vous au Chapitre 10 pour en apprendre plus sur cette application.

Changer le fond d'écran

Si le fond d'écran proposé par défaut par Apple ne vous emballe pas, choisissez-en un autre.

1. Sur l'écran d'accueil, touchez l'icône Réglages.

2. Touchez Fond d'écran.

3. Touchez Choisir un nouveau fond d'écran.

4. Deux types de fonds d'écran de l'iPad apparaissent, Dynamique et Image (Figure 4.2) ; touchez le style qui vous plaît.

5. Sélectionnez un fond d'écran, puis, dans le bas de la fenêtre d'aperçu (Figure 4.3), touchez, soit Écran verrouillé – celui qui apparaît lorsque l'iPad est verrouillé, dans l'attente que vous actionniez la glissière Déverrouiller –, soit Écran d'accueil, soit Les deux. Dans la foulée, optez ou non pour un effet de perspective.

6. Appuyez sur le bouton principal pour quitter les réglages et continuer à utiliser l'iPad avec votre nouveau réglage.

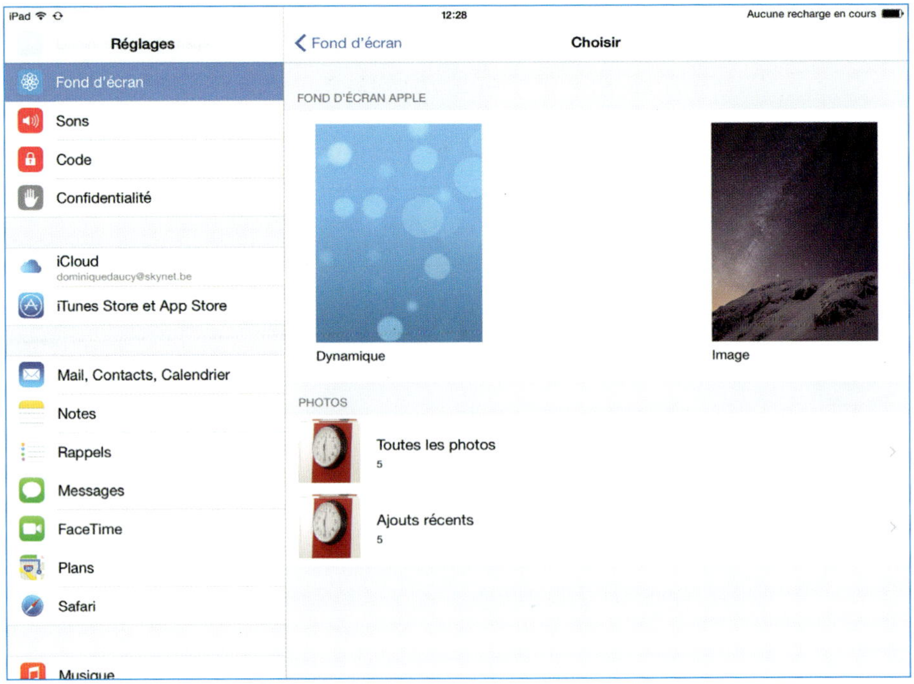

Figure 4.2

Figure 4.3

Activer le zoom

Par le passé, l'iPad vous proposait un zoom élémentaire : vous touchiez deux fois à trois doigts et tout le contenu de l'écran passait en mode loupe. Glissement à trois doigts pour vous déplacer sur l'écran. Double-touchez à trois doigts toujours pour revenir à la normale.

iOS 8

iOS 8 va plus loin : si vous activez le zoom, vous pourrez double-toucher l'écran avec trois doigts pour afficher un cadre de zoom que vous promènerez où bon vous semblera sur votre tablette (*via* le bouton central du bas du cadre) afin d'agrandir la zone correspondante. Le même mouvement escamotera le cadre.

1. **Sur l'écran d'accueil, touchez l'icône Réglages > Général > Accessibilité. Le panneau de la Figure 4.4 apparaît.**

Figure 4.4

2. **Actionnez le commutateur Zoom.**

Et ça marche (pratiquement) partout : sur l'écran d'accueil, dans iBooks, dans Notes, dans Safari…

Autre innovation de iOS 8 : le contrôleur, qui simplifie considérablement la mise en œuvre de l'outil. Dans le même volet, demandez qu'il soit affiché et contrôlez-en la visibilité à l'aide du curseur correspondant (Figure 4.5).

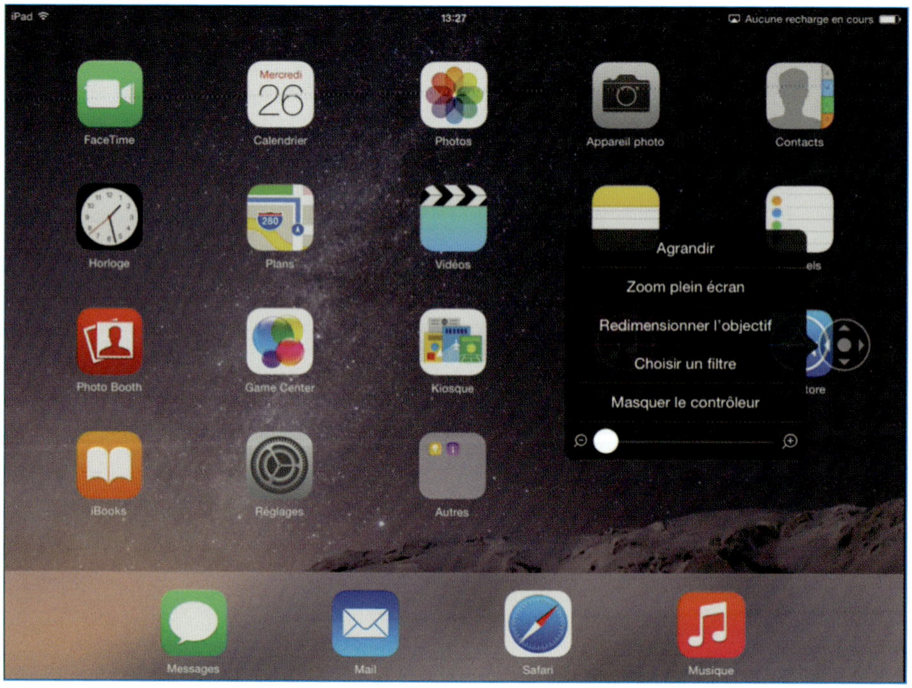

Figure 4.5

Ce contrôleur vous assurera un accès hyper rapide à toutes les commandes du zoom : taille, mode écran ou mode fenêtre, taille de l'objectif (Figure 4.6), filtre (comme Inversé ou Nuances de gris) et, enfin, masquage.

Figure 4.6

Afficher en inversant les couleurs

L'option d'accessibilité Inverser les couleurs inverse les couleurs afin que l'arrière-plan soit en noir et le texte en blanc.

1. **Touchez Réglages > Général > Accessibilité.**

2. **Touchez le commutateur Inverser les couleurs afin d'activer cette fonction (Figure 4.7). Les couleurs s'inversent instantanément.**

3. **Appuyez sur le bouton principal pour quitter les réglages.**

TRUC

La fonction Inverser les couleurs fonctionne bien à certains endroits, mais moins bien à d'autres. Par exemple, dans l'application Photos, les images seront en version « négatif ». Même l'écran d'accueil paraît étrange. Et bien sûr, ne pensez même pas à regarder des vidéos! Mais pour mieux lire du texte, la fonction Blanc sur noir peut s'avérer utile dans bon nombre d'applications.

Configurer VoiceOver

VoiceOver prononce les noms des éléments figurant à l'écran ainsi que les réglages et modifie également la façon d'utiliser l'iPad. Par exemple, dans Notes, VoiceOver lira les noms des boutons et, pendant la saisie, lira ce que vous avez tapé. Il peut aussi vous indiquer si des fonctions comme la correction automatique sont activées.

1. **Pour activer VoiceOver, touchez Réglages > Général > Accessibilité.**

2. **Dans le panneau Accessibilité, touchez le bouton VoiceOver.**

3. **Dans le panneau VoiceOver (Figure 4.7), touchez le commutateur en haut à droite pour activer la fonction. Une voix vous signale que la fonction est branchée.**

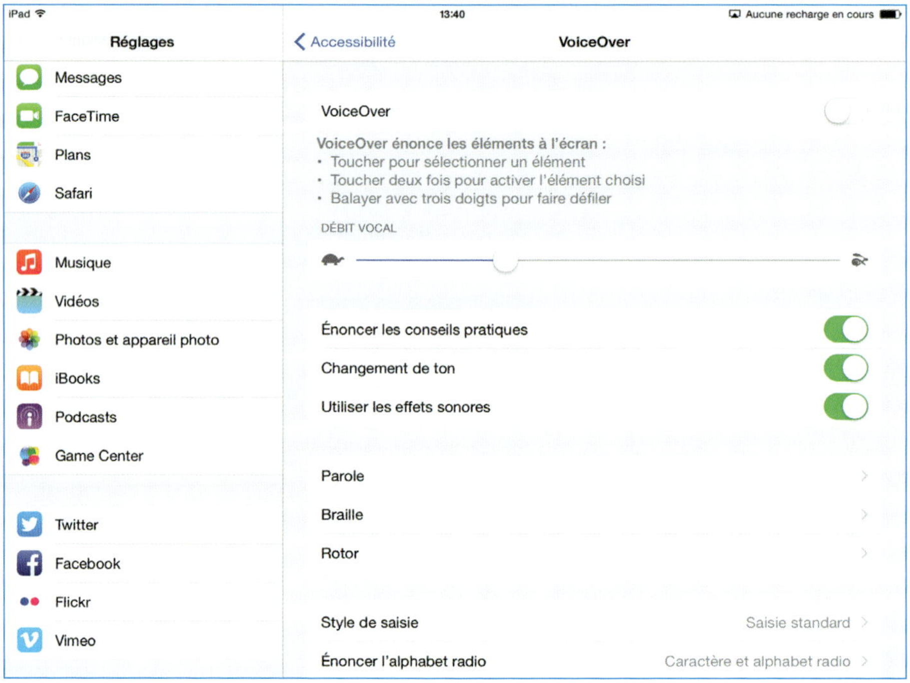

Figure 4.7

Désormais, vous toucherez une fois un bouton pour que l'Assistant vous dise de quel bouton il s'agit, puis vous le double-toucherez pour l'activer.

Un exemple : touchez une fois l'option Énoncer les conseils pratiques ; l'Assistant vous lit l'intitulé de l'option et vous renseigne sur son état (activé ou désactivé). Pour faire basculer son état, il vous faudra double-toucher l'option.

4. Pour que VoiceOver énonce aussi ce que vous écrivez dans une application comme Notes, double-touchez l'option Énoncer la saisie.

TRUC

Une digression : l'option inverse existe également, c'est-à-dire la possibilité de dicter vos textes grâce à la fonction de dictée décrite au Chapitre 2.

5. Dans le panneau Énoncer la saisie (Figure 4.8), touchez l'option que vous préférez. Si vous optez pour Mots, VoiceOver ne prononce que des mots, mais pas des caractères comme euro (€) ou dollar ($). Si vous préférez Mots et caractères, il énonce les deux.

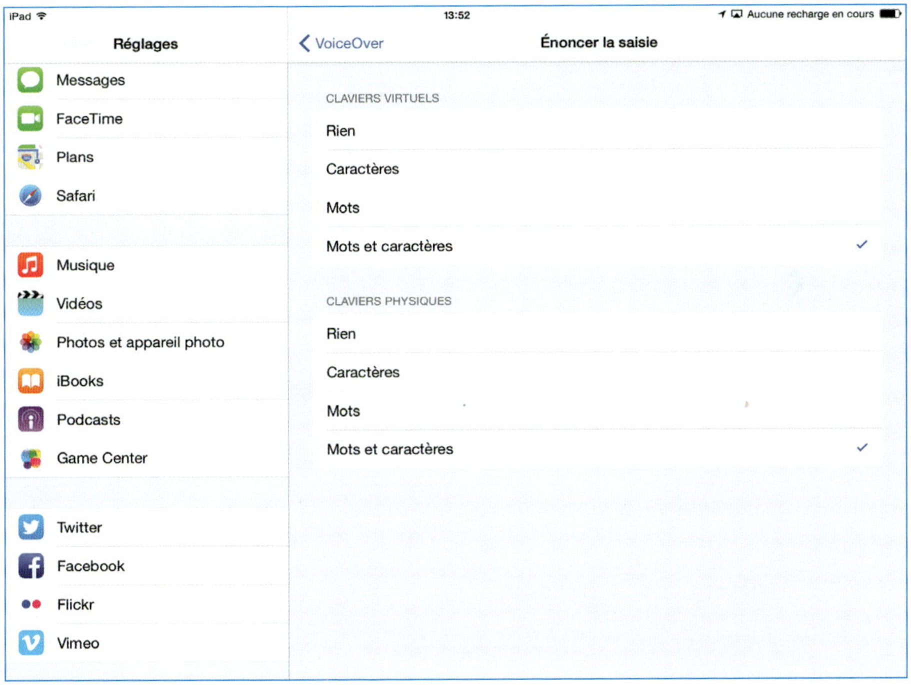

Figure 4.8

6. Touchez le bouton principal pour revenir à l'écran d'accueil. À la prochaine section, vous apprendrez comment utiliser l'iPad quand la fonction VoiceOver est active.

VoiceOver parle en français, mais il peut s'exprimer dans d'autres langues. Pour en choisir une autre, allez dans Réglages > Général ; touchez à droite Langue et région, puis, dans le volet du même nom, choisissez la langue dans la première rubrique. Attention : ce réglage modifie non seulement la langue parlée par VoiceOver, mais celle de l'ensemble de l'iPad (icônes d'applications, réglages…).

Utiliser VoiceOver

Après avoir activé VoiceOver, il faut pouvoir le mettre en œuvre. Ce n'est pas très compliqué, mais il faut s'y faire. Voici les principaux gestes à connaître :

- **Touchez un élément** : VoiceOver dit le nom de cet élément.
- **Double-touchez un élément :** Cette action active l'élément.
- **Effleurez avec trois doigts :** Eh oui, il faut trois doigts pour faire défiler une page lorsque VoiceOver est actif.

Le Tableau 4.1 contient les gestes propres à VoiceOver. Si vous comptez utiliser fréquemment cette fonction, je vous conseille de lire attentivement la rubrique très détaillée qui lui est consacrée dans le *Guide de l'utilisateur*.

Tableau 4.1 : Les gestes propres à VoiceOver.

Geste	*Effet*
Effleurer vers la droite ou vers la gauche.	Sélectionne l'élément suivant ou précédent.
Toucher avec deux doigts.	Cesse de dire l'élément courant.
Effleurer vers le haut avec deux doigts.	Dit tout depuis le haut de l'écran.
Effleurer vers le bas avec deux doigts.	Dit tout depuis la position courante.
Effleurer avec trois doigts vers le haut ou vers le bas.	Fait défiler une page à la fois.

Tableau 4.1 : Les gestes propres à VoiceOver.

Geste	*Effet*
Effleurer avec trois doigts vers la droite ou vers la gauche.	Fait passer à la page suivante ou précédente.
Toucher avec trois doigts.	Dit où en est le défilement (par exemple, à la ligne 20 sur 100 lignes).
Effleurer avec quatre doigts vers le haut ou vers le bas.	Va au premier ou au dernier élément de la page.
Effleurer avec quatre doigts vers la droite ou vers la gauche.	Va à la section suivante ou précédente (comme dans une page Web).

TRUC

Si toucher avec deux ou trois doigts vous paraît difficile, essayez avec un doigt d'une main et deux doigts de l'autre. Pour que le double-toucher ou le triple-toucher fonctionne, il doit être effectué aussi vite que possible.

Régler le volume sonore

Bien que les applications comme Musique et Vidéos aient leur propre réglage du volume sonore, celui des autres activités de l'iPad est paramétrable de la manière suivante :

1. **Touchez Réglages > Sons.**
2. **Dans le panneau Sons (Figure 4.9), actionnez la glissière Sonnerie et alertes vers la droite pour augmenter le volume, vers la gauche pour le réduire.**
3. **Appuyez sur le bouton principal pour quitter les réglages.**

TRUC

Dans le panneau Sons, vous pouvez activer ou désactiver les sons émis par l'iPad à l'occasion de certains événements, comme la réception d'un courrier électronique ou une alerte émise par le calendrier. Par défaut, tous ces sons sont actifs. Pour en désactiver un, touchez son option puis, en haut du panneau qui apparaît, touchez Aucune.

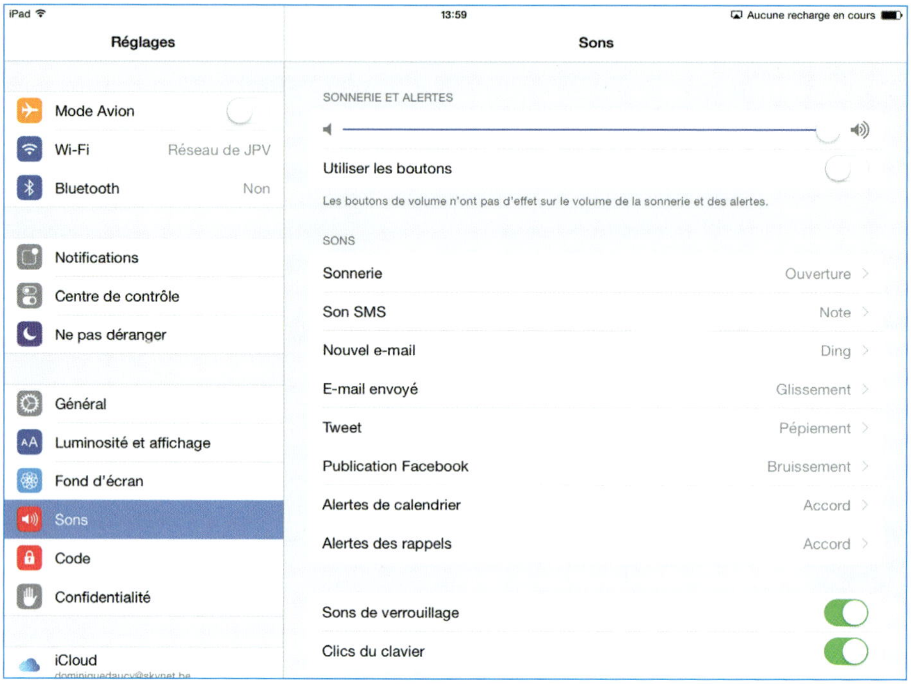

Figure 4.9

Écouter en monophonie

Lorsque vous écoutez de la musique avec des écouteurs ou avec un casque, le son est stéréophonique. Une personne ayant des problèmes auditifs à une oreille risque d'être pénalisée, car en raison de la stéréo, elle n'entendra correctement qu'un seul des deux canaux audio, ce qui peut être pénible. La solution consiste alors à activer la monophonie pour les écouteurs et le casque en procédant ainsi :

1. **Touchez Réglages > Général > Accessibilité.**

2. **Dans le panneau Accessibilité, touchez le commutateur Audio mono (Figure 4.10) pour l'activer.**

3. **Actionnez la glissière pour envoyer le son plutôt ou seulement vers l'oreille gauche ou plutôt ou seulement vers l'oreille droite.**

4. **Appuyez sur le bouton principal pour quitter les réglages.**

TRUC

Une autre fonction de l'iPad s'adresse aux malentendants. Il s'agit du réglage Sous-titres et sous-titrage codé proposé dans la rubrique Contenu multimédia. Ils ne fonctionnent cependant que pour les films compatibles avec cette option.

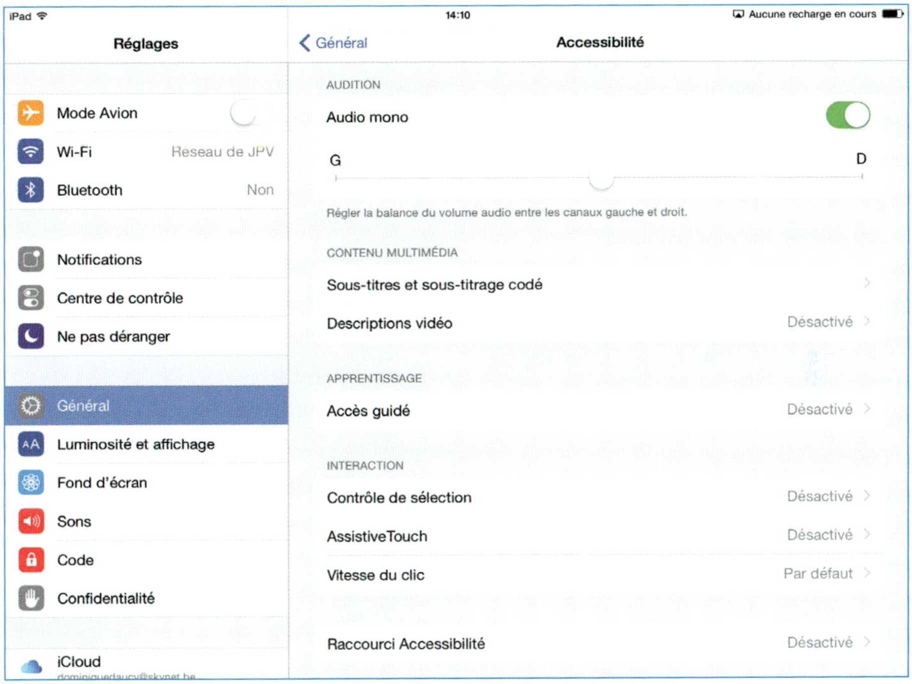

Figure 4.10

Demander à l'iPad de lire le texte

L'énonciation automatique formule à haute voix les corrections automatiques et les suggestions de majuscules, deux fonctions qui figurent dans le panneau Clavier. Quand vous saisissez du texte dans des applications comme Notes ou Mail, l'iPad suggère de terminer le mot que vous êtes en train de saisir. Si votre acuité visuelle vous empêche de bien voir cette suggestion, la fonction d'énonciation automatique sera bien commode, car elle énonce la suggestion.

1. **Touchez Réglages > Général > Accessibilité.**

2. **Touchez Parole.**

3. **Dans le panneau Parole, touchez le commutateur Énonciation automatique (Figure 4.11).**

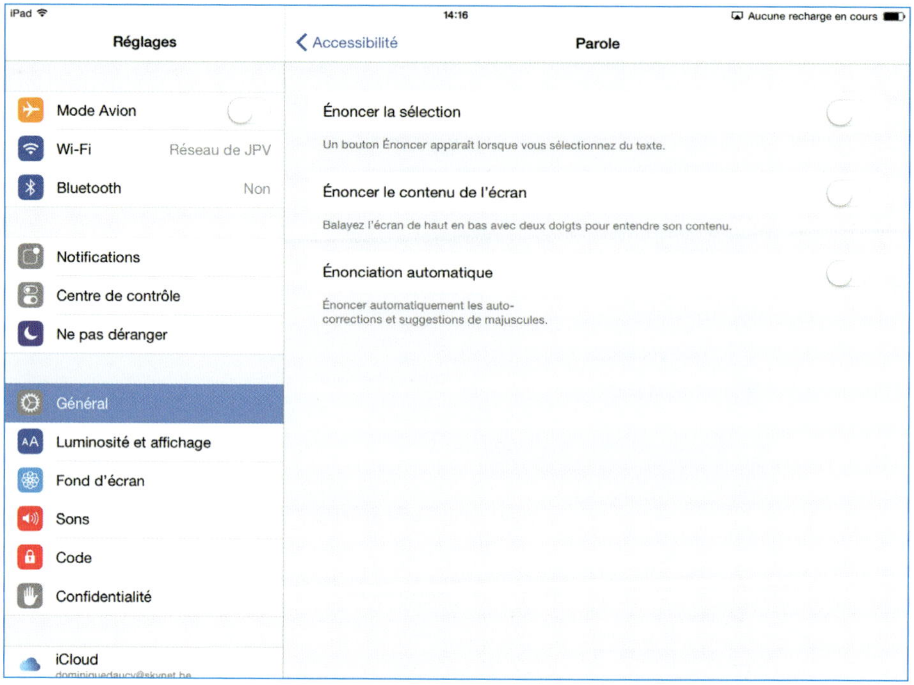

Figure 4.11

4. **Appuyez sur le bouton principal pour quitter les réglages.**

Afficher en gros caractères

Voir le texte en plus grand dans les applications Contacts, Mail ou Notes peut être appréciable. Pour cela, vous choisirez une police plus grande en procédant comme ceci :

1. **Touchez Réglages > Général > Accessibilité.**

2. **Dans le panneau Accessibilité, touchez l'option Police plus grande.**

3. **Touchez Tailles de police plus grandes, puis faites glisser le curseur comme on vous y invite (Figure 4.12).**

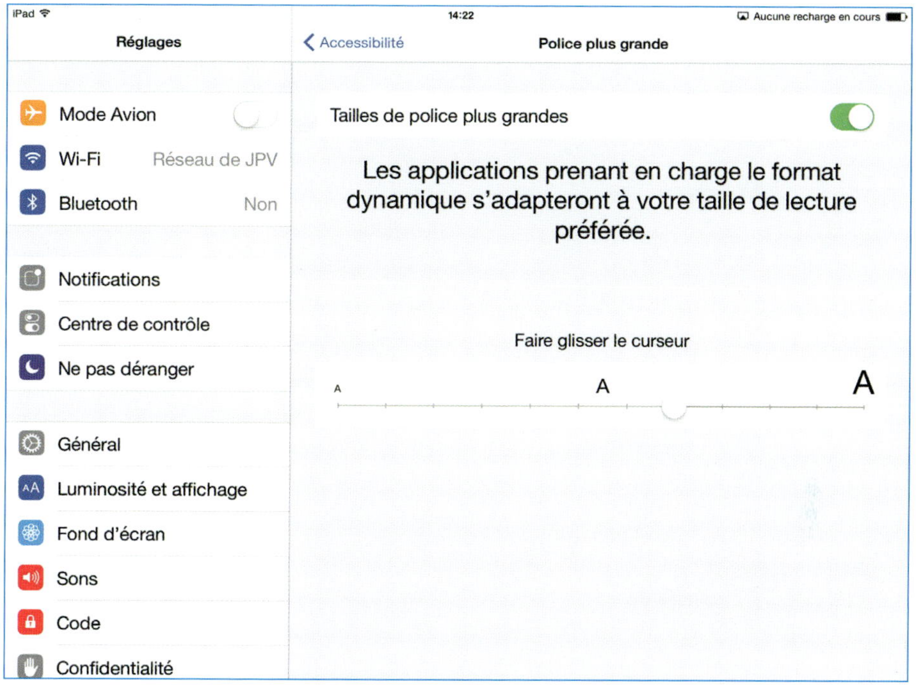

Figure 4.12

4. **Appuyez sur le bouton principal pour quitter les réglages.**

Activer le toucher assisté

Le toucher assisté, appelé Assistive Touch sur l'iPad, permet aux personnes ayant des problèmes moteurs d'utiliser l'écran tactile de la tablette. Voici comment l'activer :

1. **Touchez Réglages > Général > Accessibilité.**
2. **Dans le panneau Accessibilité, touchez l'option Assistive Touch. Vous la trouverez dans la rubrique Interaction.**
3. **Dans le panneau qui apparaît (Figure 4.13), touchez le commutateur Assistive Touch afin d'activer cette fonction. Remarquez l'icône carrée grise, en bas à droite. Elle reste visible en permanence, quel que soit le contenu de l'écran.**

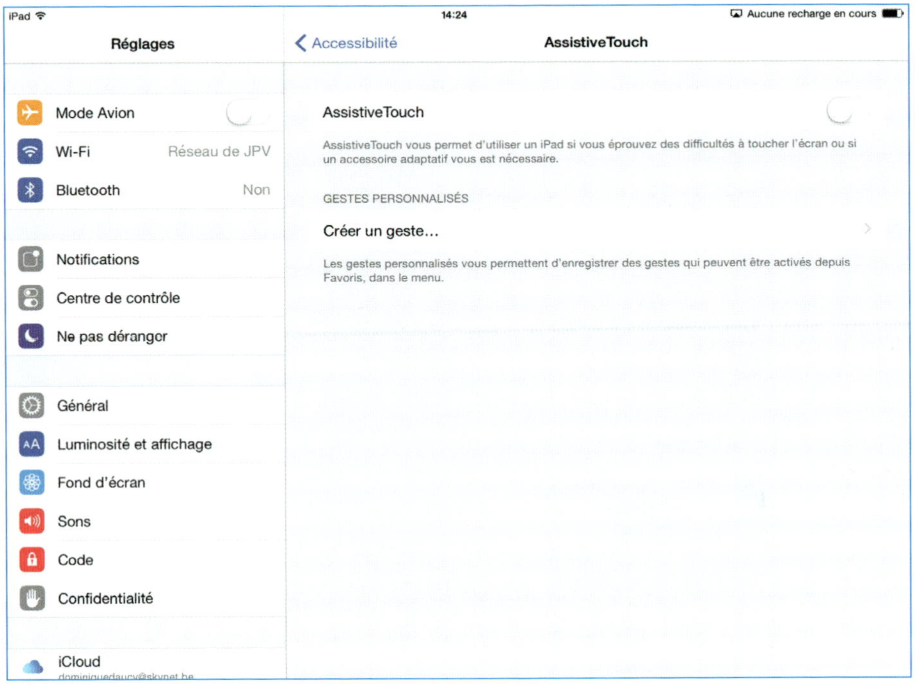

Figure 4.13

4. Touchez cette icône pour afficher le panneau de commandes Assistive Touch (Figure 4.14).

5. Touchez une des icônes pour produire l'effet correspondant en vous référant au tableau 4.2 qui détaille ces options.

Tableau 4.2 : Les options du panneau de commandes Assistive Touch.

Commande	*Utilité*
Accueil	Affiche l'écran d'accueil.
Appareil	Les gestes prédéfinis permettent, au choix, de tourner l'écran, de le verrouiller, de couper le son, d'augmenter ou de diminuer le volume, ou, *via* le bouton Suite, de faire comme si l'iPad avait été secoué, de prendre une capture d'écran, de basculer en mode multitâche ou encore, grâce au bouton Gestes, de choisir le nombre de doigts à utiliser pour la gestuelle sur l'écran tactile.

Tableau 4.2 : Les options du panneau de commandes Assistive Touch.

Commande	***Utilité***
Centre de contrôle	Affiche le centre de contrôle.
Centre de notifications	Affiche le centre de notifications.
Favoris	Affiche un choix de gestes pour l'action Pincer. Touchez n'importe lequel des autres carrés vides pour ajouter vos propres gestes favoris.
Siri	Déclenche l'outil de commande vocale Siri.

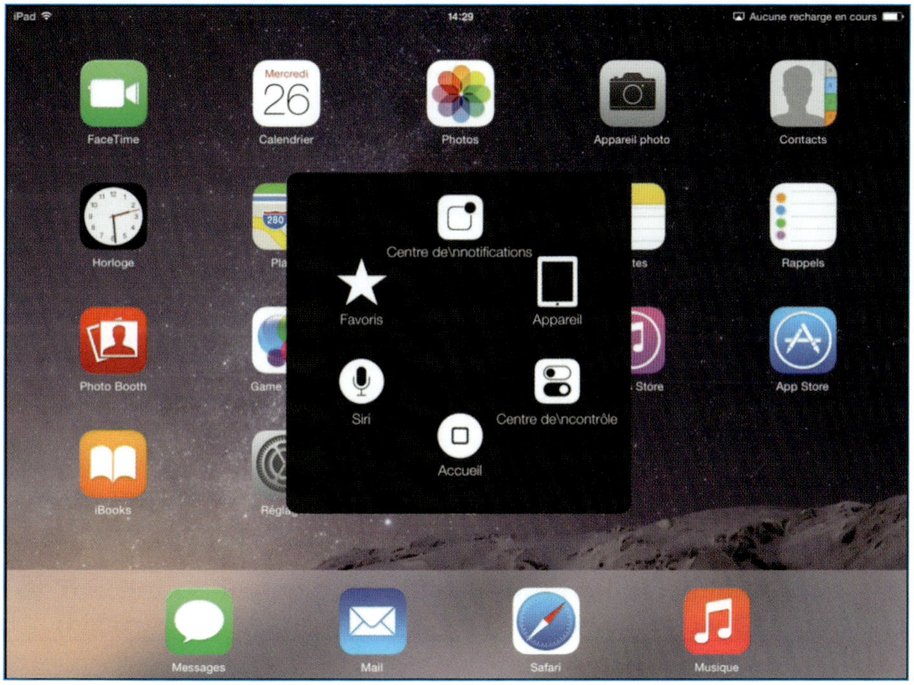

Figure 4.14

Exploiter la fonction Accès guidé

La fonction Accès guidé permet de limiter l'accès à l'iPad d'un utilisateur à une seule application, voire uniquement à certaines

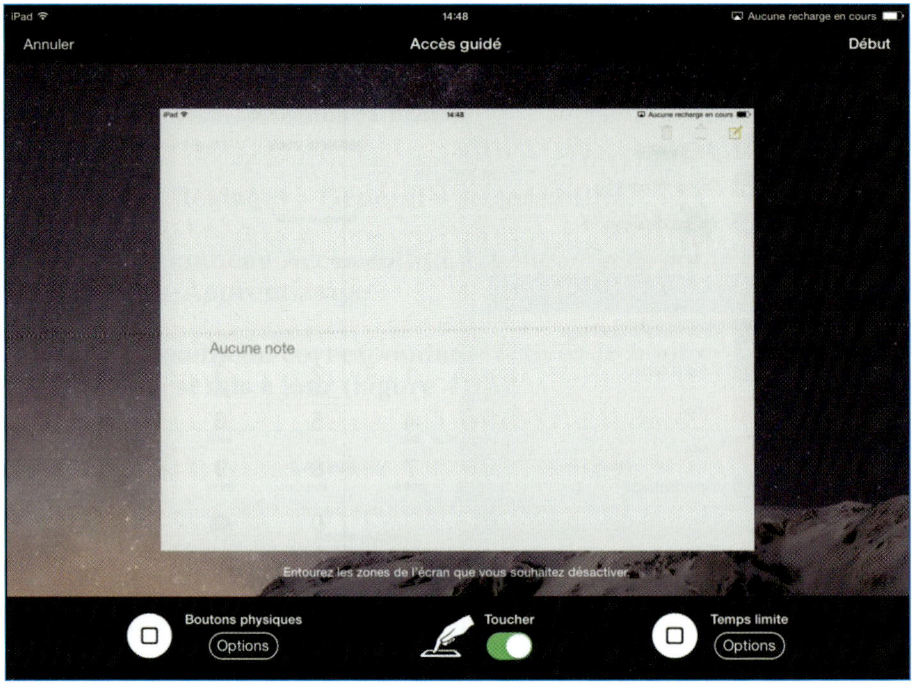

Figure 4.17

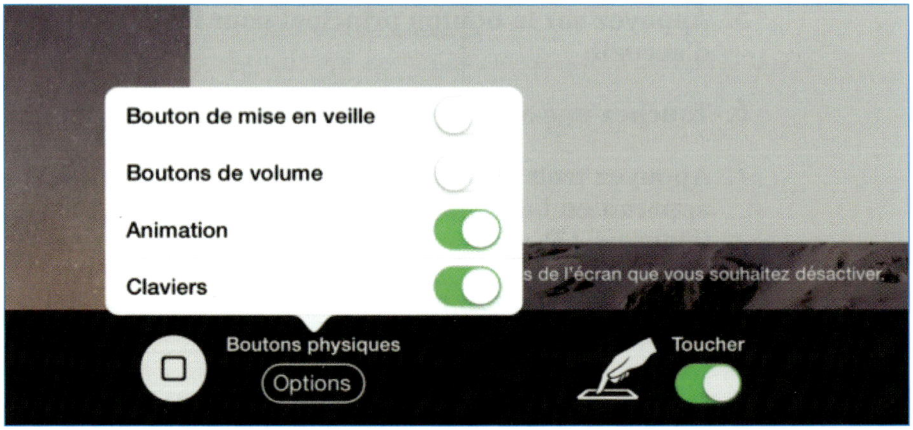

Figure 4.18

Notez que le bouton Toucher permet de définir les zones de l'écran à désactiver.

9. **Appuyez trois fois sur le bouton principal, puis entrez votre code pour revenir à l'écran d'accueil.**

Deuxième Partie

Internet, email, etc.

« *Et vous disposez bien sûr d'une boussole intégrée.* »

Chapitre 5

Surfer sur Internet avec Safari

Dans ce chapitre :

- Se connecter à Internet.
- Découvrir Safari.
- Gagner une page Web.
- Exploiter les onglets.
- Utiliser l'historique de navigation.
- Ajouter et utiliser des signets.
- La liste de lecture de Safari.
- La fonction Lecteur de Safari.
- Placer un clip Web sur l'écran d'accueil.
- Enregistrer une image.
- Navigation privée et cookies.
- Imprimer une page Web.

Aller sur Internet avec Safari

Rien n'est plus facile que d'utiliser votre iPad pour surfer sur le Net. Dès que vous êtes connecté à Internet, le navigateur Safari vous ouvre les portes vers un univers d'informations, de loisirs, d'éducation et bien plus encore. Safari vous paraîtra familier si vous avez déjà utilisé un navigateur Web sur un PC ou sur un Mac. La particularité de l'iPad, c'est, bien entendu, son utilisation avec l'écran tactile.

Petite précision avant d'entrer dans le vif du sujet : vous avez sans doute remarqué l'utilisation de deux termes qui semblent être synonymes : Internet et Web. Mais qu'en est-il exactement ? Internet est un réseau relativement ancien, inventé dans les années 1960 à des fins militaires. Une partie de ce réseau fut cédée à des universités américaines. En 1990 à Genève, Tim Berners-Lee, un ingénieur du CERN (Conseil Européen pour la Recherche Nucléaire), développe la partie d'Internet qui sera mise à la disposition du grand public. Il invente l'Internet moderne avec ses pages, ses liens et tout ce qui en fait l'attrait actuel. Le Web – terme anglais qui signifie « toile », car Internet est comme une toile d'araignée recouvrant le monde – est donc la partie grand public d'Internet.

Se connecter à Internet

Les manières de se connecter à Internet dépendent du modèle d'iPad que vous possédez :

- **iPad uniquement Wi-Fi :** Il doit se connecter à une box Wi-Fi ou à une borne d'accès publique. Cette box peut être celle à laquelle est déjà connecté votre ordinateur. Vous pourrez également en acquérir une auprès d'un fournisseur de téléphonie mobile ou d'un câblo-opérateur. Si vous optez pour une box branchée sur la ligne téléphonique, cette dernière doit être préparée pour l'ADSL (quelques communes, en France, ne sont pas encore desservies par l'ADSL). La connexion par câble n'est possible que si le câble numérique dessert votre habitation. Vous pourrez vous connecter à Internet dans de nombreux lieux publics : cafés, restaurants, hôtels, gares, aéroports, et tous les parcs publics parisiens. La connexion peut être gratuite ou payante. Généralement, un panneau signale la présence d'une zone Wi-Fi.
- **iPad Wi-Fi + 3G ou 4G :** En plus de la connexion *via* Wi-Fi, ces modèles d'iPad peuvent se connecter au réseau de téléphonie mobile d'un opérateur (Bouygues, Orange ou SFR, en France). Un abonnement doit être souscrit pour accéder à ce service. Sachez que les tablettes équipées pour le réseau 4G utilisent sans problème les réseaux existants : EDGE, 3G et 3G+. La connexion à ces réseaux est automatique lorsque l'iPad ne détecte pas la Wi-Fi. Il sélectionne automatiquement le réseau offrant le débit le plus rapide.

Pour pouvoir vous connecter à un réseau Wi-Fi :

1. **Sur l'écran d'accueil, touchez Réglages > Wi-Fi.**

2. **Dans le panneau droit, activez Wi-Fi si ce n'est déjà fait. Si des réseaux sont disponibles, une liste se constitue sous cette mention (Figure 5.1).**

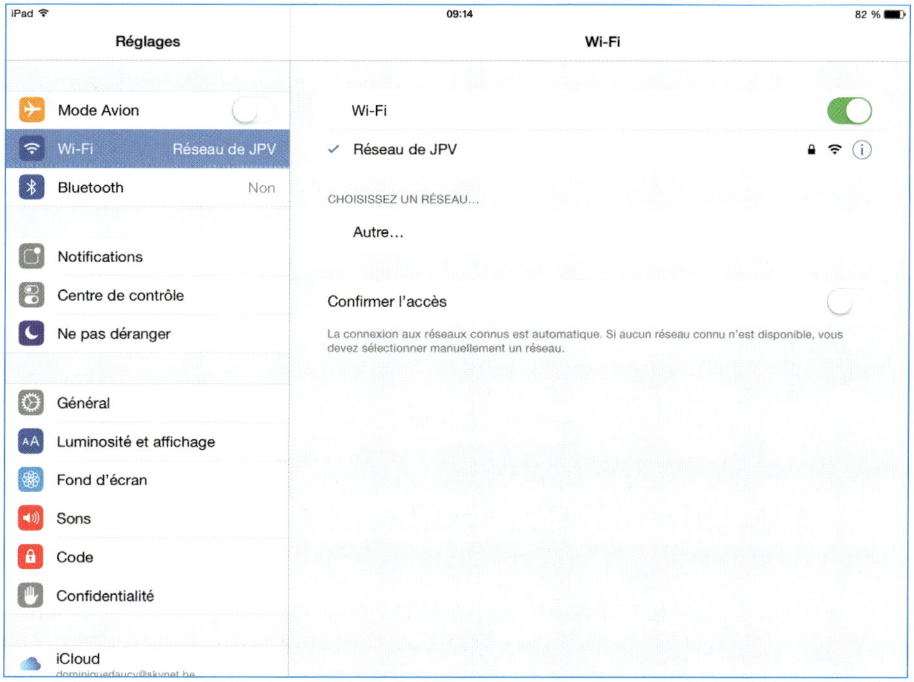

Figure 5.1

3. **Dans cette liste, touchez le réseau auquel vous souhaitez vous connecter.**

4. **Si ce réseau n'est pas protégé, la connexion est immédiate. Dans le cas contraire (le nom du réseau est alors précédé d'une icône en forme de cadenas), un mot de passe est requis lors de l'établissement de la première connexion (il n'est normalement plus demandé par la suite).**

5. **Saisissez le mot de passe.**

6. **Touchez le bouton Rejoindre.**

Vous devez différencier les minuscules et les majuscules lorsque vous saisissez le mot de passe (cela est notamment vrai pour la clé à 26 caractères nécessaire pour se connecter à une box).

Notez aussi que certaines box, comme la Livebox d'Orange, doivent être mises en mode Association pour qu'elles acceptent un appareil (iPad, ordinateur, *etc.*). Appuyez sur le bouton en façade ; le mode Association est actif pendant 10 minutes.

Les réseaux Wi-Fi publics gratuits n'exigent généralement pas de mot de passe. Mais attention : il est possible pour un autre utilisateur du réseau de surveiller vos activités sur ce réseau non sécurisé. Évitez donc, dans ces conditions d'utilisation, d'accéder à vos comptes bancaires ou d'envoyer des courriers électroniques confidentiels.

Les réseaux de téléphonie mobile servent uniquement à transmettre des données informatiques. Vous ne pouvez pas les utiliser pour téléphoner (hormis avec une application de téléphonie par Internet, comme Skype).

Découvrir Safari

Connectez-vous à un réseau Wi-Fi ou de téléphonie (EDGE, 3G, 3G+, 4G, *etc.*), puis procédez comme suit :

1. **Dans le bas de la page d'accueil, touchez l'icône Safari. Si c'est la première fois que vous mettez l'app en service, vous accédez sans doute à la page Web d'Apple (Figure 5.2).**

2. **Écartez deux doigts sur l'écran pour agrandir la vue, comme à la Figure 5.3. Pincez, à deux doigts toujours, pour rétablir la page à sa taille par défaut.**

   Vous pouvez aussi double-toucher avec un seul doigt pour zoomer in et out.

3. **Touchez l'écran avec un doigt et tirez vers le haut pour faire défiler la page et découvrir la suite, en bas.**

   Dès que vous entamez un défilement vers le bas, la barre d'adresse (qui occupe le haut de l'interface) se réduit à sa plus simple expression pour libérer de l'espace. Elle réapparaît dès que vous remontez. Vous pouvez à tout moment la contraindre à se manifester si elle s'est faite discrète en touchant la version réduite. Un double toucher au même endroit réaffiche le haut de la page.

Figure 5.3

Gagner une page Web

1. **Touchez la barre d'adresse qui, comme vous allez le voir, est aussi une barre de recherche. Le clavier virtuel apparaît (Figure 5.4).**

2. **Pour effacer le contenu courant de la barre, touchez l'icône Supprimer, placée à l'extrémité droite de sa zone d'édition.**

3. **Saisissez l'adresse du site Web que vous voulez visiter.**

   TRUC

   Normalement, toutes les adresses Web commencent par www, mais Safari est malin : il ajoutera ce préfixe pour vous si vous trouvez plus commode de ne pas le taper vous-même.

4. **Dès que vous commencez à taper, une liste de suggestions s'affiche (Figure 5.5).**

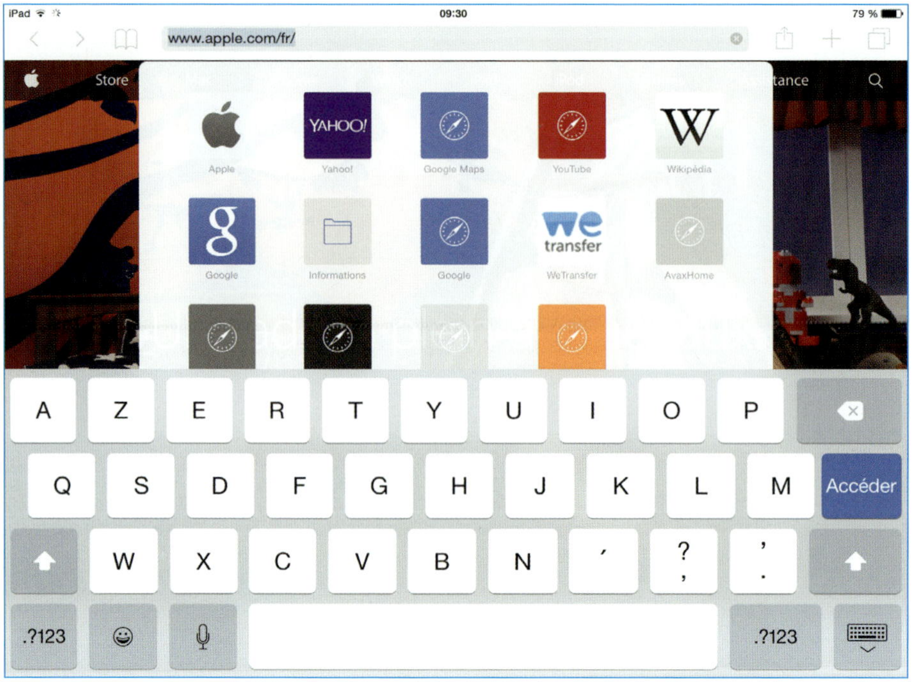

Figure 5.4

Safari anticipe et cherche à vous aider en vous proposant, au fur et à mesure que vous précisez votre requête, une liste de résultats potentiels.

Nouveauté de iOS 8 : en tête de liste, l'app vous propose les éventuelles entrées Wikipédia qui correspondent à votre saisie.

5. Si aucun résultat ne vous convient, touchez Accéder. Sinon, touchez le résultat en question. Le site Web apparaît.

6. Exploitez les icônes mises à votre disposition :

Si pour quelque raison, la page Web ne s'est pas chargée correctement, touchez l'icône Rechargement de la page, qui, depuis que vous avez gagné le site, s'est substituée à l'icône Supprimer.

Pour interrompre le chargement en cours d'une page Web, touchez Supprimer.

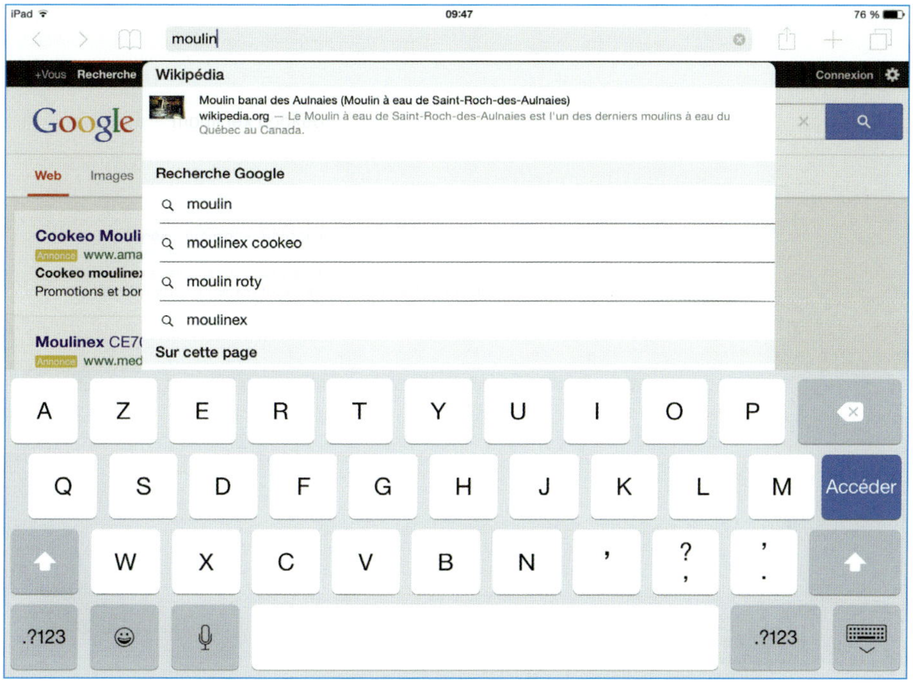

Figure 5.5

Pour reculer à une page visitée juste avant celle qui est affichée, touchez Précédent.

Pour retourner à la page que vous venez de visiter, touchez Suivant.

7. **Touchez un lien pour gagner une autre page. Les liens sont des accès directs à d'autres pages. Ils peuvent être des textes (alors présentés en bleu) ou des images. Pour connaître l'adresse de la page de destination, laissez le doigt sur le lien. Un menu apparaît; l'adresse de destination se trouve en haut (Figure 5.6).**

8. **Pour gagner la page désignée par le lien, touchez :**

   - **Ouvrir :** Pour que la nouvelle page se substitue à celle depuis laquelle vous avez activé le lien.
   - **Dans un nouvel onglet :** Pour garder la page de départ ouverte et présenter la page désignée par le lien dans une fenêtre à part (voir la rubrique suivante « Exploiter les onglets »).

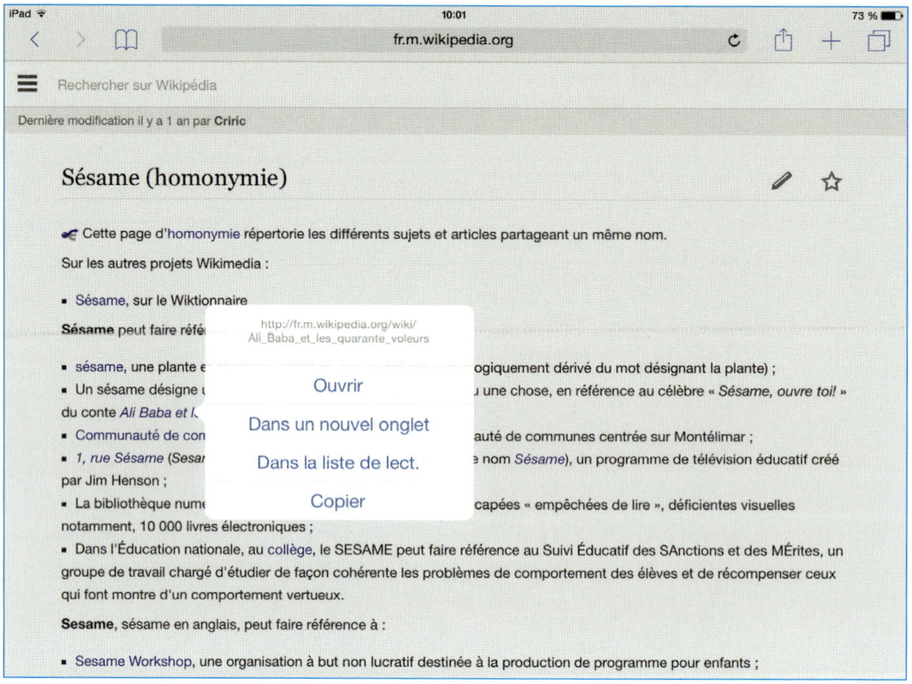

Figure 5.6

- **Dans la liste de lect. :** Pour mémoriser l'adresse de la page désignée par le lien si vous comptez la lire plus tard (voir la rubrique «La liste de lecture de Safari»).

Exploiter les onglets

La navigation par onglets permet d'ouvrir plusieurs sites Web en même temps, chacun dans une fenêtre ou *onglet* portant son nom.

1. **Gagnez un site.**
2. **Touchez l'icône Nouvel onglet, le + en haut à droite de la fenêtre de Safari.**

Vous pouvez aussi choisir l'option Dans un nouvel onglet depuis le menu contextuel qui s'affiche dès que vous touchez-maintenez un lien (voir plus haut).

3. **Entrez l'adresse d'un autre site.**

4. Répétez l'opération autant de fois que vous le souhaitez. Tous les sites que vous joignez de la sorte s'affichent chacun dans leur onglet. Une barre, fort à propos nommée barre des onglets, s'est d'ailleurs installée sous la barre d'adresse et répertorie tous les onglets ouverts Dans l'exemple de la Figure 5.7, cette barre compte 4 onglets.

Figure 5.7

iOS 8

Que se passe-t-il si vous ouvrez tellement d'onglets que la barre ne peut pas les afficher tous ? Par le passé, seuls les noms des premiers onglets ouverts étaient visibles et un dérouleur faisait son apparition en bout de barre, vous donnant accès à la liste des autres onglets ouverts, mais non visibles dans la barre faute de place. Depuis iOS 8, le nom de tous les onglets ouverts reste affiché dans la barre, mais en petit, ce qui rend parfois l'identification difficile. Dans ce cas, n'hésitez pas à faire glisser la barre vers la droite pour augmenter la taille des noms des onglets placés à gauche et *vice versa*.

Une fois les onglets ouverts, il vous suffit de toucher le nom d'un onglet pour l'afficher. À l'inverse, touchez sa case de fermeture (le X entouré d'un cercle à gauche du nom) pour vous en défaire.

Autre nouveauté iOS 8 concernant les onglets, la vue par onglets, une vue qui regroupe tous les onglets ouverts (non seulement sur votre iPad, mais aussi sur tous vos autres appareils). Touchez le bouton Afficher tous les onglets pour activer cette vue (Figure 5.8).

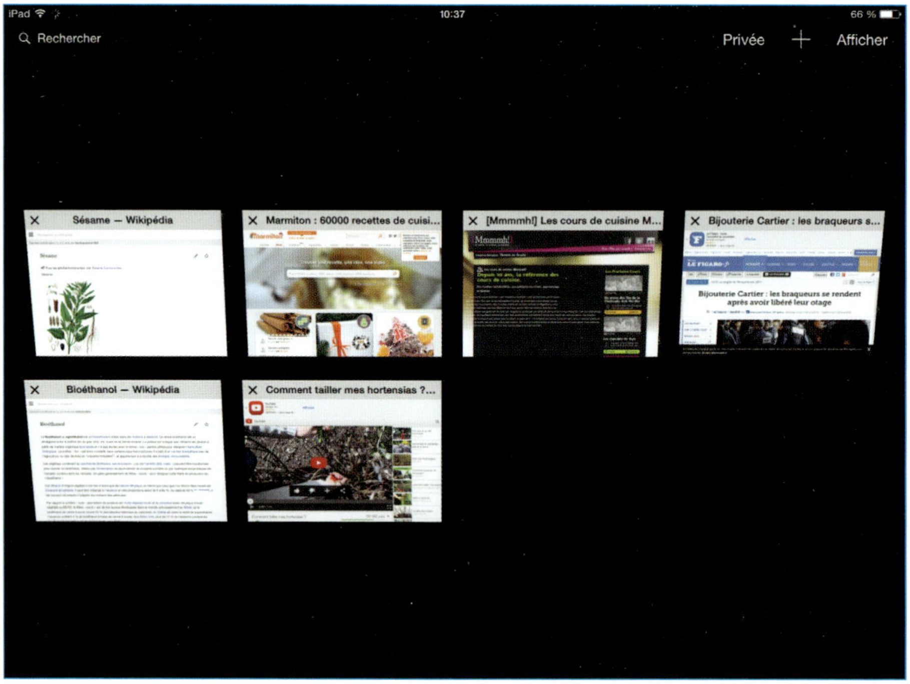

Figure 5.8

Depuis ce centre de contrôle, touchez la représentation de l'onglet à afficher ; touchez la case de fermeture de l'onglet à fermer. Ou encore, touchez le + en haut à gauche pour ajouter de nouveaux onglets à la liste.

Utiliser l'historique de navigation

Quand vous visitez des sites, votre navigateur Web – Safari, en l'occurrence – conserve une trace de vos pérégrinations. Cette mémorisation est commode lorsque vous désirez retourner ultérieurement dans un site que vous avez visité précédemment et dont vous avez oublié l'adresse.

1. Dans Safari, touchez l'icône Signet, en haut à gauche. Une barre latérale fait son apparition dans la partie gauche de l'écran.

2. Dans cette barre, touchez Signets, puis Historique. La liste des sites que vous avez visités s'affiche (Figure 5.9).

Figure 5. 9

3. Dans cette liste, touchez le site que vous souhaitez revisiter.

Pour vous débarrasser de cette barre latérale, retouchez le bouton Signets en haut à gauche.

TRUC

Pour purger l'historique, c'est-à-dire supprimer toutes les informations qui y sont stockées, touchez le bouton Effacer en bas à droite de la liste (Figure 5.8). Pratique si vous ne voulez pas que votre épouse voie quels sites marchands vous avez visités pour son cadeau d'anniversaire.

Ajouter et utiliser des signets

Les signets sont un moyen de revenir à des sites que vous avez appréciés ou qui peuvent vous être utiles.

1. **Avec Safari, gagnez la page Web qui vous intéresse et que vous aimeriez revisiter plus tard.**

2. **Touchez le bouton Actions.**

3. **Dans le menu qui apparaît (Figure 5.10), touchez Nouv. signet.**

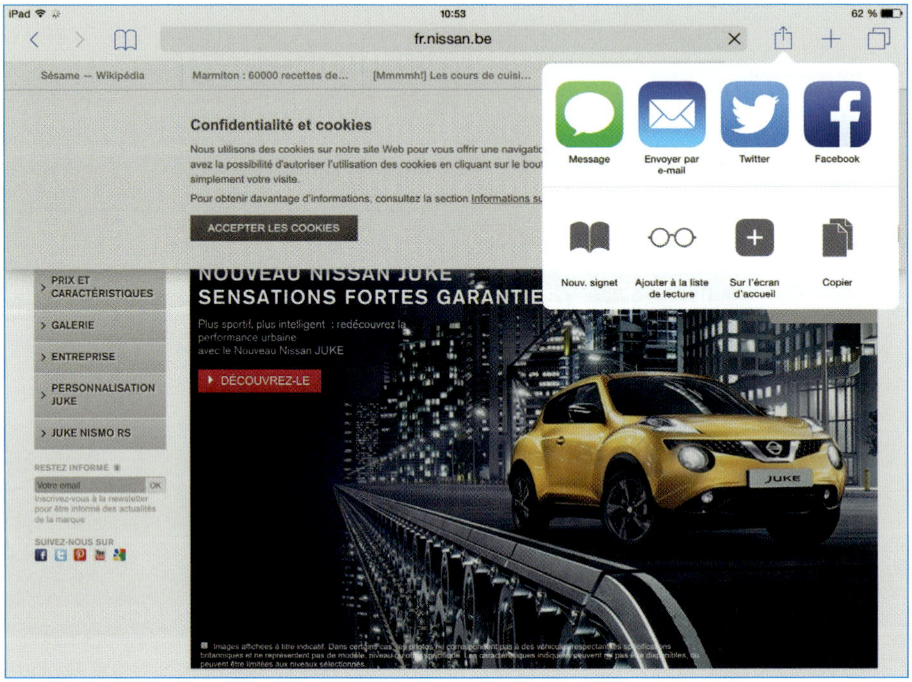

Figure 5.10

4. **Dans le panneau Nouv. signet (Figure 5.11), modifiez le nom du signet s'il ne vous paraît pas assez explicite.**

5. **Touchez Emplacement puis, dans le volet correspondant, touchez Menu Signets.**

TRUC

Il y a plusieurs endroits où vous pouvez stocker vos signets. Dans un premier temps, contentez-vous de les regrouper à cet endroit.

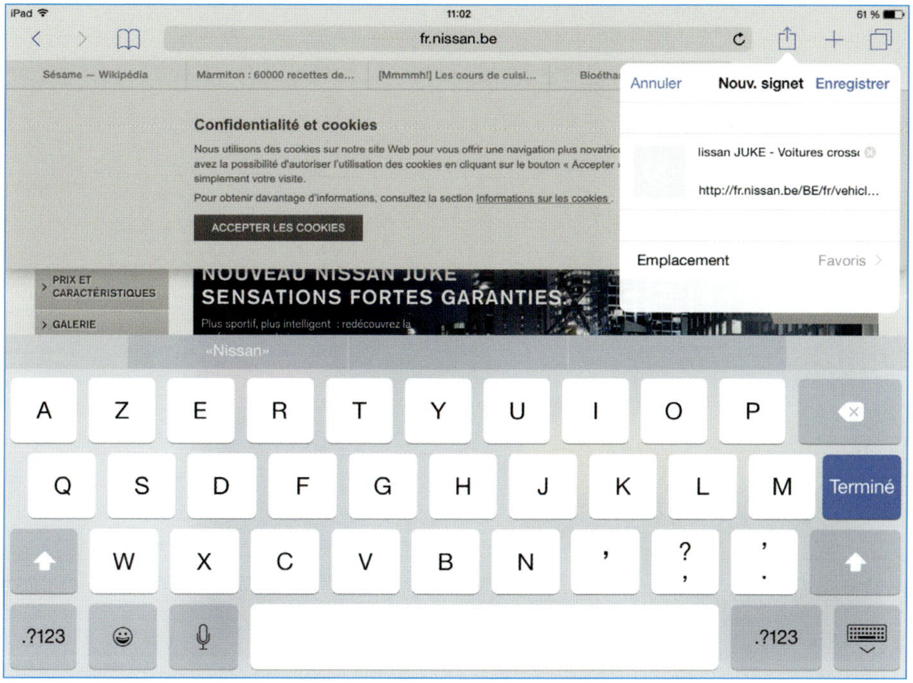

Figure 5.11

6. **Touchez Enregistrer.**

Voici à présent comment utiliser un signet que vous avez créé :

1. **Touchez l'icône Signet, en haut à gauche. Une barre latérale fait son apparition dans la partie gauche de l'écran (Figure 5.12).**

2. **Dans cette barre, touchez Signets.**

Si le bouton n'est pas disponible (par exemple parce que l'historique de navigation est affiché), touchez Tout pour revenir au sommaire.

3. **Touchez ensuite Menu Signets. La liste des signets que vous avez créés et stockés à cet endroit s'affiche (Figure 5.13).**

4. **Dans cette liste, touchez le signet du site auquel vous désirez accéder.**

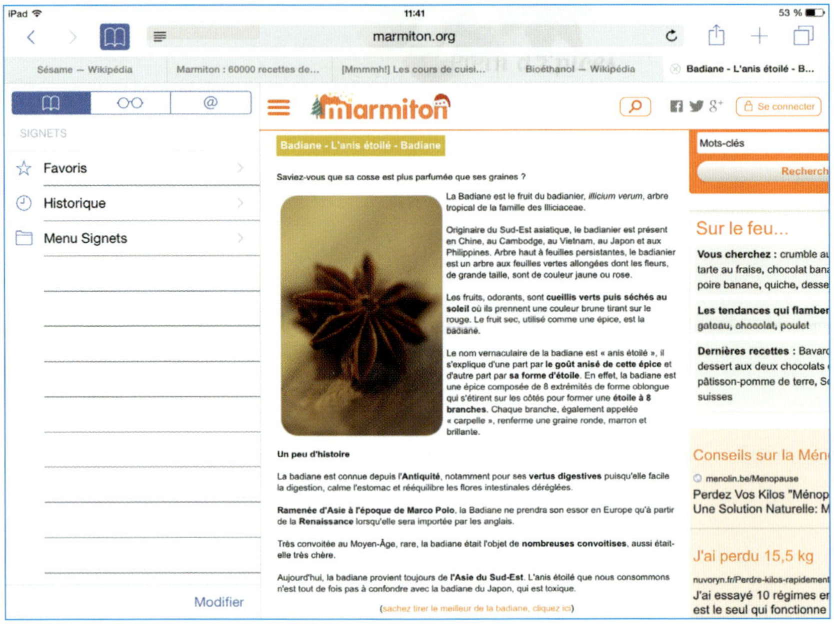

Figure 5.12

Figure 5.13

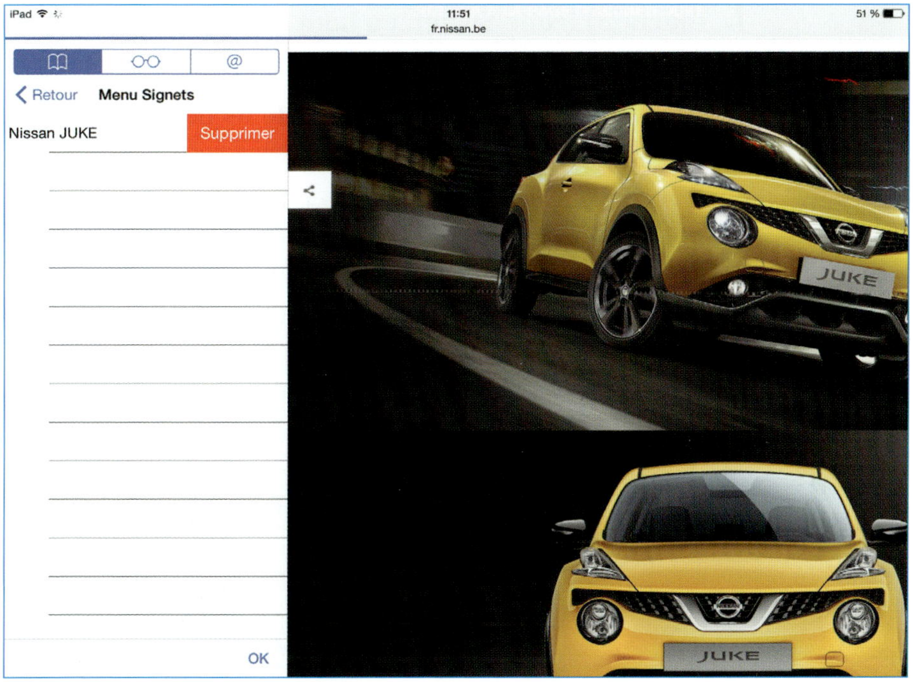

Figure 5.14

Pour vous débarrasser d'un signet dont vous n'avez plus l'usage, agissez depuis la liste des signets définis en faisant glisser le nom du signet à supprimer vers la gauche de manière à révéler un bouton Supprimer qui, comme son nom l'indique, fait le ménage (Figure 5.14).

La liste de lecture de Safari

La liste de lecture sert à mémoriser l'adresse d'un site que vous visiterez plus tard quand vous en aurez le temps.

1. **Touchez le bouton Actions.**

2. **Dans le menu qui apparaît (reportez-vous à la Figure 5.10), touchez Ajouter à la liste de lecture.**

Accédons à présent à la liste de lecture :

1. Touchez l'icône Signet, en haut à gauche. Une barre latérale fait son apparition dans la partie gauche de l'écran.

2. Dans cette barre, touchez Liste de lecture. La liste se déroule dans la barre (Figure 5.15).

Figure 5.15

3. Touchez le contenu que vous désirez relire.

TRUC

Pour ne voir que les sites que vous n'avez pas encore revisités, touchez le bouton Afficher non lus dans le bas du volet.

TRUC

Pour placer une image dans la liste de lecture, touchez-la jusqu'à ce qu'un menu apparaisse. Choisissez ensuite l'option Dans la liste de lect. Pour effacer un élément de la liste de lecture, faites glisser son intitulé vers la gauche, puis touchez le bouton Supprimer dès qu'il se manifeste.

La fonction Lecteur de Safari

La fonction Lecteur de Safari facilite la consultation d'une page Web en supprimant tous les articles annexes, colonnes de liens et publicités. L'écran ressemble alors à celui d'une liseuse.

Lorsqu'un site peut être affiché de cette manière, un bouton Lecteur s'affiche dans la partie gauche de la barre d'adresse, à droite du bouton Signet.

1. Depuis le site présenté en mode classique (Figure 5.16), touchez le bouton Lecteur. Il vire au noir ; l'adaptation de l'affichage est immédiate (Figure 5.17).

Figure 5.16

2. Faites défiler la page. L'article est totalement contenu dans une longue page.

3. Après avoir lu l'article, touchez de nouveau le bouton Lecteur pour réactiver l'affichage standard.

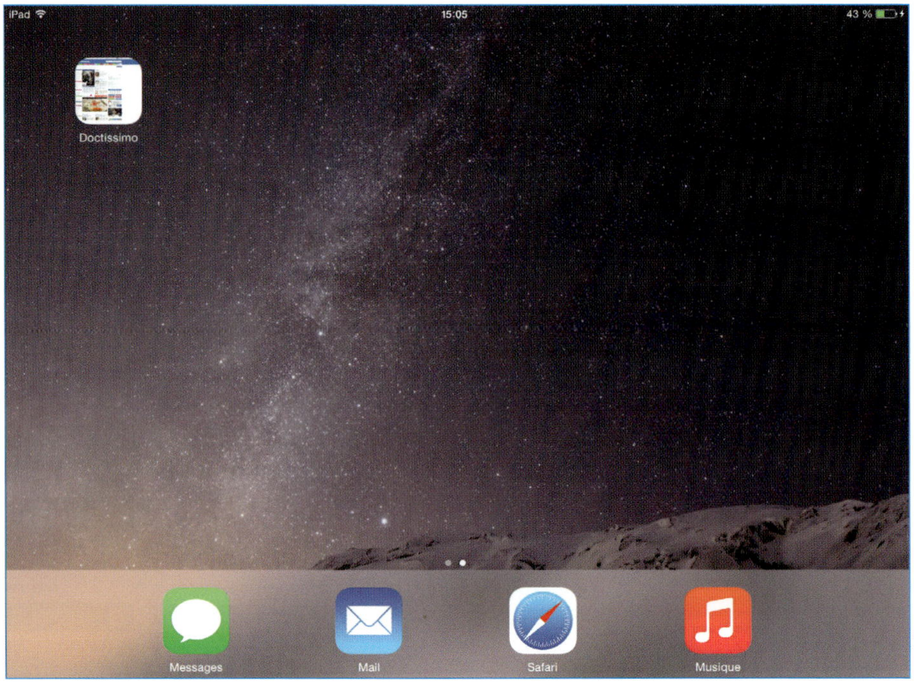

Figure 5.19

Enregistrer une image

1. **Accédez à une page Web contenant une image que vous voudriez conserver.**
2. **Touchez continûment l'image. Un menu apparaît (Figure 5.20).**
3. **Touchez Enregistrer l'image. L'image est enregistrée dans l'album Toutes les photos de l'application Photos.**

ATTENTION

Quasiment toutes les images publiées sur Internet sont protégées par les lois sur la propriété intellectuelle. Vous ne pouvez les copier que pour vous-même. Si vous utilisez une photo pour illustrer une brochure ou un bulletin associatif (même distribué gratuitement) ou si vous la placez sur un blog ou sur un site Web, vous vous exposez à des poursuites de la part de leur auteur.

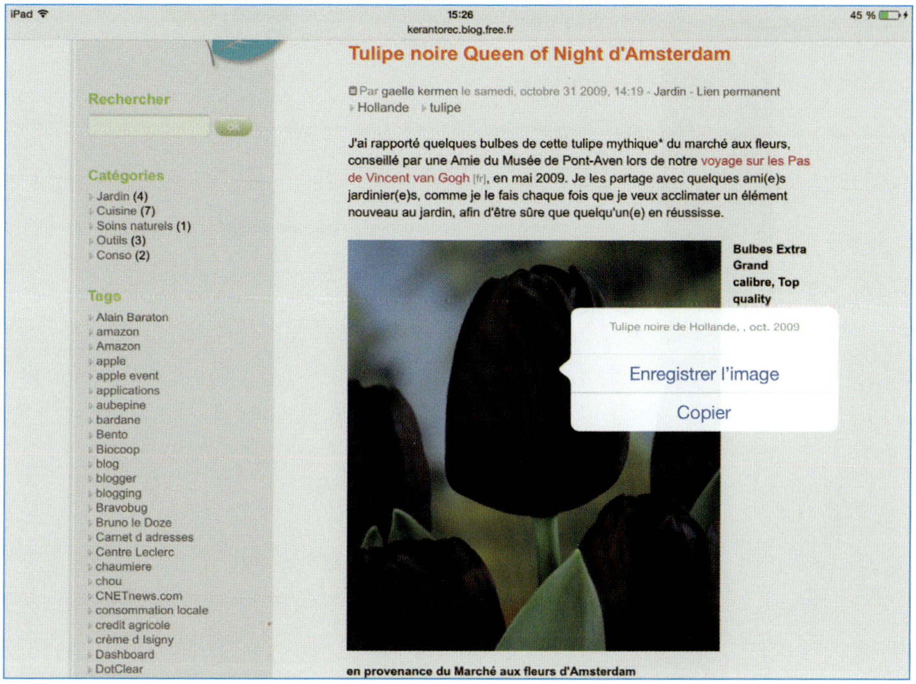

Figure 5.20

Envoyer un lien

Si un site Web vous plaît beaucoup et que vous désirez le faire connaître à quelqu'un, envoyez le lien par email.

1. **Allez sur le site qui vous intéresse, puis touchez le bouton Actions.**

2. **Dans le menu qui apparaît, touchez Envoyer par e-mail.**

Pour que l'opération soit possible, il faut, bien entendu, que vous ayez configuré un compte de messagerie (voir le chapitre suivant).

3. **L'iPad lance aussitôt l'application de messagerie Mail et y affiche un nouveau message qui, comme objet, propose le nom du site et ajoute, dans le corps du texte, le lien pointant vers le site en question (Figure 5.21). Il ne vous reste plus qu'à choisir le(s) destinataire(s) et ajouter un petit mot d'accompagnement sympa.**

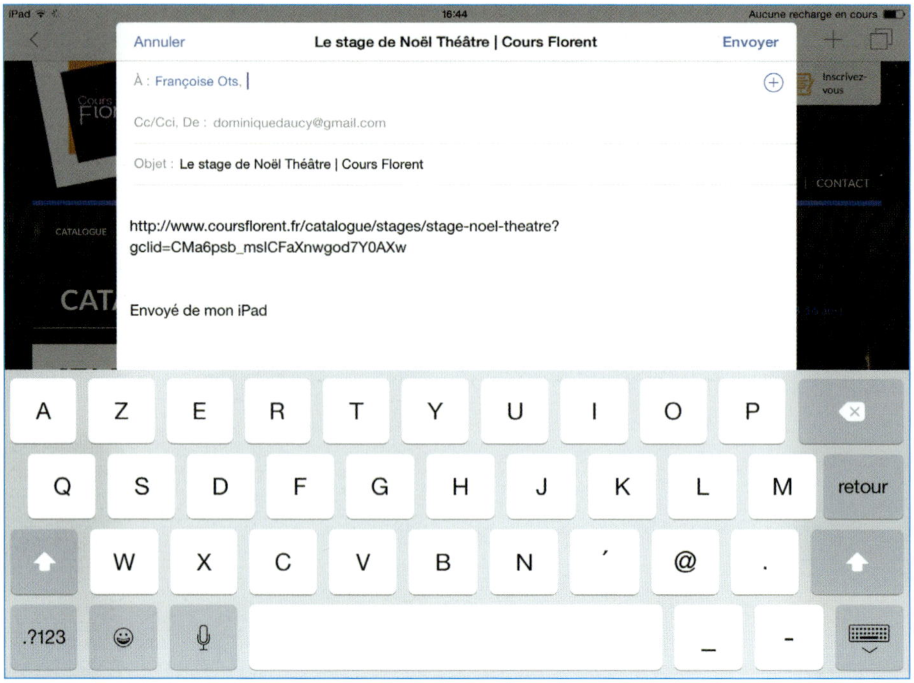

Figure 5.21

4. **Touchez Envoyer pour expédier le message.**

TRUC

Pour envoyer ce lien par Twitter plutôt qu'avec l'application Mail, touchez l'option Twitter à l'Étape 2 (l'utilisation de Twitter est décrite au Chapitre 7).

Navigation privée et cookies

Safari contient des options de navigation préservant votre vie privée. La fonction Navigation privée efface les éléments d'une liste de téléchargement, empêche Safari de mémoriser les noms de sites utilisés par les différentes fonctions de suggestions et s'abstient d'enregistrer quelques historiques de navigation. Ces fonctionnalités préservent quelque peu la confidentialité de votre navigation. L'option Accepter les cookies permet de gérer les informations de navigation que les sites placent dans l'iPad afin de se souvenir de vous la prochaine fois que vous visiterez de nouveau le site.

1. **Pour accéder aux options de navigation, touchez Réglages, puis Safari.**

2. **Dans la rubrique Confidentialité et sécurité, activez le commutateur Ne pas suivre.**

3. **Touchez l'option Bloquer les cookies, puis, dans le volet correspondant (Figure 5.22), choisissez une des quatre options proposées.**

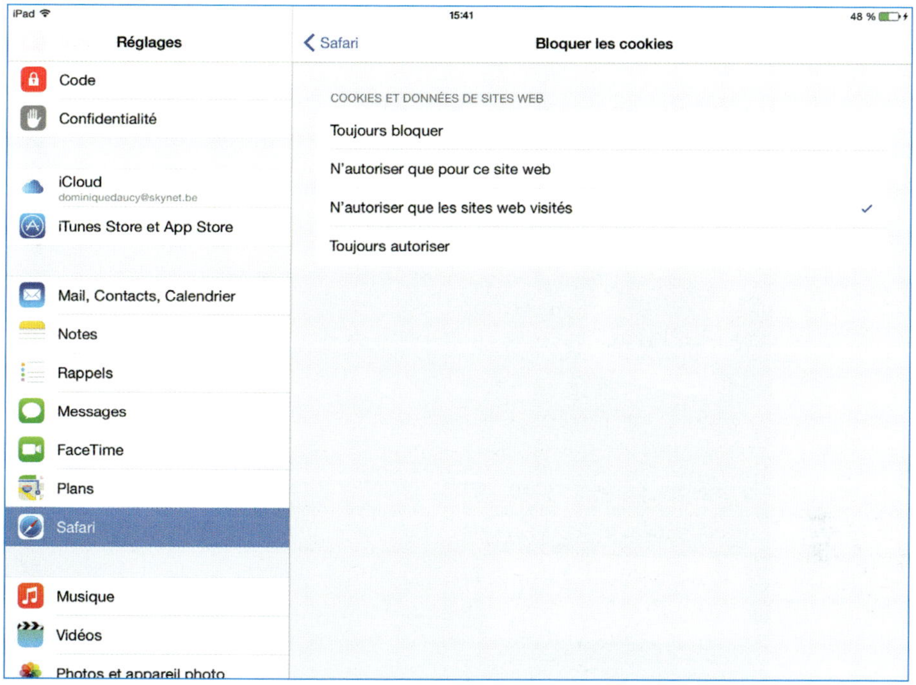

Figure 5.22

L'option N'autoriser que pour ce site web n'autorise que les cookies provenant du site que vous visitez actuellement. L'option N'autoriser que les sites web visités fait de même pour tous ceux que vous consultez. En revanche, l'option Toujours autoriser accepte non seulement les cookies du/des site(s) visité(s), mais aussi ceux de tous les sites partenaires avec lesquels il(s) a(ont) passé des accords commerciaux. Si vous validez cette option, attendez-vous à voir déferler d'innombrables offres commerciales dans votre courrier électronique.

Notez la présence, dans le bas du panneau des options de Safari, d'une option fort utile, baptisée Effacer historique et données de site.

Imprimer une page Web

Si vous possédez une imprimante compatible AirPrint, vous pouvez imprimer depuis l'iPad *via* une connexion Wi-Fi.

1. **Le site qui vous intéresse étant ouvert dans Safari, touchez le bouton Actions.**

2. **Dans le menu qui apparaît, faites défiler avec le doigt la rubrique du bas jusqu'à ce que l'icône Imprimer apparaisse (Figure 5.23), puis touchez-la.**

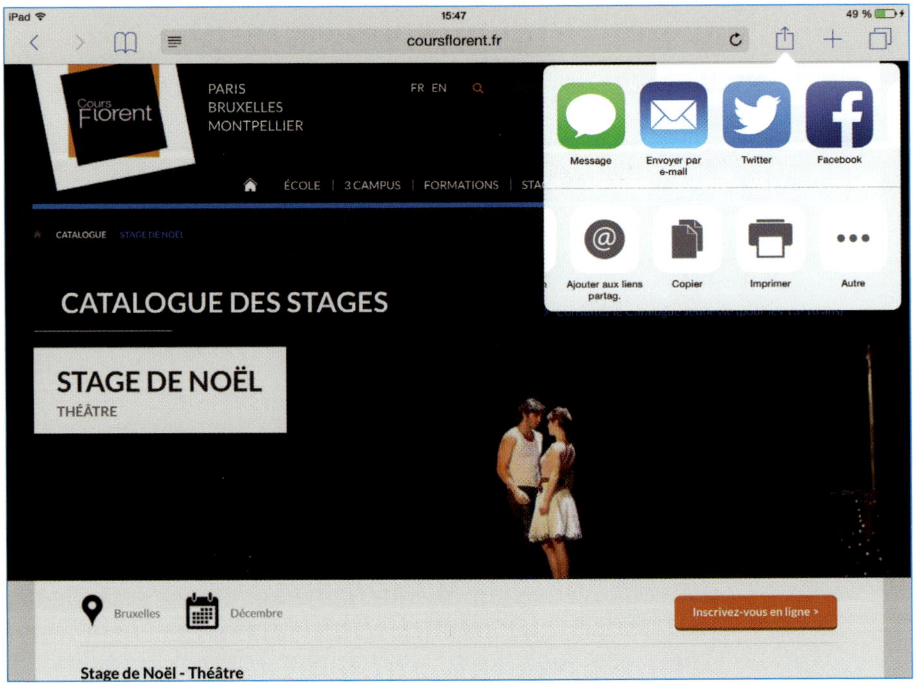

Figure 5.23

3. **Dans le panneau Options d'imprimantes qui s'affiche alors, touchez Sélection, puis touchez le nom de l'imprimante AirPrint que vous souhaitez charger de l'impression.**

4. **De retour dans la fenêtre Options d’imprimante (Figure 5.24), indiquez le nombre d’exemplaires à imprimer en vous servant des boutons + et -.**

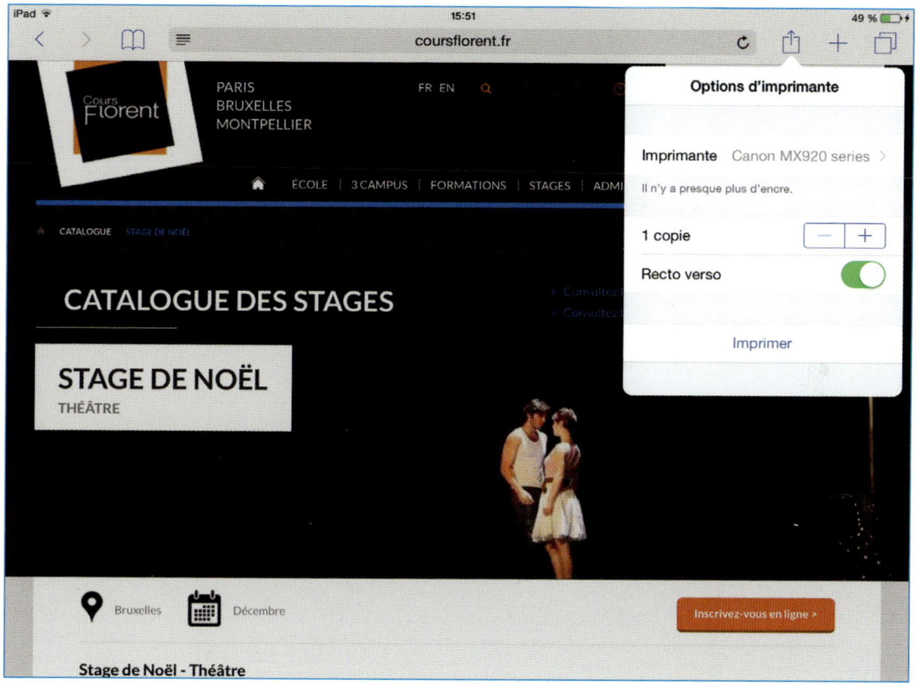

Figure 5.24

5. **Touchez Imprimer.**

TRUC

Si vous n’avez pas d’imprimante compatible AirPrint, envoyez le lien de la page Web à votre propre adresse Internet, ouvrez ce courrier avec votre ordinateur, puis imprimez depuis l’ordi.

Chapitre 6

Le courrier électronique

Dans ce chapitre :

- Ajouter un compte Gmail, Yahoo! ou AOL.
- Configurer un compte de messagerie POP3.
- Ouvrir Mail et lire les messages.
- Répondre ou transférer.
- Rédiger et envoyer un courrier électronique.
- Mettre un courrier en forme.
- Rechercher des messages.
- Supprimer un message.
- Organiser la messagerie.

Le courrier électronique avec Mail

L'iPad est parfait pour rester en contact avec son entourage et communiquer par courrier électronique. Vous pouvez échanger des messages, soit avec l'application Mail qui se trouve dans le Dock, soit en utilisant Safari pour accéder à la messagerie de votre fournisseur d'accès Internet ou à toute autre messagerie en ligne. Pour utiliser Mail, vous devrez lui indiquer vos paramètres de compte.

L'application Mail offre l'avantage de marquer les messages lus, de supprimer les messages dont vous ne voulez plus ou de répartir votre courrier électronique dans des dossiers spécifiques. Elle est aussi dotée d'une fonction de recherche fort commode.

Ajouter un compte Gmail, Yahoo! ou AOL

Vous pouvez ajouter des comptes de messagerie, y compris celui associé à iCloud, à partir des options Réglages. Si vous possédez déjà un compte Gmail, Yahoo! ou AOL (America OnLine), iCloud ou Microsoft Hotmail, l'opération sera rapide, car elle est largement automatisée.

1. **Sur l'écran d'accueil, touchez Réglages.**

2. **Dans les réglages, touchez l'option Mail, Contacts, Calendrier. Les paramètres de la Figure 6.1 apparaissent.**

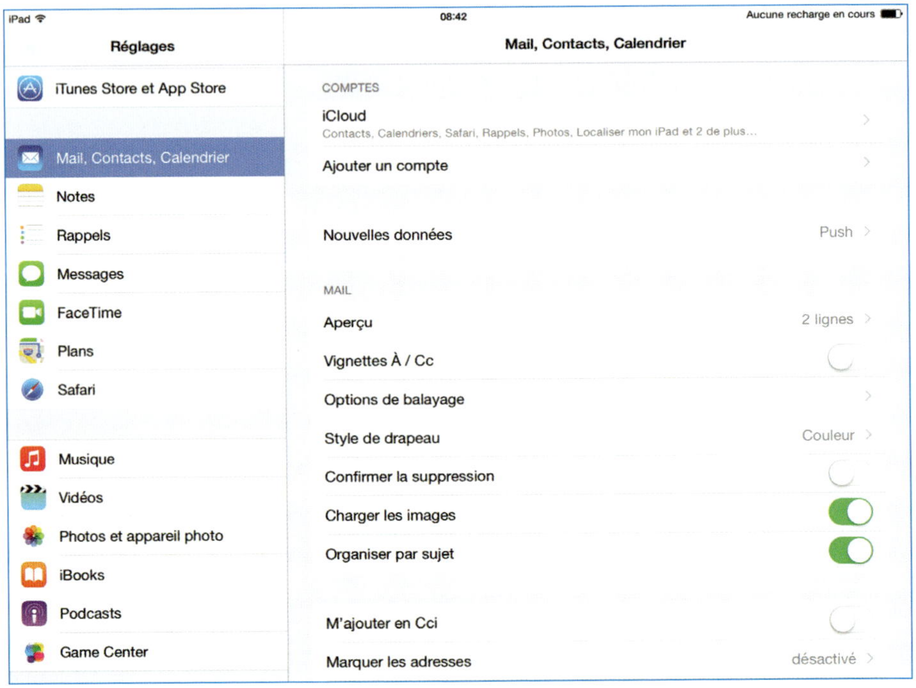

Figure 6.1

3. **Touchez Ajouter un compte. Vous accédez ainsi au panneau de la Figure 6.2.**

4. **Touchez l'option iCloud, Exchange, Google, Yahoo!, AOL, Outlook.com ou Autre, puis saisissez vos informations de compte dans les divers champs (Figure 6.3). Touchez Suivant.**

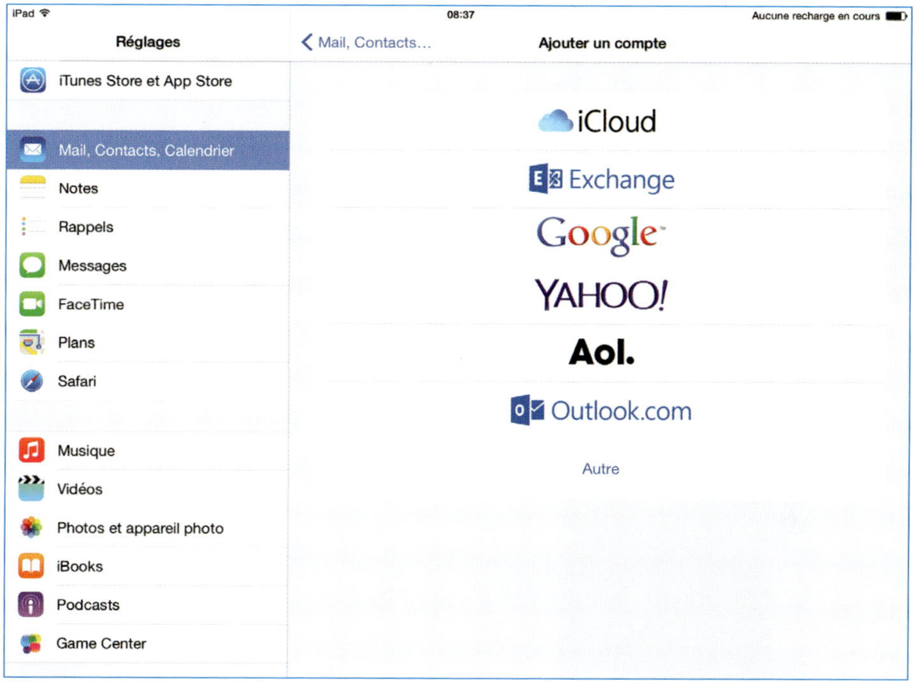

Figure 6.2

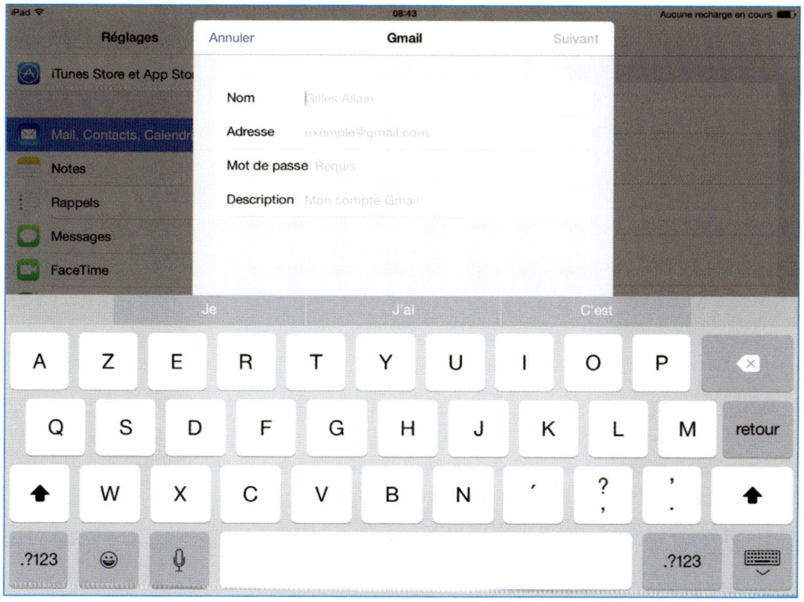

Figure 6.3

5. **La vérification du compte commence ; elle dure quelques secondes. Si une vérification est requise, vous serez invité à répondre à votre question secrète (celle que vous avez définie lors de la création de ce compte).**

TRUC

Le paramétrage validé, vous pourrez désactiver la synchronisation des paramètres avec les applications Mail, Contacts, Calendriers et Notes, validées par défaut (Figure 6.4).

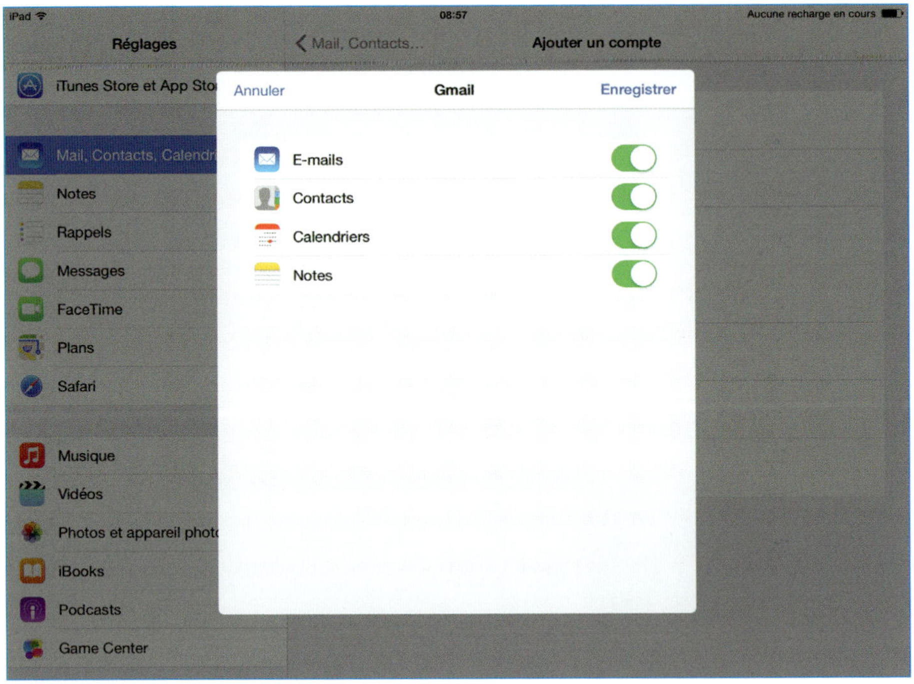

Figure 6.4

6. **Ensuite, touchez Enregistrer. Le compte est ajouté et, dès lors, accessible depuis l'application Mail.**

Configurer un compte de messagerie POP3

Vous pouvez aussi configurer le compte de messagerie de votre fournisseur d'accès Internet (FAI), qu'il s'agisse de Bouygues, d'Orange ou de SFR, ou même de n'importe quel autre FAI comme Free, par exemple. Voici comment faire :

1. Sur l'écran d'accueil, touchez Réglages, puis Mail, Contacts, Calendrier.

2. Touchez l'option Ajouter un compte.

3. Dans le panneau qui apparaît (reportez-vous à la Figure 6.2), touchez Autre.

4. Dans le panneau Autre (Figure 6.5), touchez Ajouter un compte Mail.

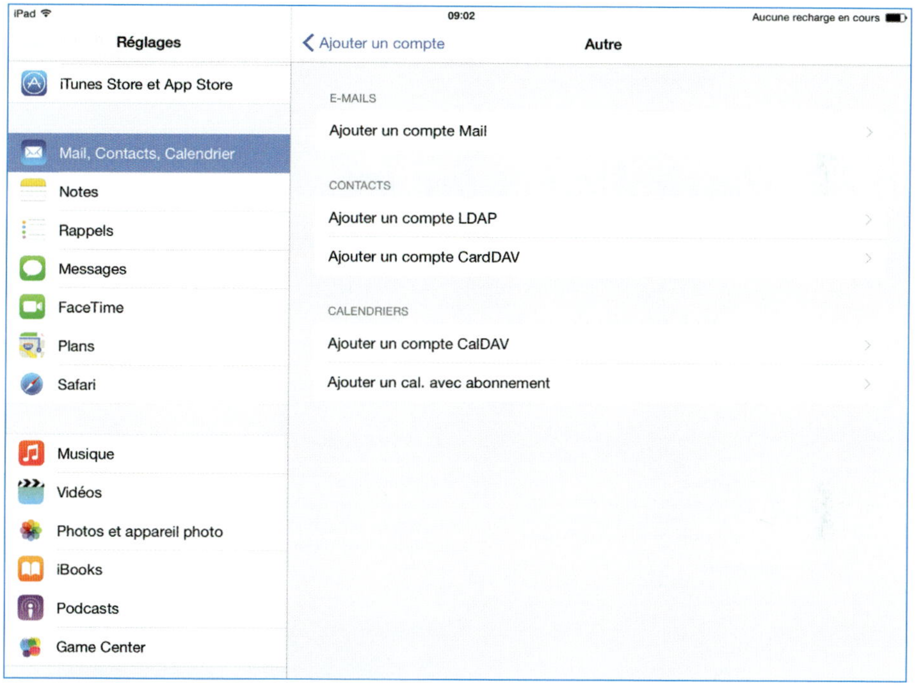

Figure 6. 5

5. Dans le formulaire suivant (reportez-vous à la Figure 6.3), saisissez votre nom, votre adresse de messagerie et votre mot de passe pour cette messagerie ; dans Description, indiquez brièvement de quel compte il s'agit (par exemple, Gilles - Orange). Ensuite, touchez Suivant. Après vérification, le compte ainsi défini s'affiche dans la rubrique Comptes du volet Mail, Contacts, Calendrier.

TRUC

Il est possible que vous ayez à saisir vous-même le nom du protocole POP3 ou IMAP de la messagerie. Le nom à saisir (comme `pop.orange.fr` ou `pop.sfr.fr`) figure dans la documentation que vous a remise votre fournisseur d'accès Internet. Vous pouvez aussi trouver cette doc sur le site Internet du fournisseur.

6. **Pour vous assurer que le compte est actif, touchez son nom depuis la rubrique Comptes du panneau Mail, Contacts, Calendrier. Dans le panneau qui apparaît suite à cette action, le commutateur Compte sert à désactiver ou activer le compte en question. Ce commutateur est commode quand plusieurs comptes ont été définis, mais ne sont pas utilisés en permanence.**

Ouvrir Mail et lire les messages

1. **Depuis le Dock de l'écran d'accueil, touchez l'icône Mail.**

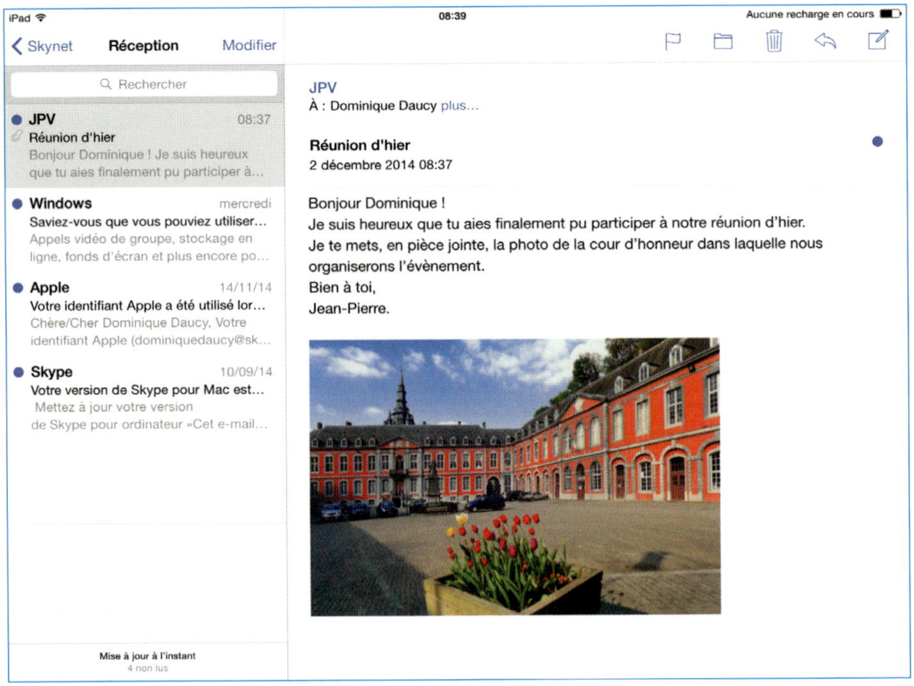

Figure 6.6

Une pastille ancrée dans l'angle supérieur droit de l'icône vous signale combien de mails non lus vous attendent au détour de l'app.

2. **Mail démarre et vous propose, dans le volet gauche, le contenu de la boîte aux lettres de votre compte de messagerie (Figure 6.6) en signalant par une pastille bleue les messages dont vous n'avez pas encore pris connaissance et en ajoutant un trombone à ceux accompagnés d'une ou de plusieurs pièces jointes.**

Il se peut que vous ayez défini plusieurs comptes. Dans ces conditions, il n'est pas exclu que la boîte aux lettres qui vous est proposée à l'ouverture ne soit pas celle du compte qui vous intéresse pour le moment. Touchez alors le bouton en haut à gauche (qui indique le nom du compte courant) pour accéder à la liste complète des comptes définis (deux dans notre exemple : Gmail et Skynet) et pouvoir en sélectionner un autre (Figure 6.7).

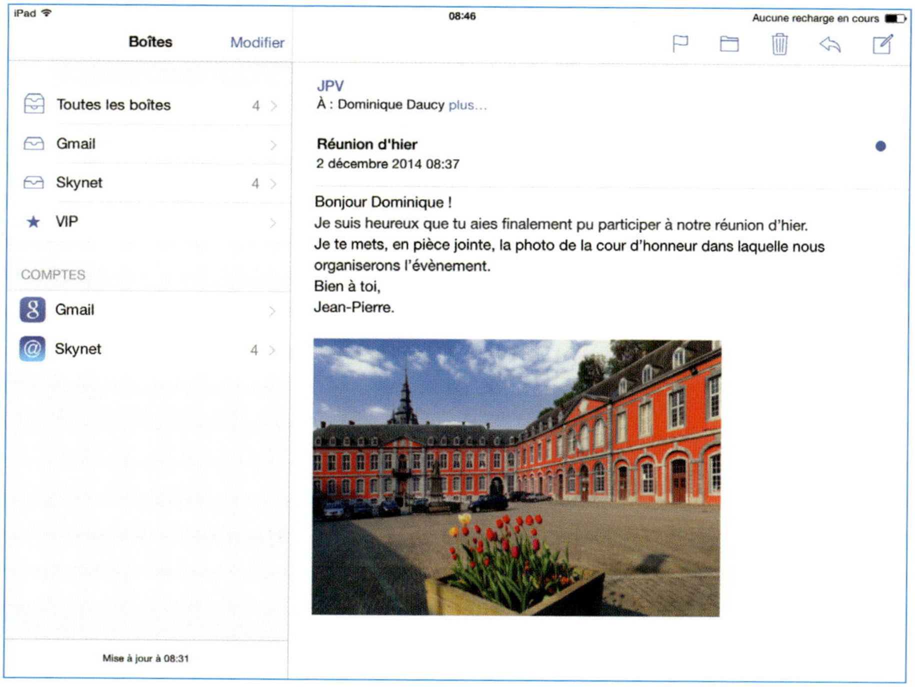

Figure 6.7

3. Touchez un message pour l'ouvrir et prendre connaissance de son contenu qui, pour l'occasion, s'affiche dans le volet droit.

4. Accédez à d'autres commandes en balayant vers la gauche l'intitulé d'un message (Figure 6.8).

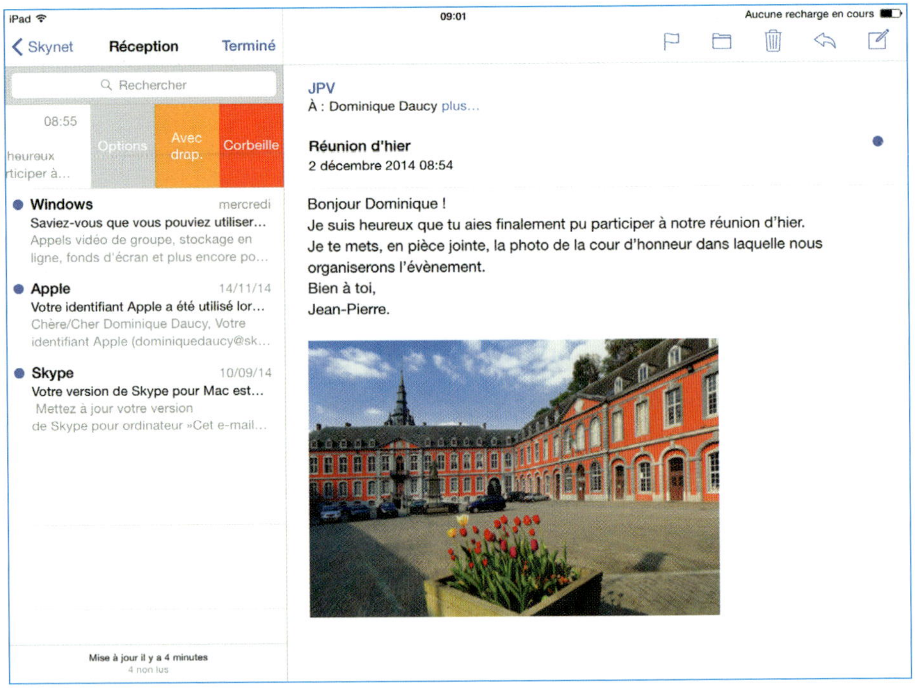

Figure 6.8

- **Options :** Vous donne accès à une série d'options comme Marquer comme non lu, qui vous permet de rétablir le statut « Non lu » d'un message que vous avez pourtant lu, peut-être pour, lors d'une prochaine utilisation de l'app, attirer votre attention sur le message en question. Notez qu'un balayage vers la droite sur l'intitulé d'un message vous donne également accès à cette option.

- **Avec drap. :** Ajoute un drapeau au message pour vous mettre de le repérer rapidement et de l'intégrer dans une boîte spéciale dénommée Drapeaux qui regroupe tous les messages ainsi marqués pour vous y assurer un accès rapide. Vous trouverez cette boîte dans la liste des boîtes de messagerie dont nous avons parlé à l'Étape 2 ci-dessus.

- **Corbeille :** Vous permet de vous débarrasser du mail en question.

Répondre ou transférer

Pour répondre au courrier :

1. **Commencez par ouvrir le message auquel vous souhaitez donner suite, puis touchez le bouton Répondre en haut à droite (Figure 6.9).**

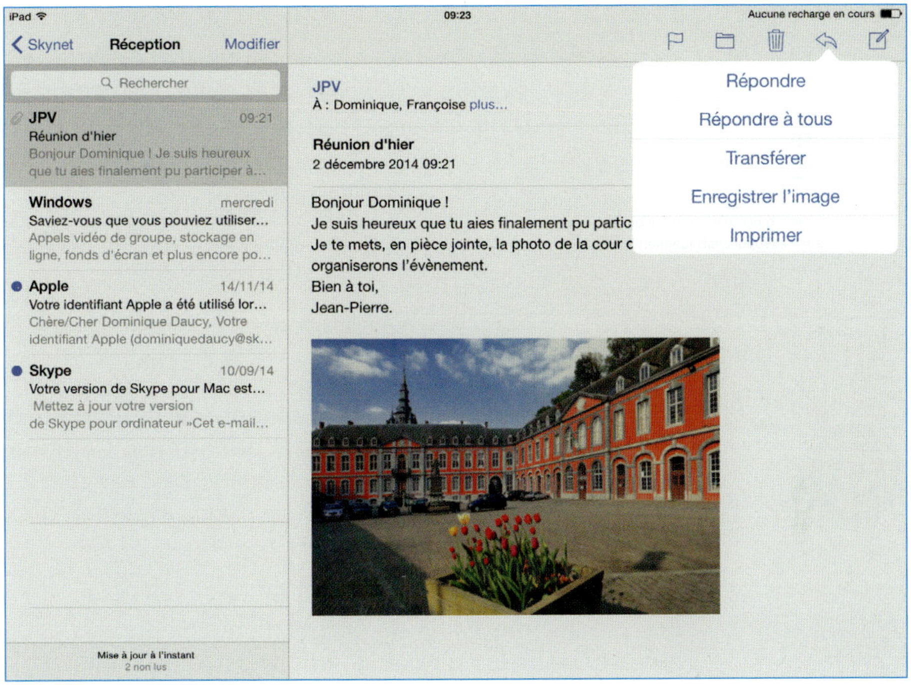

Figure 6.9

2. **Touchez un des deux boutons suivants :**

   - **Répondre :** Pour répondre à la personne qui vous a écrit (Figure 6.10). Une fenêtre de réponse s'affiche; le pointeur clignote d'emblée dans le corps du texte : vous n'avez donc plus qu'à saisir votre réponse, puis à toucher Envoyer.

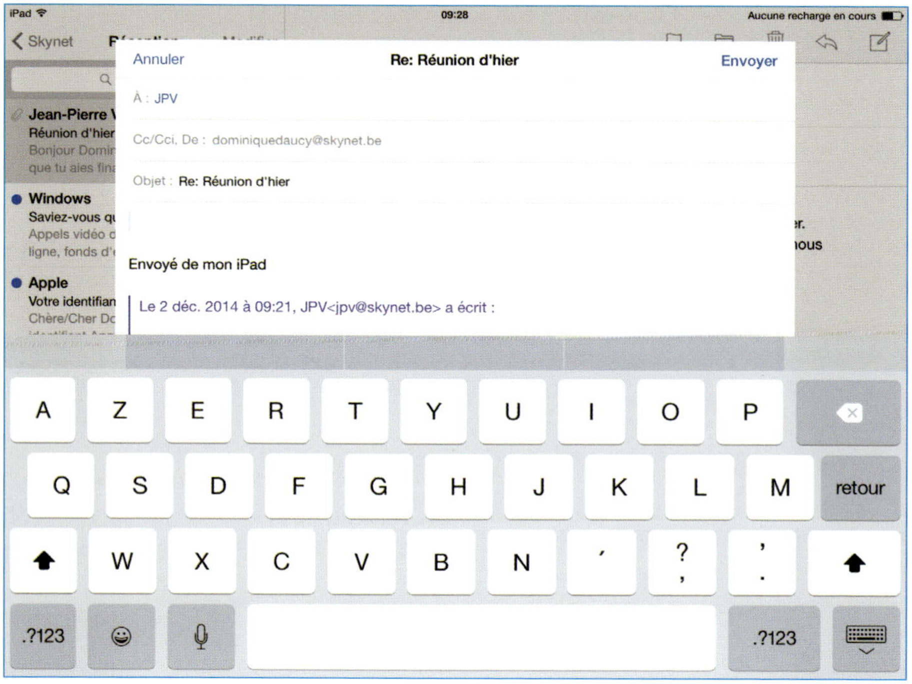

Figure 6.10

Un bouton Répondre à tous est disponible si le mail auquel vous répondez a été envoyé à plusieurs personnes. Ce bouton vous permet alors, à votre tour, d'adresser votre réponse à tous les destinataires.

- **Transférer :** Pour envoyer copie du message à la/aux personne(s) de votre choix. Si le message original comporte des pièces jointes, vous pourrez choisir ou non de les inclure. Dans les deux cas, une fenêtre de transfert s'affiche (Figure 6.11), qui reprend le contenu du message original ; le pointeur clignote d'emblée dans le champ À pour vous permettre de saisir sans plus attendre le(s) destinataire(s). Touchez ensuite Envoyer.

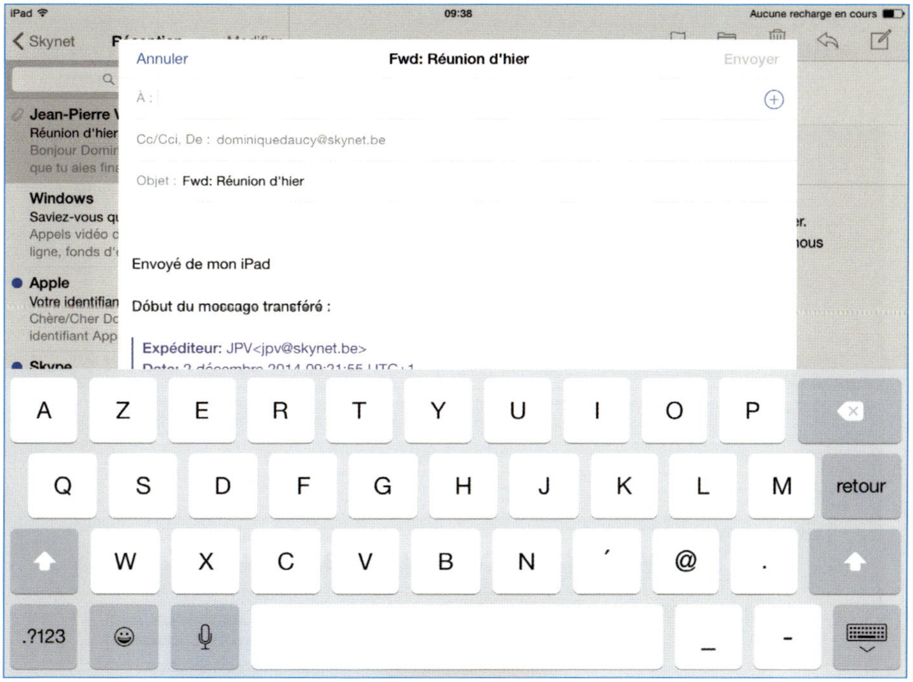

Figure 6.11

Rédiger et envoyer un courrier électronique

1. Touchez l'icône Nouveau message, en haut à droite. Un message vierge apparaît (Figure 6.12).

2. Saisissez l'adresse du destinataire dans le champ À. Si le correspondant fait partie de vos contacts, touchez le bouton + en haut à droite et sélectionnez-le dans la liste correspondante.

3. Pour envoyer une copie du message à d'autres personnes, touchez le champ Cc/Cci. Il se divise en deux champs : Cc (Copie carbone) et Cci (Copie carbone invisible). Vous inclurez, dans le champ Cc, les noms de personnes auxquelles vous envoyez une copie du message pour information. Chaque destinataire saura à qui d'autre le message a été envoyé. En revanche, si vous souhaitez que les destinataires ne sachent pas à qui d'autre des copies ont été expédiées, introduisez leur nom dans le champ Cci.

Figure 6.15

Rechercher des messages

Supposons que vous vouliez voir tous les messages provenant d'une certaine personne ou contenant un certain terme dans le champ Objet. Vous ferez appel à la fonction Rechercher en procédant comme suit :

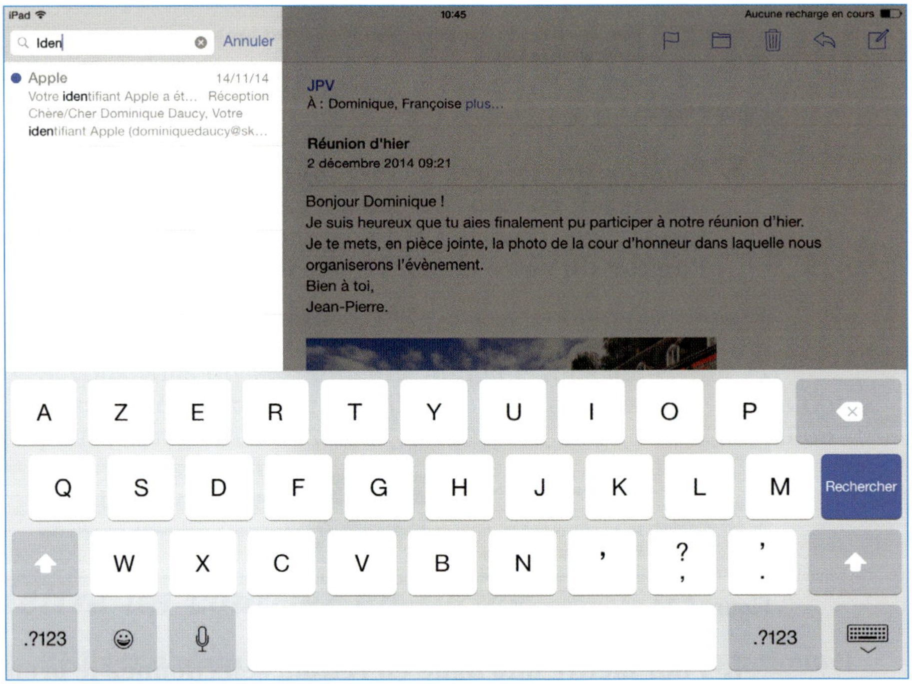

Figure 6.16

1. **Ouvrez la boîte dans laquelle vous souhaitez mener la recherche. Il s'agira, le plus souvent, de votre boîte (ou d'une de vos boîtes) de réception.**

2. **Touchez Rechercher en haut du volet gauche.**

3. **Commencez à saisir un mot (Figure 6.16). La recherche s'affine au fur et à mesure de la saisie.**

TRUC

La recherche dans les messages peut aussi être effectuée avec Spotlight, la fonction de recherche de l'iPad décrite au Chapitre 2.

TRUC

Pour effectuer une nouvelle recherche, touchez le bouton rond gris marqué X à droite dans le champ de recherche.

Supprimer un message

Vous savez déjà qu'un balayage vers la gauche sur l'intitulé d'un message vous donne accès au bouton Corbeille.

iOS 8

Apprenez maintenant qu'il est possible d'arriver au même résultat encore plus vite : au lieu d'un balayage court sur l'intitulé (qui fait surgir les trois boutons dont nous avons déjà parlé), prolongez le balayage vers la gauche et le message est immédiatement supprimé.

Vous préférez travailler à l'ancienne ? Voici comment vous y prendre :

1. **La liste des messages étant affichée, touchez le bouton Modifier, en haut à droite de la liste. Un cercle apparaît à gauche de chaque message.**

2. **Touchez le cercle de chacun des messages à supprimer. Une coche sur fond bleu s'affiche en regard (Figure 6.17).**

3. **Touchez le bouton Corbeille, en bas à droite du volet. Les messages sont aussitôt déplacés vers le dossier Corbeille.**

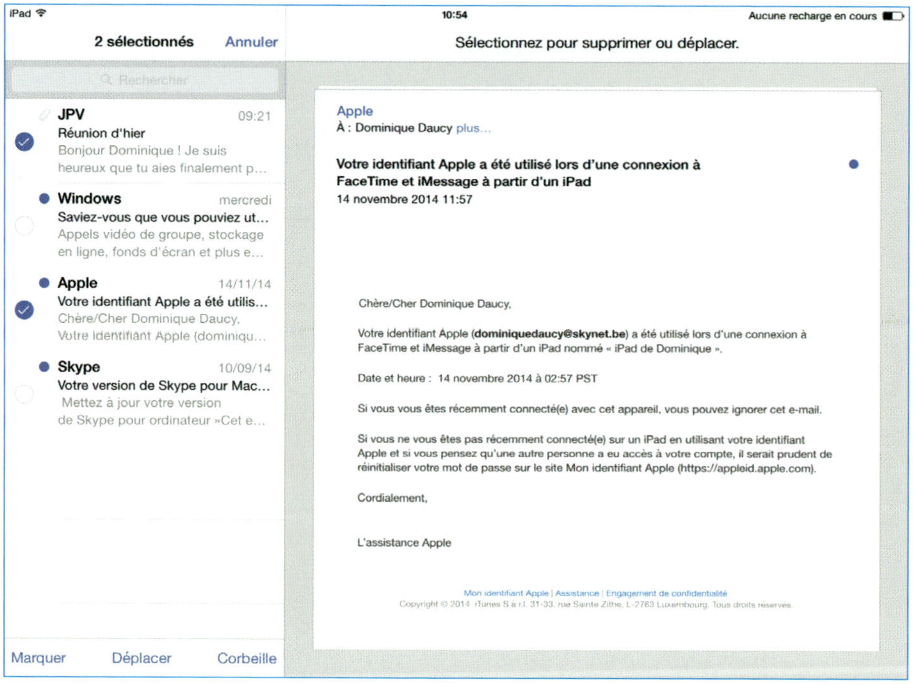

Figure 6.17

Organiser la messagerie

Les messages peuvent être déplacés vers n'importe quelle boîte aux lettres ou dossier. Accédez aux messages à déplacer, puis procédez comme suit :

1. **Touchez le bouton Modifier, en haut à droite de la liste.**
2. **Touchez le cercle à gauche de chacun des messages à déplacer.**
3. **Touchez le bouton Déplacer, proposé au centre dans le bas du volet**
4. **Dans la liste de dossiers qui apparaît, touchez celui vers lequel vous voulez déplacer les messages.**

TRUC

Lorsqu'un message est ouvert, vous pouvez le déplacer directement vers un dossier en touchant l'icône Dossiers en haut à droite de l'écran. Touchez ensuite le dossier de destination, dans la liste à gauche.

TRUC

Par défaut, seuls quelques dossiers sont affichés dans le volet Boîtes. N'hésitez pas à toucher Modifier pour élargir votre horizon (Figure 6.18). La présence du bouton Ajouter une boîte dans le bas de la liste est prometteuse : elle vous permet en effet de créer autant de boîtes que vous voulez dans lesquelles vous pourrez stocker vos messages par thèmes, par exemple.

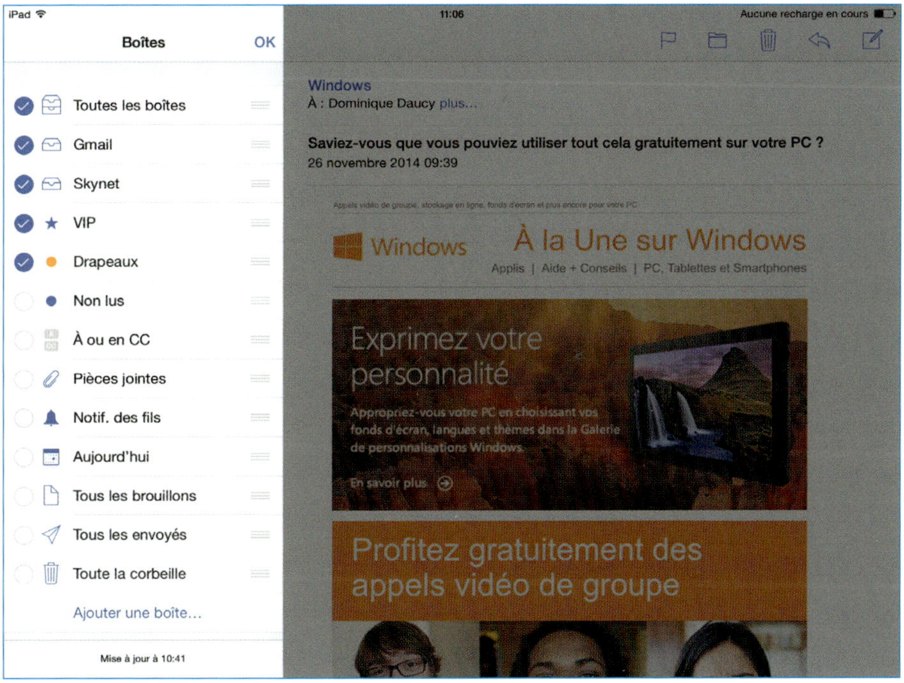

Figure 6.18

Chapitre 7

L'iPad social

Dans ce chapitre :

- Vue d'ensemble de FaceTime.
- Effectuer un appel avec FaceTime.
- Accepter un appel FaceTime et y mettre fin.
- Permuter les vues.
- Twitter avec l'iPad.
- Configurer un compte iMessage.
- Adresser, rédiger et envoyer un iMessage.

Devenir sociable avec FaceTime, Twitter et les iMessages

FaceTime est une excellente application de visiophonie qui permet de converser en vidéo avec tout utilisateur équipé d'un matériel compatible Apple. La communication peut être établie à partir du numéro de téléphone (iPhone) ou à partir de l'adresse de messagerie (Mac, iPod touch ou iPad).

Twitter est un réseau social spécialement prévu pour échanger de brefs messages (140 caractères maximum). L'iPad permet d'accéder à ce réseau depuis les applications Safari, Photos, Appareil photo et Plans. Il est aussi possible de télécharger une application gratuite Twitter et de poster ainsi des « tweets » à votre guise.

Messages est une application permettant de converser avec tout possesseur d'un iPhone (à partir du numéro de téléphone), d'un iPod ou d'un iPad, à partir d'une adresse de messagerie.

iOS 8

Par le passé, Messages se bornait aux messages textes avec possibilité, malgré tout, d'ajouter photos et vidéos. Avec iOS 8, l'app prend du galon ; elle est désormais à même de prendre en charge des messages audio et vidéo tout en offrant, en plus, des contrôles plus pointus sur les conversations.

Vue d'ensemble de FaceTime

Cette application de visiophonie est appréciable pour les personnes désireuses de converser avec les membres de leur famille habitant loin de chez elles puisque tous les intervenants peuvent se voir. La condition pour que ça marche : que les appels soient effectués vers d'autres appareils iOS ou ordinateurs prenant en charge FaceTime.

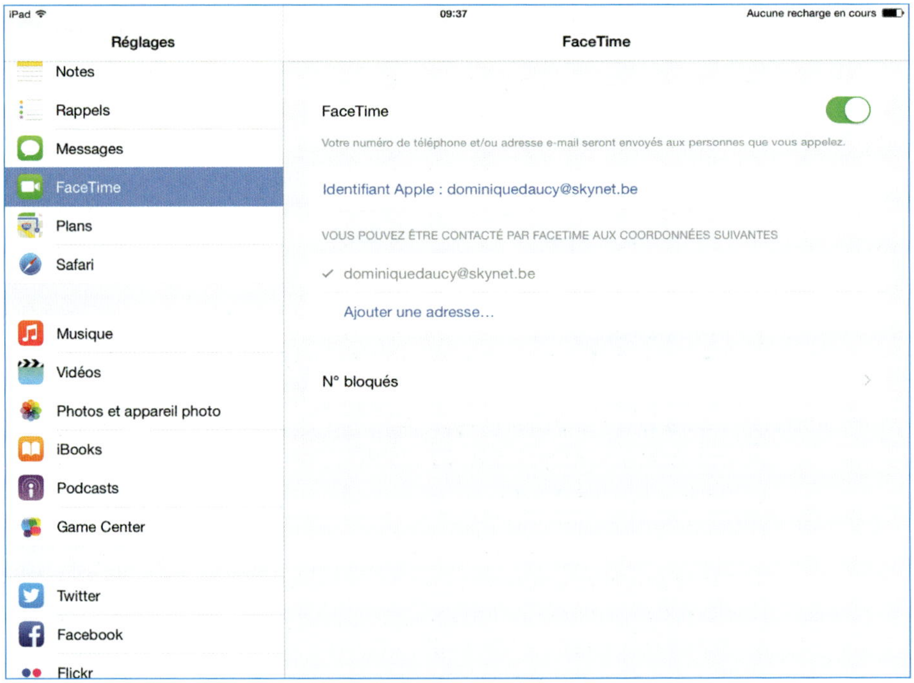

Figure 7.1

Notez qu'il n'est pas possible de régler le volume sonore depuis l'application FaceTime ni d'enregistrer l'appel vidéo. En revanche, FaceTime est très simple à exploiter.

Vous pouvez utiliser votre ID (identifiant) Apple et votre adresse de messagerie pour accéder à FaceTime. Reportez-vous au Chapitre 3 pour des détails concernant cet identifiant.

TRUC

Si vous ne parvenez pas à utiliser FaceTime, assurez-vous que la fonction est bien activée. Pour cela, touchez Réglages, puis FaceTime et vérifiez si le commutateur FaceTime est actif (Figure 7.1) Dans ce panneau, vous pouvez aussi sélectionner l'adresse de messagerie que FaceTime doit utiliser.

Effectuer un appel avec FaceTime

Si la personne avec laquelle vous désirez converser par FaceTime est équipée du matériel requis, commencez par l'ajouter à vos contacts. Cela fait, procédez comme suit :

1. **Sur l'écran d'accueil, touchez l'icône FaceTime. FaceTime démarre. La caméra en façade se met en marche (vous vous voyez sur l'écran de l'iPad). Par défaut, l'appel est vidéo; si vous préférez une communication audio, touchez le bouton correspondant en haut du volet gauche. À ce même endroit, touchez le signe + pour afficher la liste de vos contacts (Figure 7.2).**

2. **Dans cette liste, touchez le nom de la personne avec laquelle vous souhaitez converser (Figure 7.1).**

3. **Touchez une des deux icônes en regard du nom, la caméra ou le téléphone selon que vous souhaitez un appel vidéo ou un appel audio.**

4. **Lorsque votre correspondant a accepté l'appel, le volet droit vous révèle son visage. Une petite vignette montre le vôtre afin que vous puissiez vous positionner correctement devant l'objectif de l'appareil photo (Figure 7.3). Cette vignette est repositionnable où bon vous semble.**

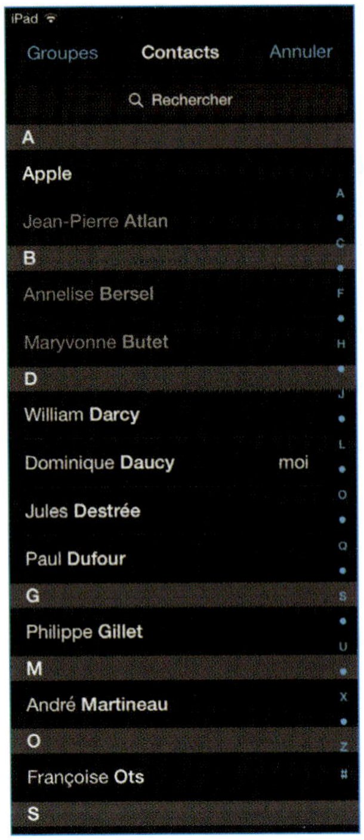

Figure 7.2

Figure 7.3

La liste des appels que vous avez passés récemment s'affiche à gauche. Il vous suffit d'y toucher le nom d'un contact pour le rappeler.

Vous pouvez aussi communiquer avec FaceTime depuis l'application Contacts. Touchez le nom du contact dans la liste de gauche dans la fiche personnelle de droite.

Accepter un appel FaceTime et y mettre fin

Accepter un appel par FaceTime est tout ce qu'il y a de plus facile :

1. **Touchez le bouton Répondre (Figure 7.4).**

Figure 7.4

Le bouton Rappel vous permet de configurer un rappel pour recontacter la personne plus tard. Quant au bouton Message, il vous permet de lui adresser un message texte.

2. **La conversation démarre (Figure 7.5). Conversez à votre aise par vidéophonie.**

La vignette qui vous représente peut être déplacée par toucher-glisser vers n'importe quel coin de la fenêtre.

TRUC

Pour couper le son au cours de la conversation, touchez le bouton Silence. Touchez-le de nouveau pour rebrancher.

3. **Pour mettre fin à l'appel, touchez le bouton Terminer.**

Figure 7.5

Permuter les vues

Quand vous conversez par FaceTime, il peut être amusant de montrer à votre correspondant où vous habitez ou ce qui se passe chez vous. Voici comment faire :

1. **Au cours de la conversation, touchez le bouton Permutation qui, comme son nom l'indique, inverse la prise de vue (bascule caméra avant/caméra arrière). En effet, lorsque vous activez ce bouton, l'appareil photo principal, situé au dos de l'iPad, prend le relais et filme les environs. Ce que vous montrez à votre correspondant est visible dans la petite vignette, affichée, par défaut, en haut à droite.**

2. **Touchez de nouveau le bouton Permutation pour rétablir la situation par défaut.**

Twitter avec l'iPad

Twitter est un réseau social dans lequel les messages sont limités à 140 caractères. Pour le rejoindre, vous devez d'abord vous inscrire sur `www.twitter.com`. Il existe aussi une application Twitter gratuite pour l'iPad qui vous permet de gérer votre compte Twitter. Cela fait, vous pouvez « tweetter », c'est-à-dire envoyer des messages.

Plusieurs applications permettent de tweetter. Vous pouvez envoyer des tweets depuis les menus de Safari, Photos, Appareil photo et Plans. Quand vous choisissez l'option Tweeter dans un menu – et que vous êtes bien sûr inscrit sur Twitter –, le panneau de la Figure 7.6 vous est présenté. Comme il est ouvert dans l'application Photos, une photo est jointe. Saisissez votre bref message puis touchez le bouton Envoyer.

Figure 7.6

Reportez-vous aux Chapitres 5, 12 et 13 pour en savoir plus sur l'utilisation de Twitter dans les applications Safari et Photos.

Configurer un compte iMessage

Un iMessage est un message texte instantané envoyé avec l'application Messages. Ces iMessages ne peuvent être envoyés et reçus qu'entre des correspondants utilisant cette application.

Par le passé, il était possible de leur adjoindre des photos et des vidéos. iOS 8 a revu les compétences de l'app à la hausse puisqu'il lui permet désormais de traiter des messages audio et vidéo tout en la dotant de contrôles étendus sur les conversations, qu'elles soient à deux ou de groupe.

- **Audio** : Vous pouvez à présent enregistrer n'importe quel son (votre voix, un éclat de rire, une mélodie…) et l'intégrer à la conversation.
- **Vidéo :** Grâce aux appareils photo et caméras de l'iPad, vous pouvez prendre une photo ou une vidéo afin d'envoyer ce que vous voyez au moment précis où vous le voyez.
- **Contrôles conversations à deux :** Vous pouvez notamment signaler votre position à votre interlocuteur (il reçoit une mini-carte qui indique l'endroit où vous vous trouvez), demander à ne pas être dérangé pendant un échange donné, visualiser

n'importe quelle pièce jointe en touchant simplement son icône (affichée dans le bas de l'interface).

- **Contrôles conversations de groupe :** Outre les contrôles précédents, vous pouvez, dans le cas particulier des conversations à plusieurs, voir le nom de tous les intervenants, nommer la conversation pour la retrouver ensuite plus facilement, vous retirer provisoirement d'un échange de vues.

TRUC

La messagerie instantanée diffère grandement du courrier électronique et de Twitter. Lorsque vous envoyez un courrier électronique à quelqu'un, vous risquez d'attendre des jours et des jours avant que cette personne se décide à vous répondre. Ou alors, le message envoyé par Twitter risque de traîner lui aussi pendant longtemps avant que la personne aille sur Twitter et le lise. Avec une messagerie instantanée, la communication est immédiate. Vous envoyez un message instantané vers l'iPhone, l'iPod touch ou l'iPad d'une personne et ce message s'affiche aussitôt sur son écran.

1. **Pour configurer la messagerie instantanée, touchez l'icône Réglages depuis l'écran d'accueil.**

2. **Dans le volet gauche, touchez Messages, puis assurez-vous que le commutateur iMessage est actif, comme à la Figure 7.7. Si ce n'est pas le cas, activez-le.**

3. **En regard de l'option Envoi et réception, vérifiez l'exactitude de l'adresse de messagerie associée à votre iPad (c'est celle de votre identifiant Apple).**

4. **Si vous souhaitez que les personnes auxquelles vous envoyez des iMessages sachent que vous avez lu leurs messages, activez le commutateur Confirmations de lecture.**

5. **Appuyez sur le bouton principal pour quitter les réglages.**

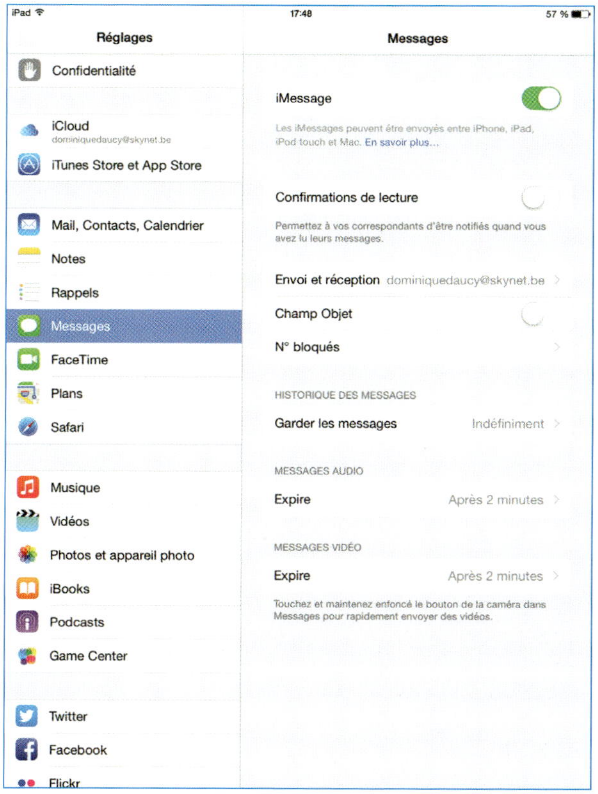

Figure 7.7

Adresser, rédiger et envoyer un iMessage

1. **Dans l'écran d'accueil, touchez l'icône Messages. La première fois que vous utilisez cette application, l'écran se présente comme à la Figure 7.8. Touchez l'icône + (Nouveau message) pour manifester votre intention d'entamer une conversation.**

2. **Procédez ensuite selon une des techniques suivantes :**

   - Saisissez un nom dans le champ d'adresse À. Les noms des contacts correspondant aux caractères que vous tapez apparaissent peu à peu (Figure 7.9).

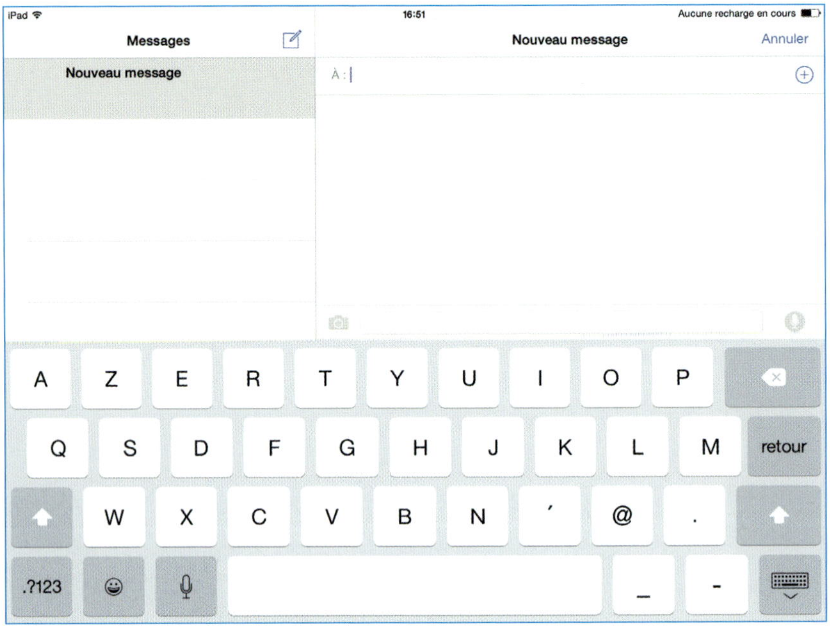

Figure 7.8

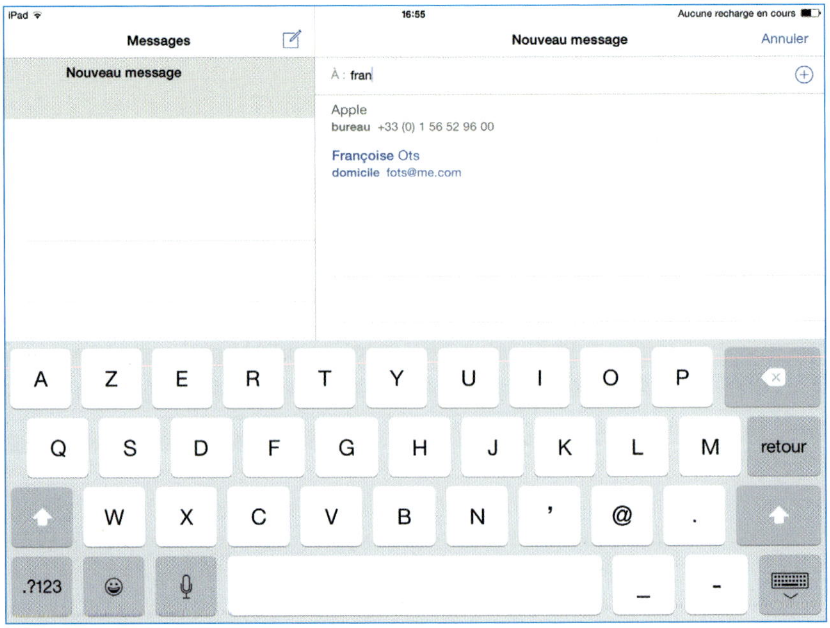

Figure 7.9

- Touchez le bouton + (à droite dans le champ À) de manière à afficher la liste des contacts (Figure 7.10), puis faites défiler jusqu'à la personne avec laquelle vous souhaitez entamer une conversation.

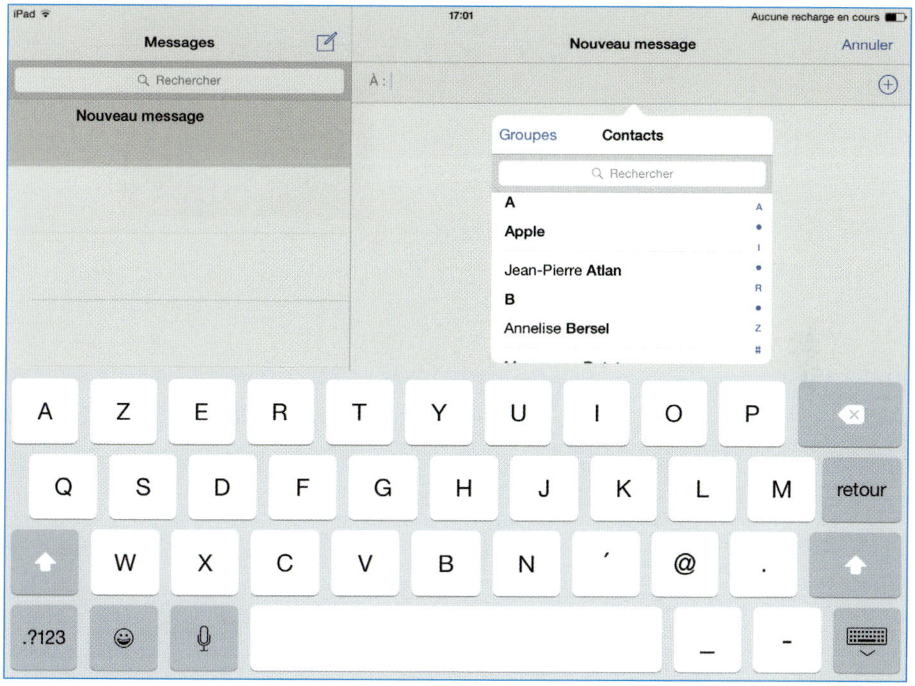

Figure 7.10

3. Touchez le nom du contact. Un panneau d'infos vous est proposé. Touchez son numéro ou son adresse.

4. Pour rédiger l'iMessage que vous lui destinez, touchez le champ iMessage, puis saisissez le texte. Ou préférez le bouton Microphone si vous optez pour un message audio.

Ne vous souciez pas de l'exiguïté du champ, car il s'agrandit au fur et à mesure que vous tapez.

Le bouton Appareil photo placé à gauche vous permet de joindre au message un cliché de votre photothèque ou d'utiliser l'iPad pour prendre un cliché. Dans les deux cas, la pièce jointe s'intégrera dans le case du message (Figure 7.11).

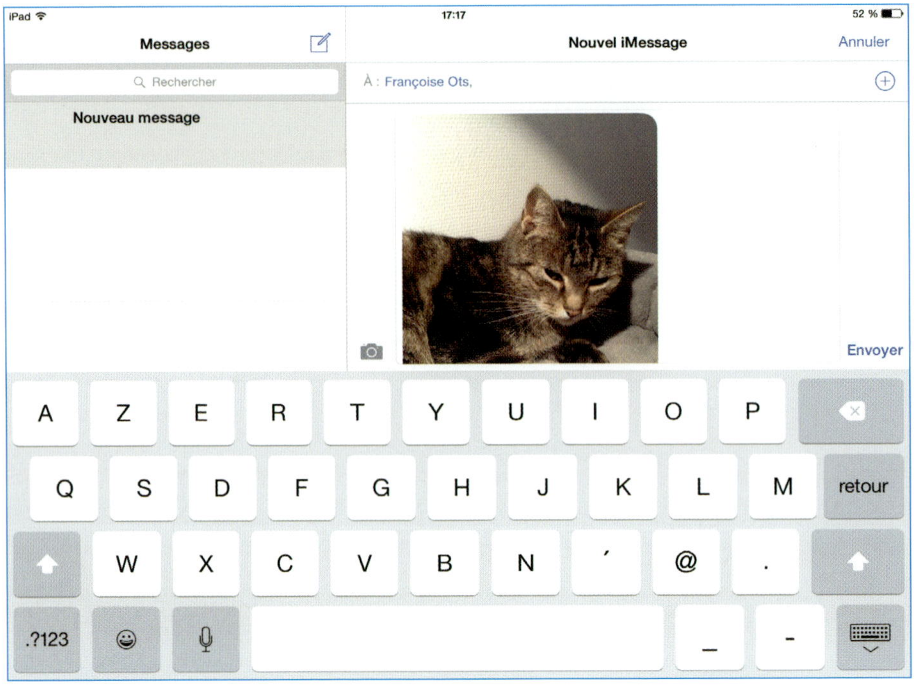

Figure 7.11

Le bouton Options en haut à droite vous donne accès aux nouveaux contrôles d'iOS 8 dont il a été question plus haut (Figure 7.12), comme l'envoi de votre position actuelle, l'option Ne pas déranger ou l'affichage en mode maxi des pièces jointes au message.

5. **Quand le message est prêt, touchez le bouton Envoyer. L'envoi commence. Vous êtes tenu informé du déroulement de la procédure par la progression d'un trait bleu sous la mention Envoi du haut de la fenêtre (Figure 7.13). Dès que l'iMessage est arrivé à bon port, la mention Distribué s'affiche sous votre intervention.**

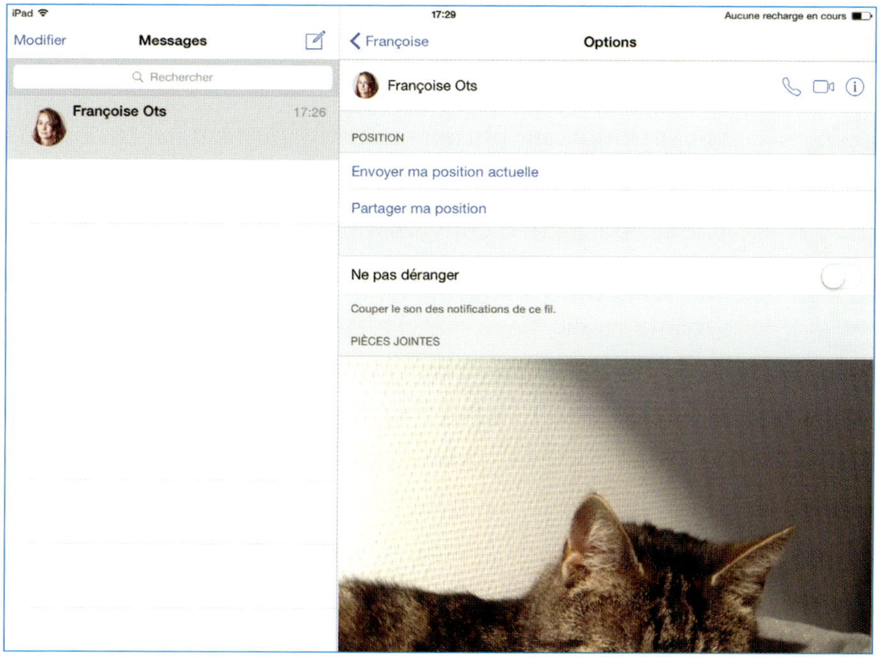

Figure 7.12

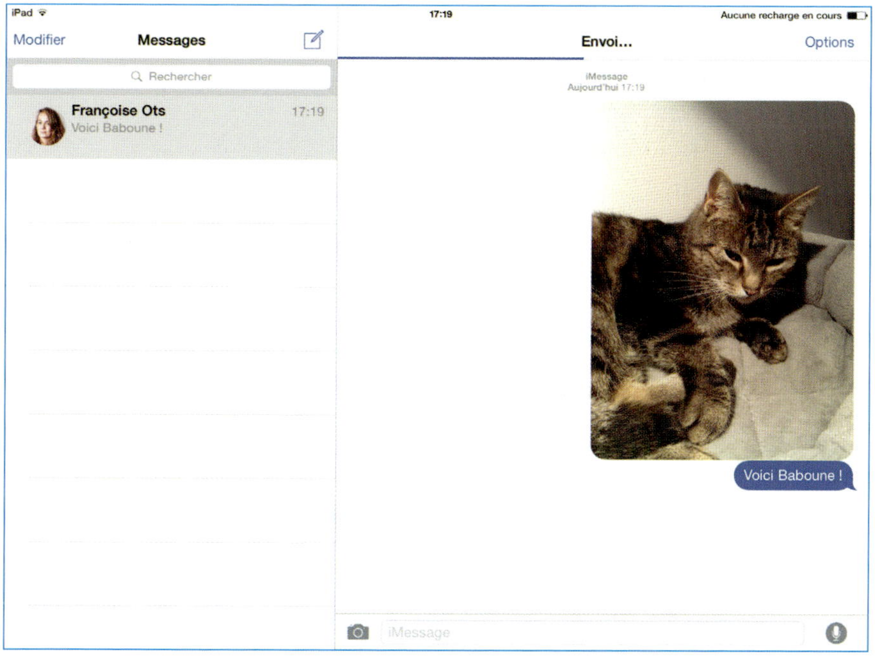

Figure 7.13

Dès que votre correspondant vous répond, son message apparaît sous le vôtre, et ainsi de suite.

Vous pouvez envoyer un message à plusieurs personnes à la fois en introduisant plusieurs destinataires dans le champ d'adresse, à l'Étape 2.

Pour effacer une conversation, touchez Modifier en haut à gauche, puis, dans la liste du volet correspondant, touchez la conversation à effacer ; enfin, touchez Supprimer dans le bas du même volet.

Chapitre 8

Musique et vidéo

Dans ce chapitre :

- Parcourir l'iTunes Store.
- Trouver ce qu'on cherche.
- Obtenir un extrait de musique, de film ou de livre audio.
- Acheter sur iTunes.
- Louer des films.
- Retourner à l'école avec iTunes U.
- Écouter des podcasts.
- Télécharger automatiquement des achats effectués depuis d'autres appareils.

Obtenir des contenus

L'application iTunes Store sert à acheter de la musique, des films, des émissions de télévision ou des livres audio, à télécharger des podcasts et même à suivre des cours (essentiellement en anglais).

Vous apprendrez, dans ce chapitre, comment découvrir du contenu sur l'iTunes Store. Ce contenu peut être téléchargé directement sur votre iPad ou vers un autre appareil avant d'être ensuite synchronisé avec l'iPad. Nous verrons également comment acheter d'autres contenus sur d'autres boutiques virtuelles.

L'ouverture d'un compte iTunes et le téléchargement de l'application iTunes sur un ordinateur ont été traités au Chapitre 3.

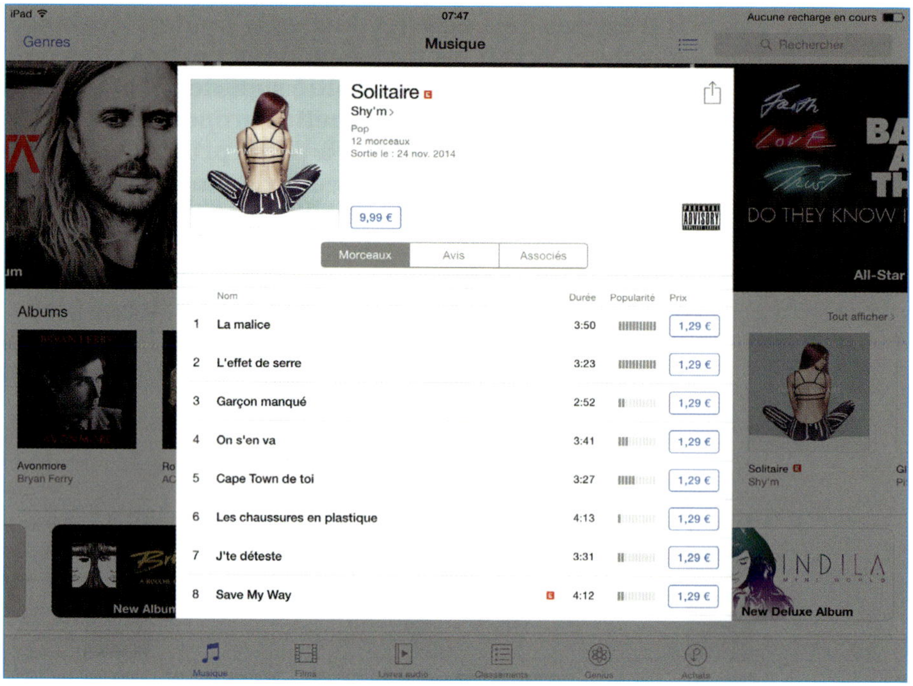

Figure 8.4

Ces manipulations sont les mêmes pour la plupart des options figurant dans la barre d'icônes du bas de l'écran (Musique, Films, Livres audio).

La fonction Genius propose des achats en fonction de ceux que vous avez déjà effectués.

Trouver ce qu'on cherche

Il existe différentes manières de trouver ce qu'on cherche. Vous pouvez utiliser le champ Rechercher ou rechercher par genres. Voici quelques détails sur ces options :

- Touchez le champ Rechercher en haut à droite (Figure 8.5), puis saisissez (ou dictez) un critère de recherche, comme le nom d'un artiste. Si des suggestions sont proposées, touchez celle qui vous intéresse.

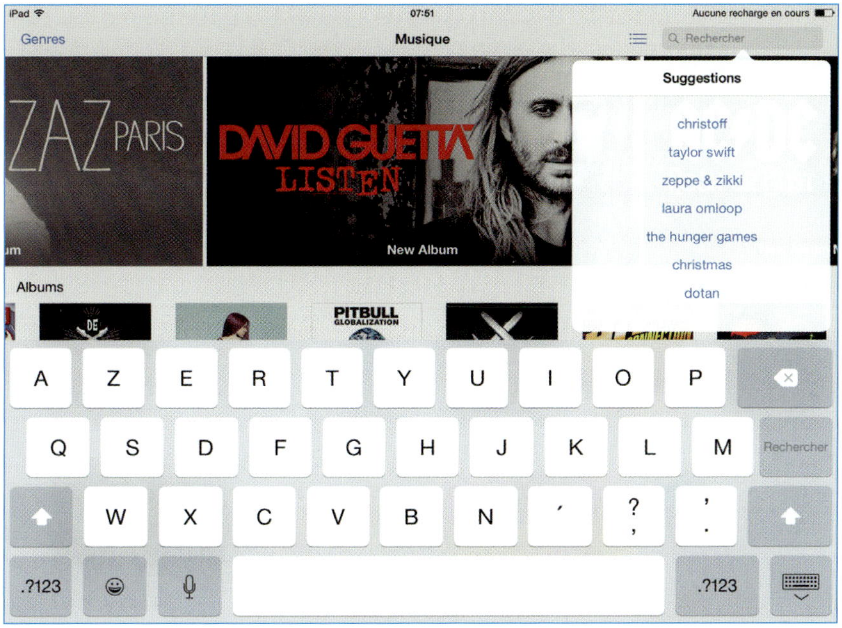

Figure 8.5

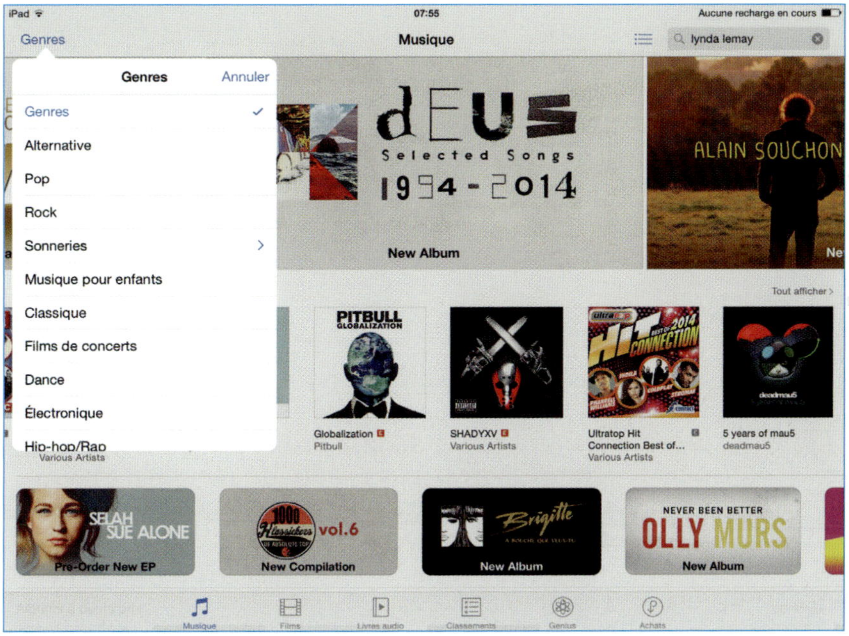

Figure 8.6

- Touchez le bouton Genres en haut à gauche de l'écran. Une liste de genres s'affiche (Figure 8.6).

TRUC

Il est possible d'obtenir la liste des morceaux ou des films disponibles sur iTunes d'un artiste. Il suffit, pour cela, de toucher-maintenir son nom dans la liste de la fonction de recherche. Ainsi, à la Figure 8.7, nous avons saisi le nom *alexandra lamy*, puis maintenu ce nom et ainsi obtenu sa filmographie disponible sur l'iTunes Store.

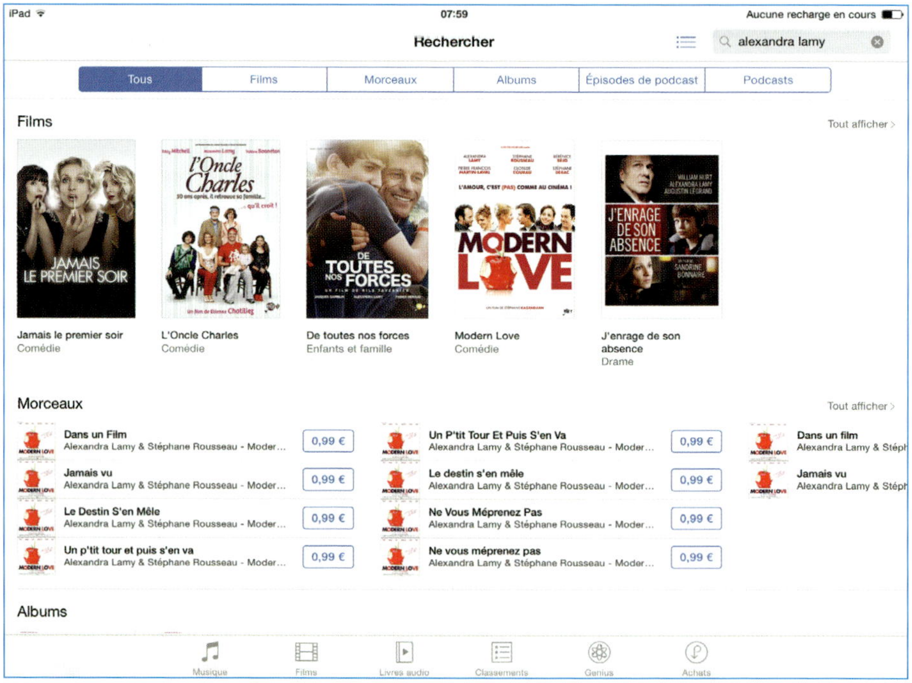

Figure 8.7

TRUC

Si un morceau de musique, un film ou quoi que ce soit d'autre vous a plu et que vous voulez le signaler à vos proches, touchez le bouton Partager, en haut à droite du descriptif (Figure 8.8), puis touchez Envoyer par e-mail. Un message Mail est aussitôt affiché avec un lien vers votre choix ; saisissez une ou plusieurs adresses, puis touchez Envoyer.

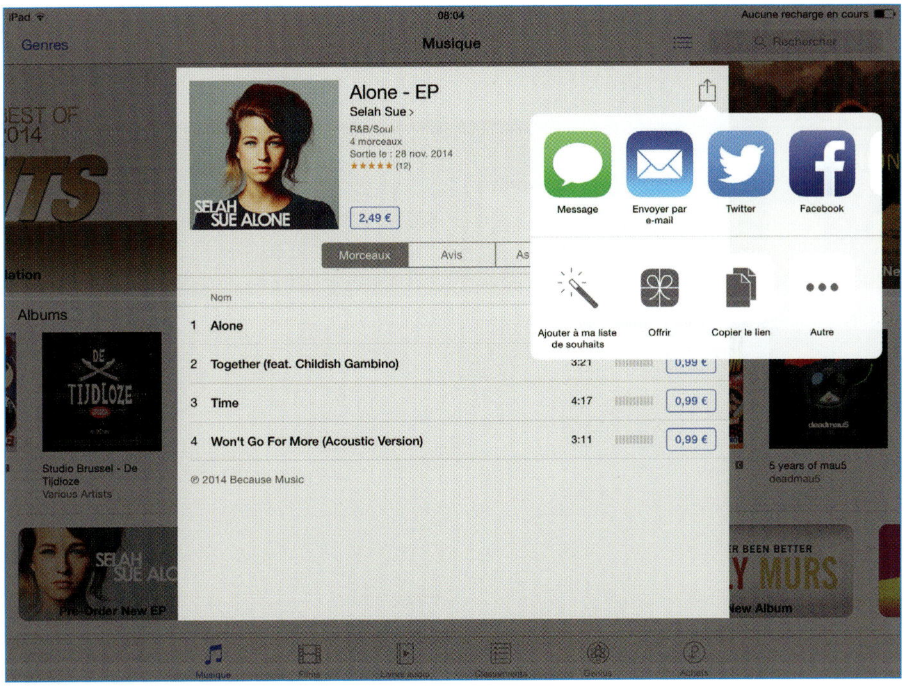

Figure 8.8

Obtenir un extrait de musique, de film ou de livre audio

Comme vous avez ouvert un compte et qu'Apple possède vos coordonnées bancaires, tous les achats effectués sur l'iTunes Store vous sont aussitôt débités. C'est pourquoi il est intéressant d'avoir un aperçu de l'article avant un éventuel achat. Voici comment procéder :

1. **Dans iTunes, accédez à un contenu que vous envisagez d'acheter.**

2. **Touchez sa vignette pour afficher son descriptif.**

3. **Pour vous faire une idée :**

   - **Dans le cas d'un morceau de musique :** Touchez le numéro de piste ou le nom du morceau pour écouter les dix premières secondes du titre.

- **Dans le cas d'un film :** Touchez le bouton Lecture sous Bandes-annonces pour visionner cette bande-annonce (Figure 8.9).

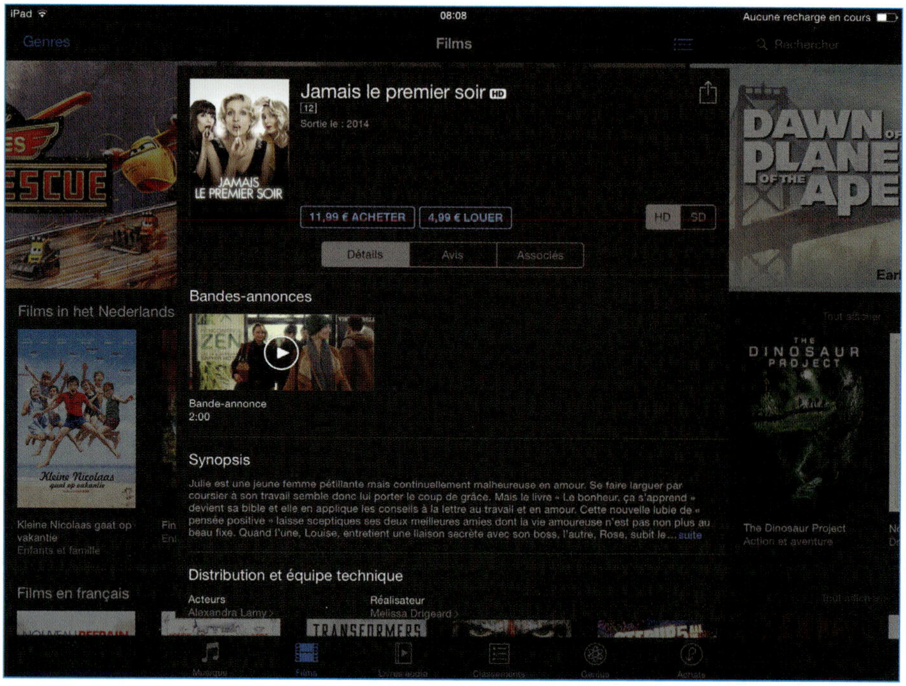

Figure 8.9

- **Dans le cas d'un livre audio :** Touchez Extrait.

Acheter sur iTunes

1. **Si un contenu vous plaît, ouvrez sa fiche descriptive, puis touchez soit le bouton indiquant le prix, soit le bouton Gratuit (eh oui, ça arrive !). Notez que, dans le cas des musiques, vous avez généralement la possibilité d'acheter l'album (bouton prix en haut) ou un titre particulier (bouton prix en regard). Dans le cas des films, vous pouvez soit acheter, soit louer (la location est traitée à la section suivante).**

2. **Dès que vous l'activez, le bouton change d'aspect et porte, selon le cas, la mention Acheter l'album ou Acheter le morceau. Dans le cas des films, le bouton devient, selon le cas,**

Acheter le film ou Louer le film. Enfin, dans le cas des livres, il s'intitule Acheter le livre audio (Figure 8.10).

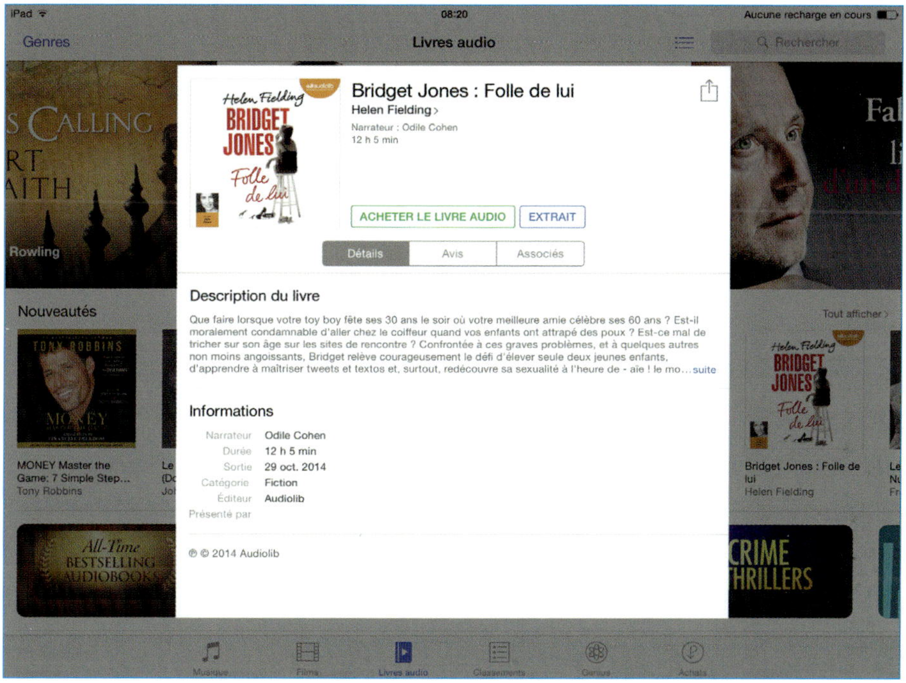

Figure 8.10

TRUC

Des films sont proposés en haute définition ou en définition standard *via* les boutons HD et SD sous le bouton Extrait, dans la fiche descriptive. Les films en haute définition (HD) passent vraiment très bien sur l'écran Retina de l'iPad, et particulièrement bien sur celui de l'iPad Air.

3. **Dans la fenêtre qui vous est alors proposée (Figure 8.11), saisissez votre mot de passe, puis touchez OK. Une jauge indique la progression du téléchargement.**

TRUC

Si vous ne désirez pas effectuer d'achats à partir d'une application comme Musique ou Vidéos, mais toujours à partir d'iTunes, retournez dans l'écran d'accueil puis touchez Réglages > Général > Restrictions. Touchez l'option Activer les restrictions et saisissez un code. Vous pouvez alors gérer les restrictions.

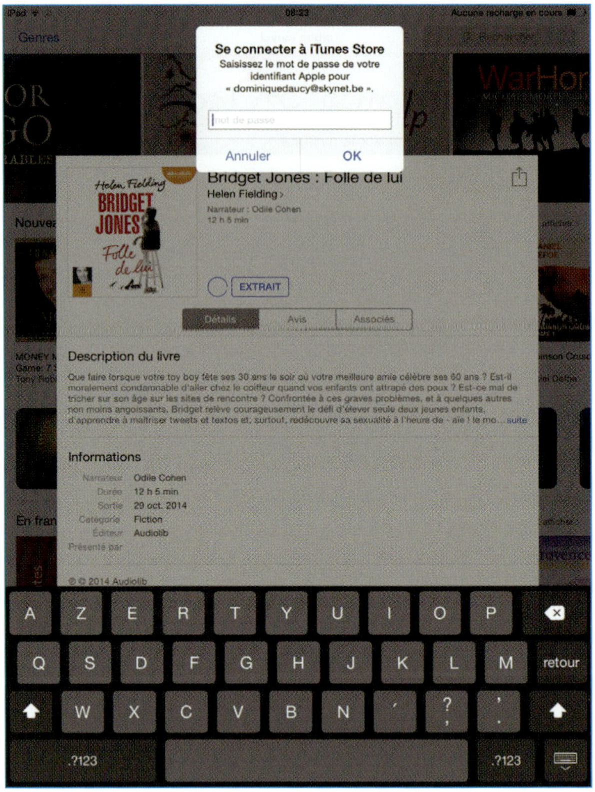

Figure 8.11

Si vous possédez un iPad Wi-Fi + 3G ou 4G, vous pouvez télécharger des articles par le réseau 3G, mais vérifiez cependant votre forfait, notamment le seuil à partir duquel la quantité de données téléchargées vous est facturée. Dans le doute, touchez Réglages > Store, puis assurez-vous que le commutateur Données cellulaires est désactivé.

Louer des films

Un film peut être acheté ou loué. Lorsque vous louez un film, vous disposez de 30 jours à partir de la date d'achat pour le visionner. Après l'avoir regardé, vous pouvez le revoir à volonté pendant 24 heures.

1. **Touchez l'icône Films, en bas de l'écran.**

2. **Localisez le film que vous aimeriez regarder, puis touchez sa vignette.**

3. **Quand le descriptif s'affiche, touchez le bouton Louer. Il change aussitôt d'intitulé et devient Louer le film (Figure 8.12).**

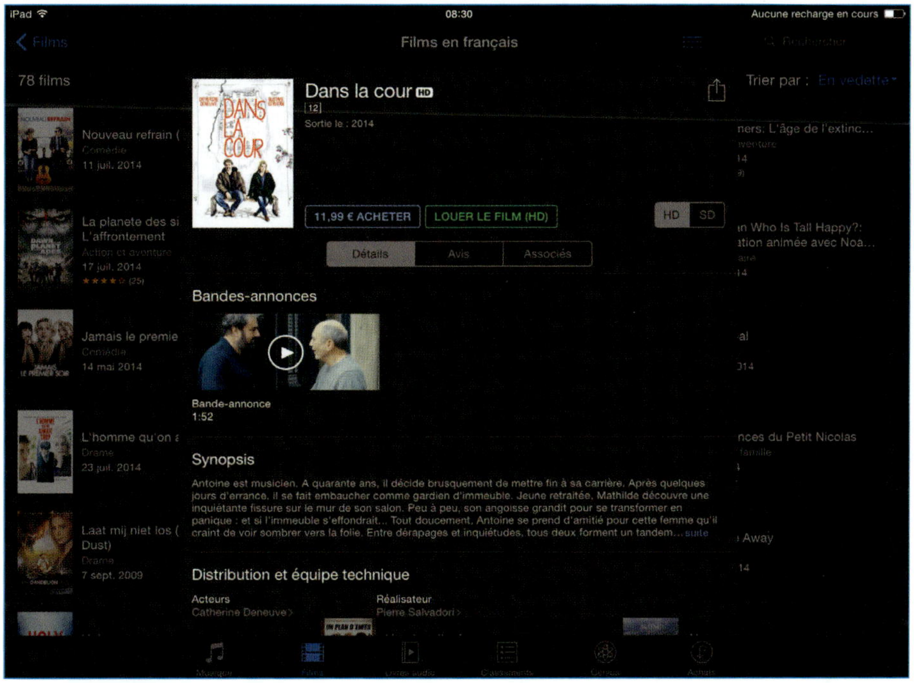

Figure 8.12

4. **Touchez Louer le film.**

5. **Comme dans le cas de l'achat, une fenêtre vous est proposée, qui réclame votre mot de passe.**

6. **Exécutez-vous, puis touchez OK.**

TRUC

Vous pouvez aussi télécharger les films sur votre ordinateur, puis les synchroniser avec l'iPad. Reportez-vous au Chapitre 3 pour les détails sur la synchronisation.

Écouter des podcasts

Un *podcast,* c'est une émission radio qu'on peut écouter en différé (les puristes parlent de « baladodiffusion »). La plupart des podcasts sont gratuits et il en existe sur d'innombrables sujets.

Dans les versions précédentes d'iOS, les podcasts se géraient depuis iTunes. Désormais, une application dédiée a été intégrée au système d'exploitation. Elle se dénomme Podcasts et est rangée dans le dossier Autres que vous trouverez sur votre écran d'accueil.

1. Sur l'écran d'accueil, touchez Autres, puis Podcasts. Au départ, l'app est désespérément vide.

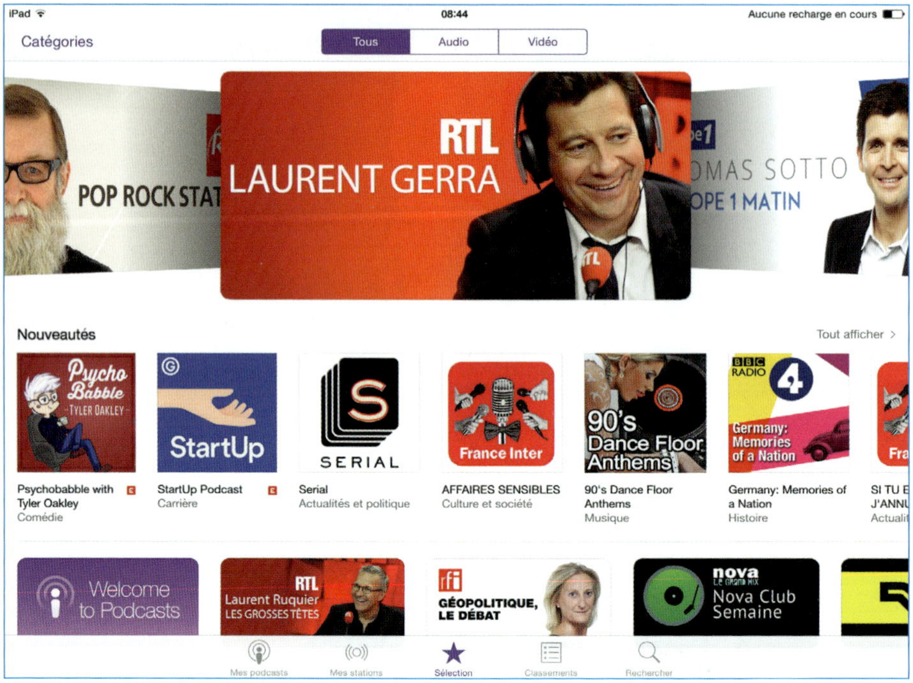

Figure 8.13

N'hésitez pas à extraire l'icône Podcasts de ce dossier si vous l'exploitez souvent : ce sera plus pratique. Pour ce faire, opérez un toucher maintenu sur l'icône ; dès que les deux icônes du dossier Autres se mettent à vibrer, touchez-maintenez l'icône Podcasts sur la fenêtre, puis faites-la glisser vers la fenêtre en arrière-plan. Elle quitte aussitôt le dossier Autres pour rejoindre ses autres petites camarades sur l'écran d'accueil. Touchez le bouton principal pour confirmer.

2. Commencez donc par faire votre marché :

- **Pour découvrir des podcasts :** Touchez Sélection (Figure 8.13) ou Classements dans le bas de l'écran. Faites ensuite défiler les bandeaux qui vous sont proposés.
- **Pour rechercher des podcasts :** Touchez Rechercher, puis saisissez l'objet de votre recherche dans le champ Rechercher dans le Store en haut à droite.

3. Touchez le podcast que vous désirez écouter pour accéder à son descriptif (Figure 8.14).

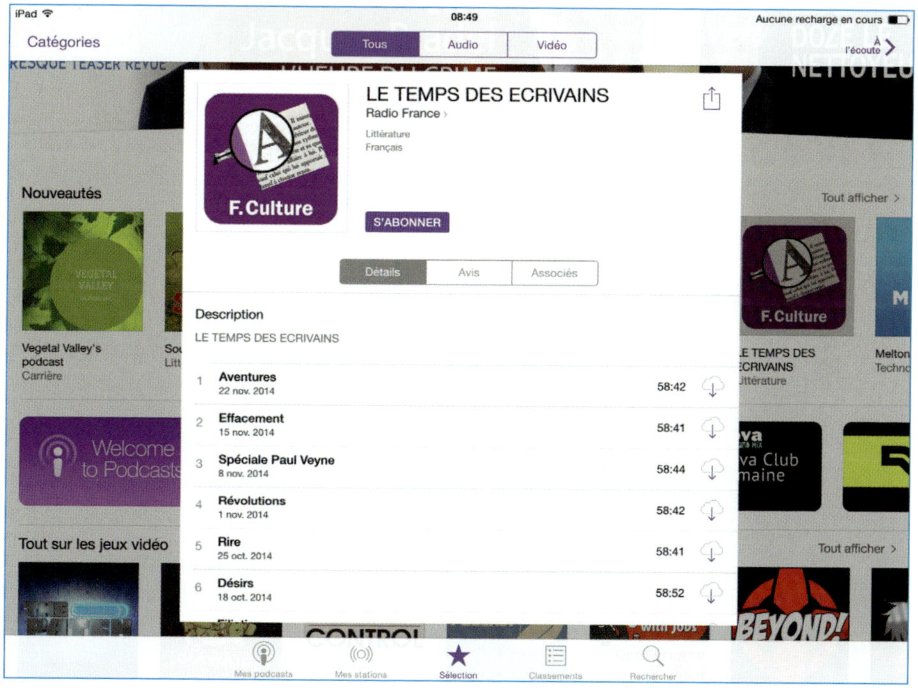

Figure 8.14

4. Réagissez dans cette fenêtre :

- **Pour écouter un épisode :** Touchez le titre de l'épisode. Aussitôt, la diffusion démarre (Figure 8.15). Exploitez les boutons de commande mis à votre disposition pour contrôler l'écoute.

Figure 8.15

- **Pour télécharger un épisode sur l'iPad :** touchez le bouton Téléchargements en regard du titre à télécharger. Le téléchargement démarre; dès qu'il prendra fin, vous pourrez écouter l'épisode que vous trouverez en touchant Mes podcasts dans le bandeau inférieur de la fenêtre principale de l'app (Figure 8.16).

TRUC

Pour vous défaire d'un podcast ainsi téléchargé, touchez Modifier en haut à gauche, puis touchez la case de fermeture qui s'affiche alors dans l'angle supérieur gauche de la vignette.

- **Pour obtenir les futurs nouveaux épisodes dès qu'ils seront disponibles :** touchez S'abonner. Chaque épisode du podcast ainsi traité vous sera envoyé aussitôt qu'il sera disponible. Vous le trouverez aussi en touchant Mes podcasts dans le bandeau inférieur de la fenêtre principale de l'app.

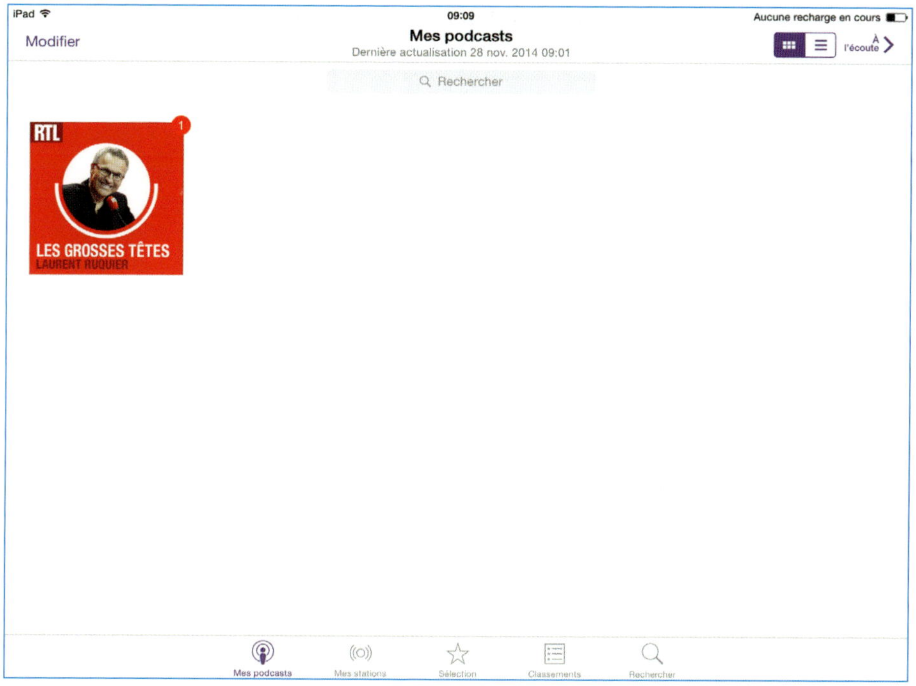
iPad
09:09
Aucune recharge en cours
Modifier
Mes podcasts
Dernière actualisation 28 nov. 2014 09:01
À l'écoute
Rechercher
RTL
LES GROSSES TÊTES
LAURENT RUQUIER
Mes podcasts
Mes stations
Sélection
Classements
Rechercher

Figure 8.16

Chapitre 9

Télécharger et installer des applications

Dans ce chapitre :

- Quelques applications recommandées aux seniors.
- Configurer le partage familial.
- Rechercher sur l'App Store.
- Télécharger une application depuis l'App Store.
- Organiser les applications sur l'écran d'accueil.
- Ranger des applications dans des dossiers.
- Supprimer une application.
- Mettre les applications à jour.

Étendre l'horizon de l'iPad avec des applications

Des applications (des « *apps* », en jargon iPadien, iPhonien et autres) sont déjà installées dans l'iPad. C'est le cas, notamment, de Contacts, Notes, Safari ou Mail. Mais vous pouvez vous en procurer d'autres, gratuites ou payantes, selon le cas. En général, le prix est modique : autour d'1 euro ou d'1,50 euro pour la plupart, mais des applications très spécialisées peuvent coûter plusieurs dizaines d'euros.

Il existe toutes sortes d'apps : pour la bureautique, les finances, les loisirs, *etc*. Nous commencerons ce chapitre par quelques applications qui pourraient vous être utiles.

Quelques applications recommandées aux seniors

De nouvelles applications apparaissent tous les jours. C'est pourquoi nous vous conseillons de parcourir l'App Store à la recherche d'applications récentes qui pourraient vous intéresser.

Pour accéder à l'App Store, touchez l'icône App Store sur l'écran d'accueil. Vous échouez ainsi dans ce magasin en ligne (Figure 9.1).

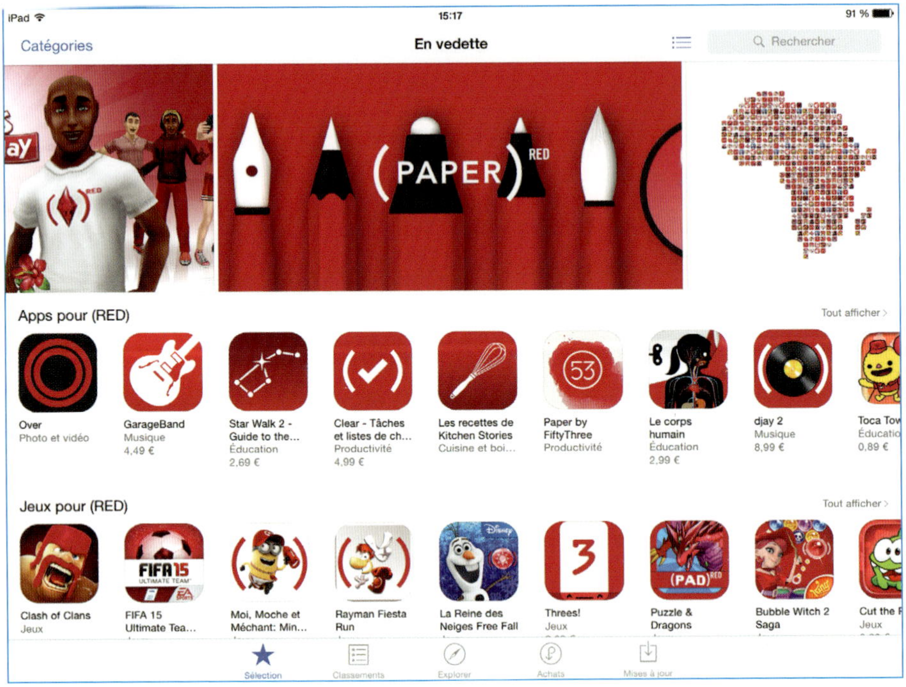

Figure 9.1

iOS 8

Lors de votre première visite, l'app vous propose de configurer le partage familial. Pour en savoir plus sur cette fonctionnalité, reportez-vous à la section suivante. Dans le doute, sachez que vous pourrez revenir à cette configuration ultérieurement ; si telle est votre intention, touchez Plus tard.

Recherchez une application en saisissant son nom ou son thème (banque, comparateur, dessin...) dans le champ Rechercher, en haut à droite (voir la rubrique suivante). Voici quelques suggestions :

- **Banque :** La plupart des établissements bancaires proposent une application montrant un tableau de bord de vos comptes et la liste des opérations. Beaucoup de ces apps sont dotées d'une fonction de localisation indiquant les agences et les distributeurs de billets à proximité du lieu où vous vous trouvez.
- **Sudoku :** Les applications permettant de jouer à ce jeu de réflexion ne manquent pas. La plupart sont gratuites, comme celles de la Figure 9.2, les plus perfectionnées sont payantes. Toutes offrent plusieurs niveaux de jeu.

Figure 9.2

- **Comparateur de prix :** Il y en a pour tous les domaines, des produits grand public aux vols en avion.
- **Flickr :** Cette application gratuite permet de placer des photos sur ce site de partage extrêmement connu. Commode pour montrer vos photos à vos proches, où qu'ils soient dans le monde.

2. **Touchez iCloud à gauche.**

3. **Touchez Configurer le partage familial à droite. Dans la fenêtre d'intro qui vous est alors proposée, touchez Démarrer.**

4. **Vous gagnez ainsi la fenêtre Configuration familiale. Touchez Continuer.**

5. **C'est au tour de la fenêtre Partager des achats de vous être proposée. Touchez aussi Continuer.**

6. **Ensuite, c'est la fenêtre Mode de paiement qui s'affiche. De nouveau, touchez Continuer.**

TRUC

Vous n'avez normalement pas à intervenir dans les fenêtres qui précèdent puisque ces paramètres sont, en toute logique, déjà configurés.

7. **On vous propose ensuite de partager votre position avec votre famille. Si tel est votre souhait, touchez Partager la position.**

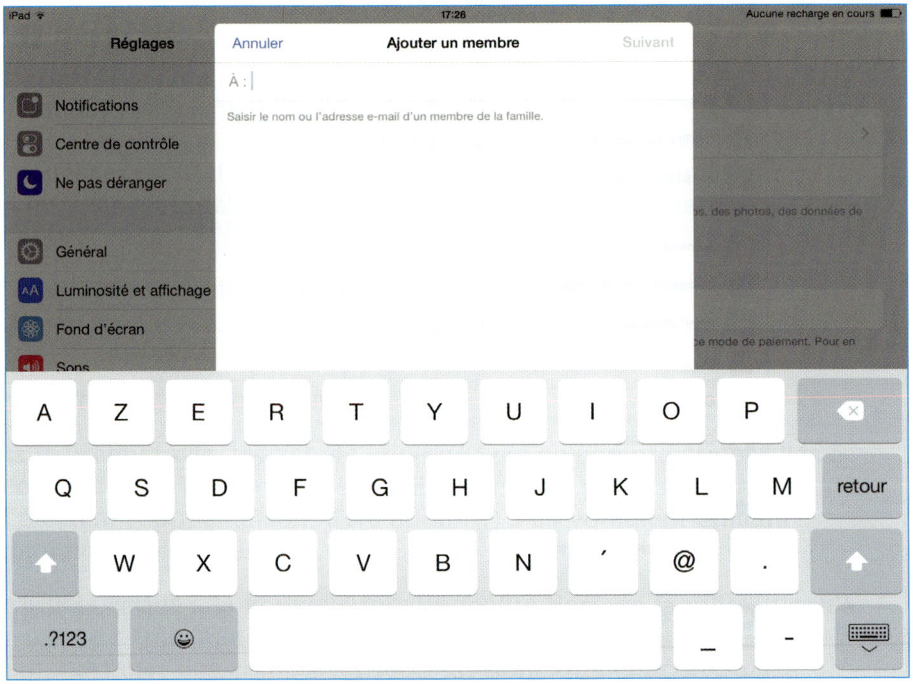

Figure 9.4

8. Dans la fenêtre Famille (Figure 9.3), touchez Ajouter un membre.

Pour qu'un enfant soit obligé de demander l'autorisation avant d'acheter, c'est l'option Créer un identifiant Apple pour un enfant qu'il faut invoquer.

9. Dans le volet correspondant (Figure 9.4), entrez l'adresse mail du membre à ajouter. Dès que vous commencez à taper, toutes les entrées correspondantes de votre carnet d'adresses s'affichent pour simplifier la sélection. Choisissez un membre de la liste ou continuez à taper.

10. Le membre est ajouté (Figure 9.5). Il ne sera confirmé que lorsqu'il aura accepté l'invitation.

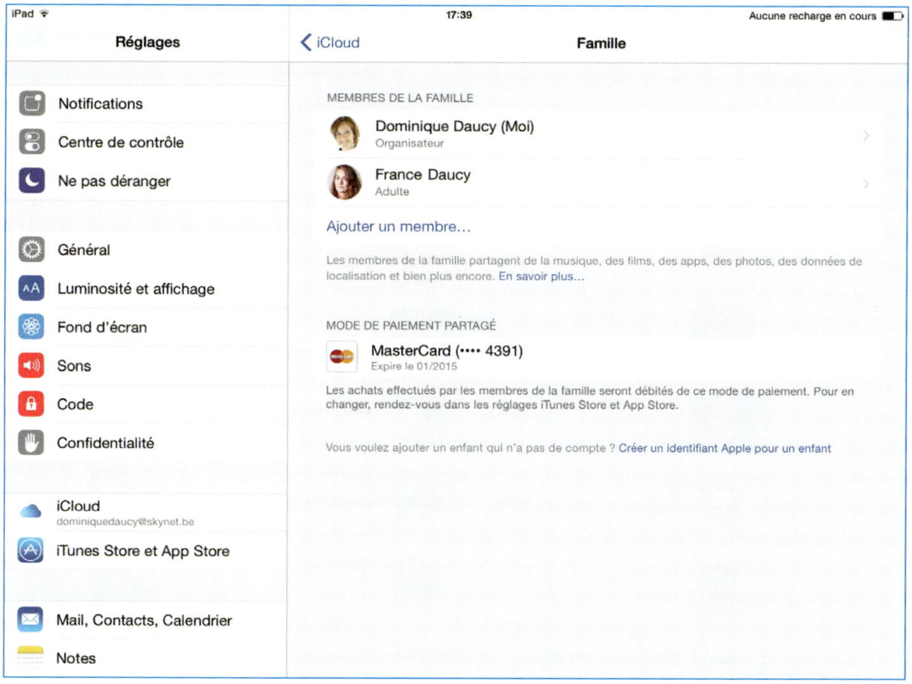

Figure 9.5

Pour exclure un membre du partage familial, touchez son nom dans la liste Famille, puis, dans le volet correspondant, touchez Supprimer. Fournissez votre mot de passe, puis confirmez en touchant OK.

Rechercher sur l'App Store

1. **Touchez l'icône App Store sur l'écran d'accueil.**

2. **Vous avez le choix entre plusieurs moyens pour trouver des applications :**

   - Touchez le champ Rechercher, saisissez ce que vous recherchez, puis tapez sur la touche Rechercher du clavier virtuel. Le cas échéant, sélectionnez une suggestion.

   - Faites défiler les applications dans la partie inférieure de l'écran. Faites défiler horizontalement pour visualiser les apps d'une catégorie; faites défiler verticalement pour visualiser les différentes catégories d'apps. Le bouton Tout afficher vous propose une présentation plus compacte (Figure 9.6).

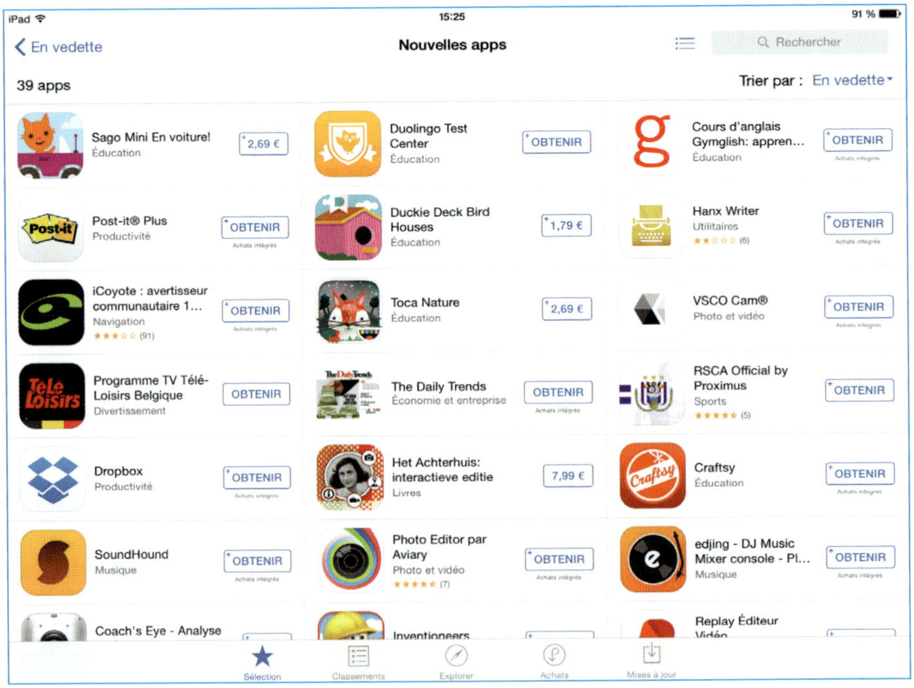

Figure 9.6

   - Touchez l'icône Classements du bas de l'écran pour accéder à la liste des applications gratuites et à la liste des applications payantes, classées selon leur popularité, c'est-à-dire le nombre de téléchargements.

Télécharger une application depuis l'App Store

Pour télécharger une application, même gratuite, vous devez avoir ouvert un compte iTunes, comme expliqué au Chapitre 3. Cette formalité effectuée, vous pourrez télécharger à volonté, en quelques étapes faciles.

Nous vous proposons, pour l'exemple, de télécharger le guide Hachette des vins :

1. **Sur l'écran d'accueil, touchez l'icône App Store.**

2. **Touchez le champ Rechercher, saisissez œnologie, puis touchez la touche Rechercher. Normalement, ce que vous cherchez apparaît dans la liste des résultats (Figure 9.7).**

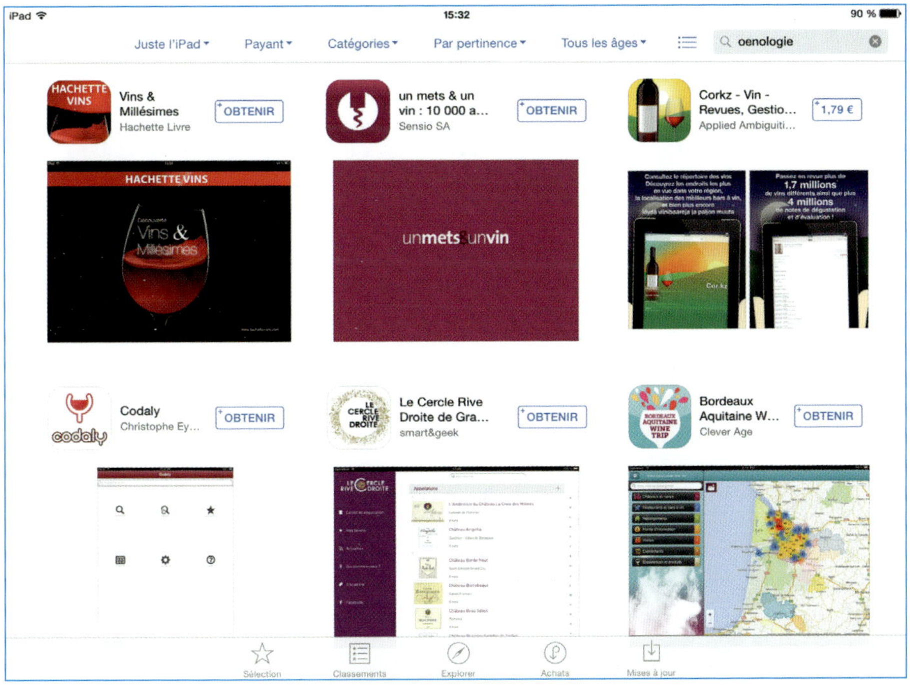

Figure 9.7

3. **Touchez le bouton Obtenir. (Notez que si une application est payante, ce bouton mentionne le prix.) Le bouton que vous venez de toucher change de nom et s'appelle désormais Installer (ou, dans le cas d'une application payante, Acheter).**

4. **Touchez le bouton Installer (ou Acheter, le cas échéant). Le mot de passe de votre identifiant Apple vous est demandé.**

5. **Saisissez le mot de passe, puis touchez le bouton OK. Un message vous avise que le téléchargement va commencer ; touchez OK. L'application est alors téléchargée et installée. S'il s'agit d'une application payante, son prix est débité de votre compte bancaire ou de la carte-cadeau.**

6. **Touchez Ouvrir.**

TRUC

Les applications téléchargées sont en général placées dans un écran supplémentaire automatiquement créé à cette occasion, placé à la suite de l'écran d'accueil principal Vous apprendrez à la prochaine tâche comment gagner cet espace.

TRUC

Si vous avez ouvert un compte iCloud (voir Chapitre 3), tous vos achats sur l'App Store sont automatiquement transférés vers vos autres appareils.

Organiser les applications sur l'écran d'accueil

L'iPad peut afficher jusqu'à 11 écrans d'accueil. Le premier contient les applications d'origine. D'autres peuvent être créés, soit automatiquement, soit manuellement. En bas de l'écran, les différents points correspondent chacun à un écran contenant une ou plusieurs applications. Le point blanc indique l'écran actuellement affiché (Figure 9.8).

Figure 9.8

1. **Effleurez un écran horizontalement pour passer à l'écran suivant ou précédent ou touchez le point correspondant.**

2. **Pour réorganiser les applications, appuyez continûment sur l'une d'elles jusqu'à ce que toutes les icônes de la fenêtre se mettent à vibrer.**

3. Touchez-glissez une icône jusqu'à l'emplacement désiré. Les autres s'écartent pour lui faire de la place. Si vous la tirez vers la droite, hors de l'écran et qu'il n'existe pas encore d'écran supplémentaire, l'iPad en crée un spontanément pour recevoir l'icône en déplacement.

4. Répétez l'opération pour déplacer d'autres icônes si vous le souhaitez.

5. Appuyez sur le bouton principal pour mettre fin à l'opération. Les icônes cessent aussitôt de vibrer.

Tirer une icône vers la droite, hors de l'écran, crée au besoin un écran supplémentaire. En revanche, quand un écran est vidé de ses icônes – par déplacement ou suppression –, il disparaît.

Ranger des applications dans des dossiers

Les applications peuvent être réunies dans des dossiers. L'opération est très simple :

1. Appuyez continûment sur une icône jusqu'à ce qu'elles se mettent toutes à vibrer.

2. Touchez-glissez une des icônes à placer dans un dossier jusqu'à la superposer à une autre, destinée, elle aussi, à rejoindre le dossier en question. Un dossier est créé, qui regroupe les deux icônes concernées. Une zone de saisie s'affiche en haut; elle n'attend qu'une chose : que vous saisissiez, à l'aide du clavier, le nom que vous souhaitez donner à ce dossier (Figure 9.9). Exécutez-vous, puis touchez Terminer.

3. Appuyez sur le bouton principal pour mettre fin à l'opération. Les icônes cessent de vibrer.

4. Vous pouvez, par la suite, ajouter autant d'apps à ce dossier que vous le souhaitez (Figure 9.10). Vous pouvez aussi en retirer.

Figure 9.9

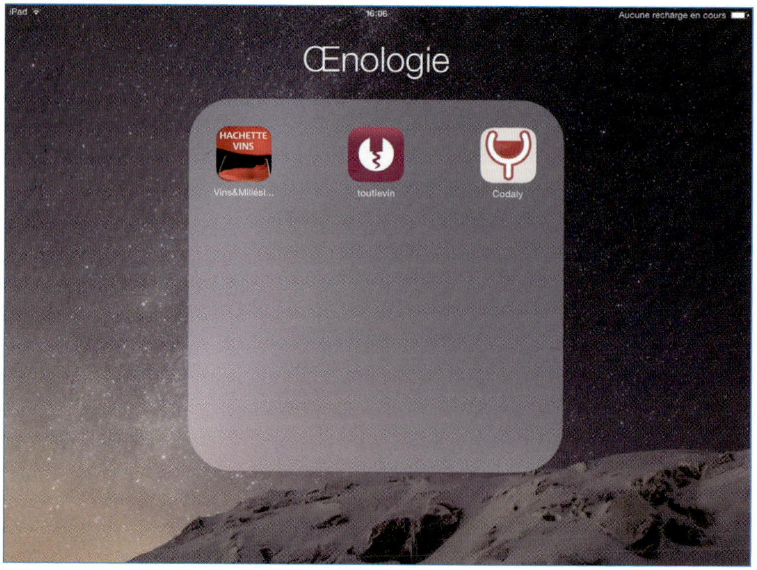

Figure 9.10

Si vous retirez toutes les apps d'un dossier, celui-ci disparaît automatiquement.

Supprimer une application

Il est très facile de supprimer une application dont vous n'avez plus besoin.

Seules les apps que vous ajoutez peuvent être supprimées ; les apps natives sont inamovibles. La preuve : quand leur icône vibre, elle ne présente pas, dans son angle supérieur gauche, de case de fermeture, contrairement aux apps téléchargées.

Notez aussi que, si vous avez utilisé iCloud pour placer une application dans plusieurs appareils Apple, supprimer une application dans un appareil n'affecte en rien cette même application dans les autres appareils.

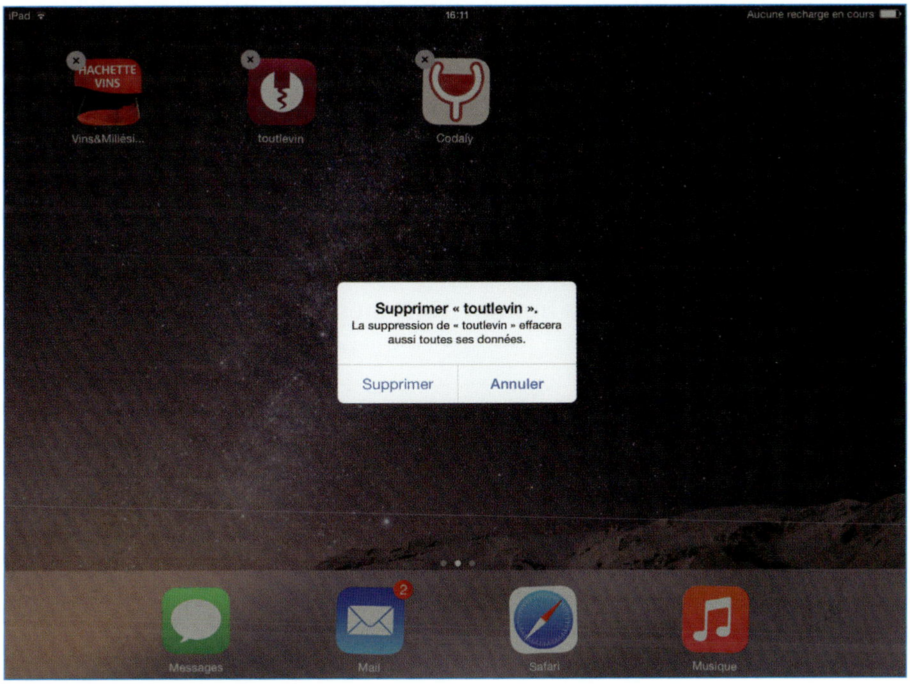

Figure 9.11

1. **Accédez à l'écran d'accueil contenant l'application à supprimer.**

2. **Appuyez continûment sur une icône jusqu'à ce qu'elles se mettent toutes à vibrer.**

3. **Touchez la case de fermeture de l'icône de l'application à supprimer (Figure 9.11). On vous demande de confirmer votre intention.**

4. **Appuyez sur le bouton principal pour mettre fin à l'opération. Les icônes cessent de vibrer.**

Mettre les applications à jour

De nombreuses applications sont régulièrement améliorées ou perfectionnées. Lorsqu'une nouvelle mouture d'une app que vous avez téléchargée est disponible, un chiffre blanc dans une pastille rouge s'affiche dans l'angle supérieur droit de l'icône App Store, sur l'écran d'accueil. Ce chiffre traduit le nombre de mises à jour disponibles et en attente de téléchargement.

1. **Touchez l'icône App Store, sur l'écran d'accueil.**

2. **En bas à droite de l'écran, dans l'App Store, touchez l'icône Mises à jour. Le panneau des mises à jour en attente apparaît.**

3. **Touchez le bouton Tout mettre à jour, en haut à droite de l'écran.**

4. **Le panneau demandant votre identifiant Apple apparaît. Saisissez-le, puis touchez le bouton OK. Il se peut que certaines applications vous demandent en outre de confirmer que vous avez l'âge requis pour les exploiter. Parfois aussi, vous devrez accepter de nouvelles conditions de licence. Le téléchargement démarre.**

TRUC

Si vous disposez d'un compte iCloud, la mise à jour à partir d'un appareil Apple est également effectuée sur vos autres appareils Apple.

Troisième partie

L'iPad ludique

« Deux secondes, je regarde s'il existe une application sur l'App Store pour résoudre ce problème ! »

Chapitre 10

Utiliser l'iPad comme liseuse

Dans ce chapitre :

- Ce qui différencie l'iPad des autres liseuses.
- Trouver des livres électroniques.
- Les autres fournisseurs de livres électroniques.
- Acheter des livres électroniques.
- Parcourir un livre électronique.
- Régler la luminosité.
- Modifier la taille des caractères.
- Rechercher dans le livre.
- Signets, surlignage et notes.
- Vérifier un mot dans le dictionnaire.
- Organiser la bibliothèque.
- Ranger des livres numériques dans une collection.
- Télécharger des applications de magazines pour l'application Kiosque.
- Acheter des numéros d'un périodique.
- Lire un périodique.

Utiliser l'iPad comme liseuse

Une *liseuse* est un appareil électronique servant à lire des livres, des magazines et des journaux numériques. Pour Apple, l'iPad est une véritable liseuse qui vaut bien la Kindle d'Amazon, la FnacBook, la Cybook et d'autres encore. C'est pourquoi il serait dommage que vous passiez à côté de cette fonctionnalité.

Pour utiliser l'iPad en tant que liseuse, vous exploiterez l'application iBooks. Quant à l'app Kiosque, elle sert à lire des périodiques numériques, comme nous le verrons à la fin de ce chapitre.

Ce qui différencie l'iPad des autres liseuses

Les liseuses classiques ne servent généralement qu'à... lire ! La plupart utilisent, pour leur écran, une technologie appelée « encre électronique », qui simule l'aspect du papier afin d'améliorer le confort de lecture (Figure 10.1).

Figure 10.1

L'iPad est un peu différent. Il n'a pas été conçu spécifiquement pour lire des livres. Il ne simule donc pas le papier. La lecture s'effectue sur un écran comparable à celui d'un ordinateur, mais d'une extraordinaire définition. La luminosité et la couleur de fond sont configurables.

Les publications que vous téléchargez dans l'iPad par une connexion Wi-Fi ou 3G/4G sont transférées en quelques secondes.

Trouver des livres électroniques

C'est l'iBooks Store – le 3e store d'Apple – qui vous permet de faire votre marché.

1. **Sur l'écran d'accueil, touchez l'icône iBooks.**

2. **Utilisez les boutons du bas de l'écran, comme Sélection (Figure 10.2), pour accéder à l'iBooks Store qui, comme les autres magasins en ligne, présente les contenus dans la partie inférieure de la fenêtre.**

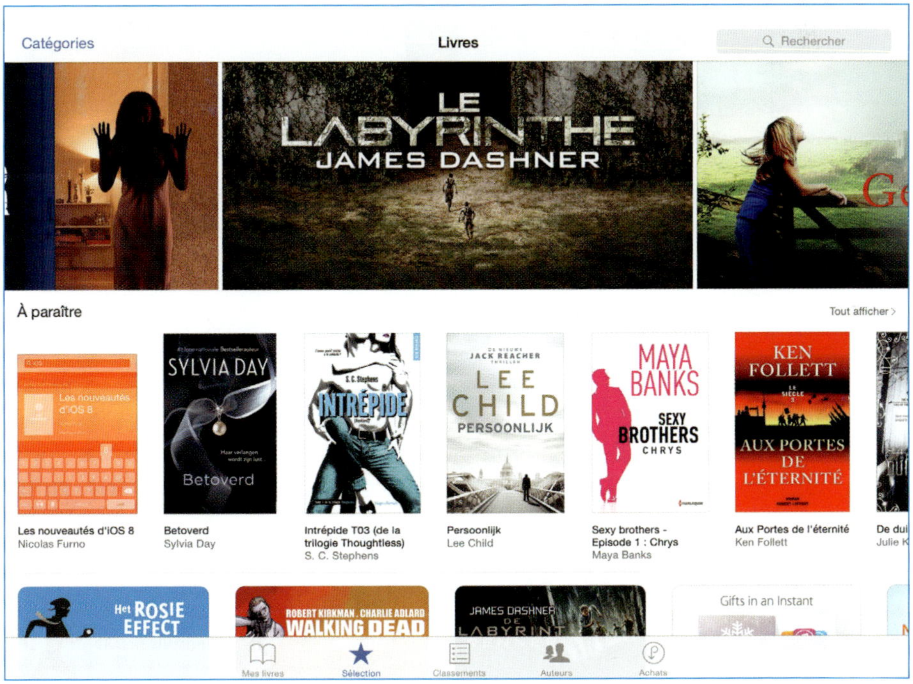

Figure 10.2

3. **Pour trouver ce qui vous intéresse :**

   - Balayez horizontalement pour visualiser tous les titres d'une catégorie.

- Balayez verticalement pour visualiser les différentes catégories.
- Touchez le bouton Tout afficher d'un bandeau quelconque pour accéder à la présentation complète (Figure 10.3).

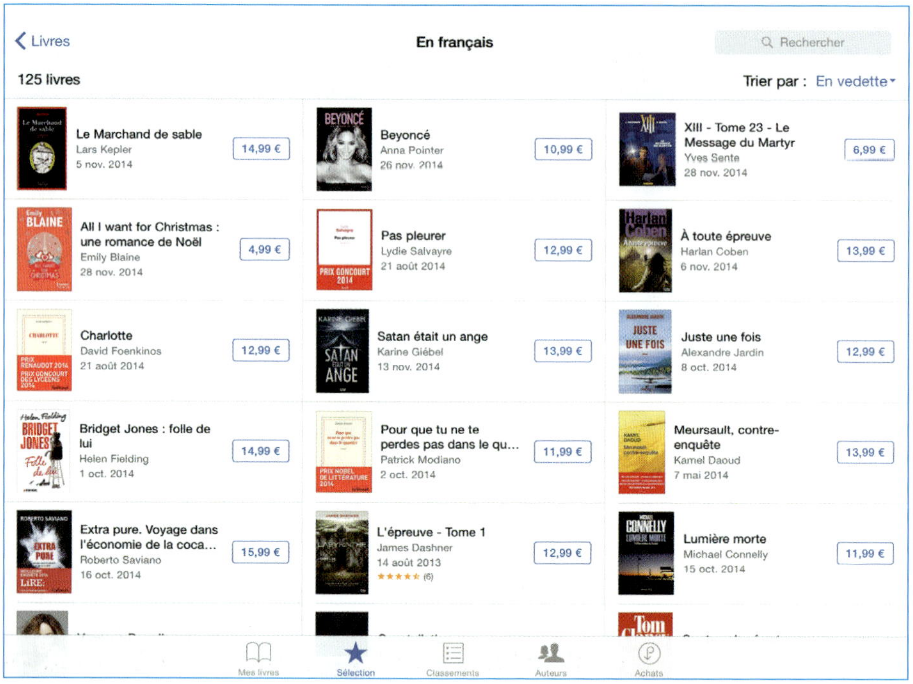

Figure 10.3

- Touchez le champ Rechercher, en haut à droite, pour trouver des ouvrages par un mot de leur titre ou par le nom de l'auteur.
- Touchez le champ Catégories, en haut à gauche, pour choisir une catégorie d'ouvrages.
- Touchez le bouton Classements en bas pour accéder à un tri des livres par popularité et selon qu'ils sont gratuits ou payants.

4. Un ouvrage vous intéresse ? Touchez sa couverture pour accéder à une fenêtre d'infos (Figure 10.4).

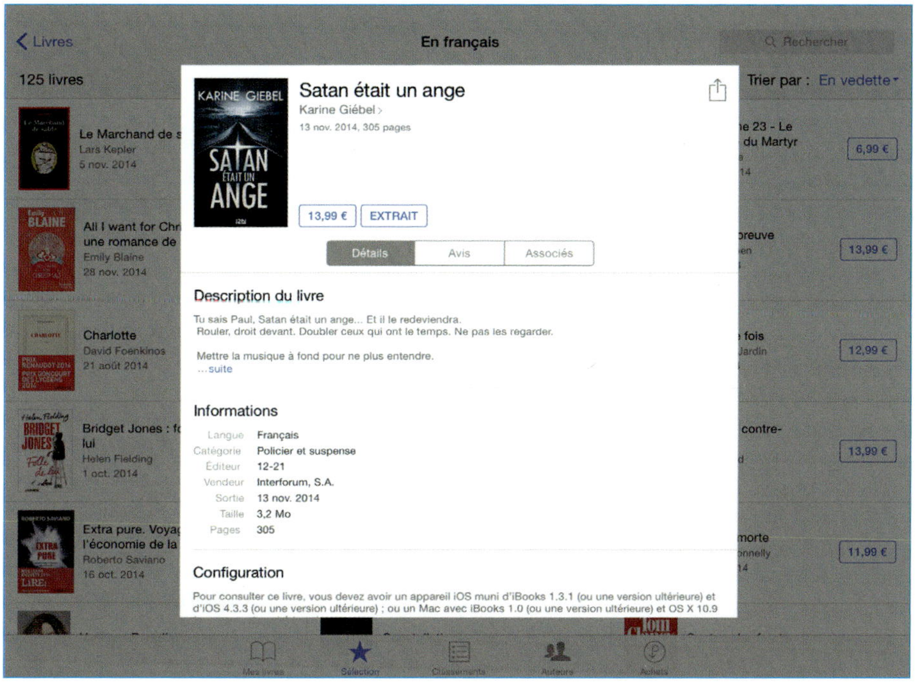

Figure 10.4

5. **Dans cette fenêtre, vous trouverez notamment un bouton Extrait qui vous permettra d'accéder à un bouton Lire. Touchez Lire pour télécharger un extrait vers votre bibliothèque iBooks où l'extrait s'affichera de la manière suivante (Figure 10.5) et s'ouvrira pour que vous puissiez lire ces quelques pages et ainsi vous faire une idée de l'ouvrage.**

Figure 10.5

Les autres fournisseurs de livres électroniques

L'iPad est capable de lire des livres numériques originellement prévus pour d'autres liseuses. Mais pour cela, vous devez télécharger l'application appropriée depuis l'App Store. Par exemple, l'application Kindle permet de lire les ouvrages habituellement lisibles avec cet appareil proposé par Amazon (Figure 10.6).

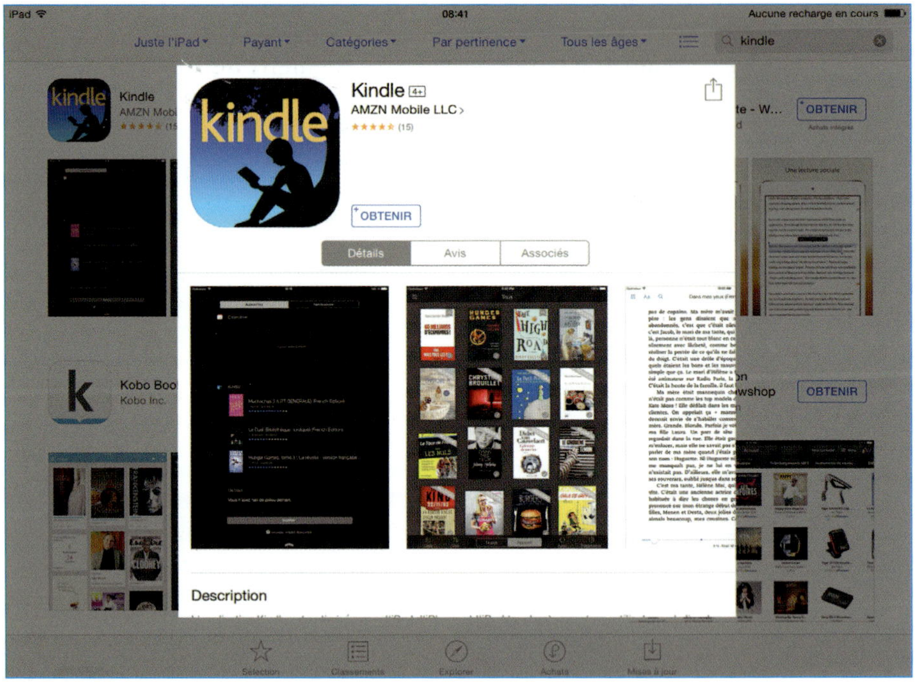

Figure 10.6

Tous les livres que vous auriez déjà achetés sont stockés dans le « nuage » Kindle (en clair, sur les ordinateurs de Kindle) et peuvent être transférés à tout moment vers l'application Kindle installée sur votre iPad.

TRUC

Il existe bien d'autres sources de livres : le Projet Gutenberg, Google, des sites comme Chapitre, Numeriklivres et Nu-book déjà cités.

Acheter des livres électroniques

Dès lors que vous avez ouvert un compte sur iTunes, comme expliqué au Chapitre 3, il est très facile d'acheter des livres :

1. **Dès que, depuis l'iBooks Store, vous avez localisé l'ouvrage qui vous intéresse (voir la section « Trouver des livres électroniques », plus haut dans ce chapitre), touchez le bouton Obtenir (si le livre est gratuit) ou touchez le bouton qui mentionne le prix si le livre est payant.**

2. **Le bouton change immédiatement de nom et s'intitule désormais Obtenir le livre (si gratuit) ou Acheter le livre (si payant). Comme d'habitude, vous êtes invité à fournir le mot de votre identifiant Apple (Figure 10.7). Exécutez-vous, puis touchez OK.**

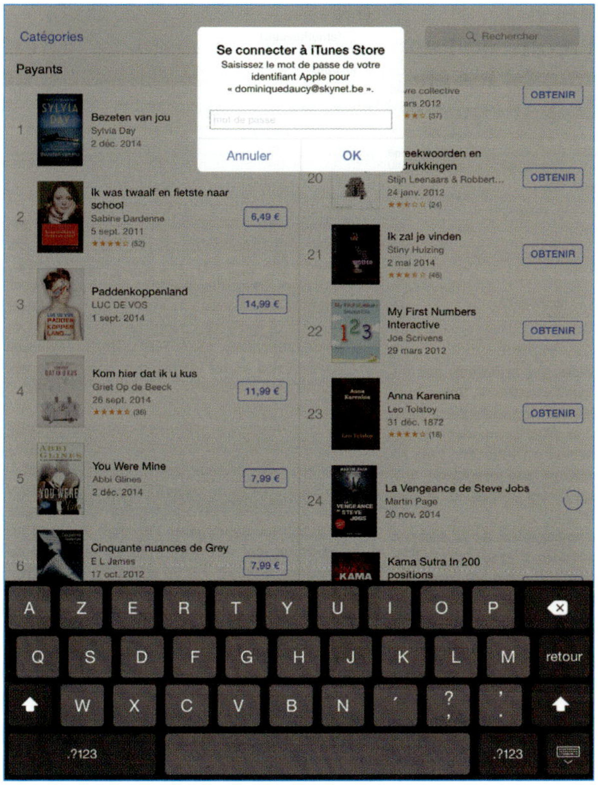

Figure 10.7

TRUC

Pour choisir un autre livre, touchez le bouton Bibliothèque, en haut à gauche.

Régler la luminosité

Vous pouvez régler la luminosité des pages pour améliorer votre confort de lecture. Voici comment :

1. **Si les commandes ne sont pas visibles, touchez la page.**

2. **Touchez l'icône Taille de police, en haut à droite (les deux « A »). Un panneau s'affiche (Figure 10.10).**

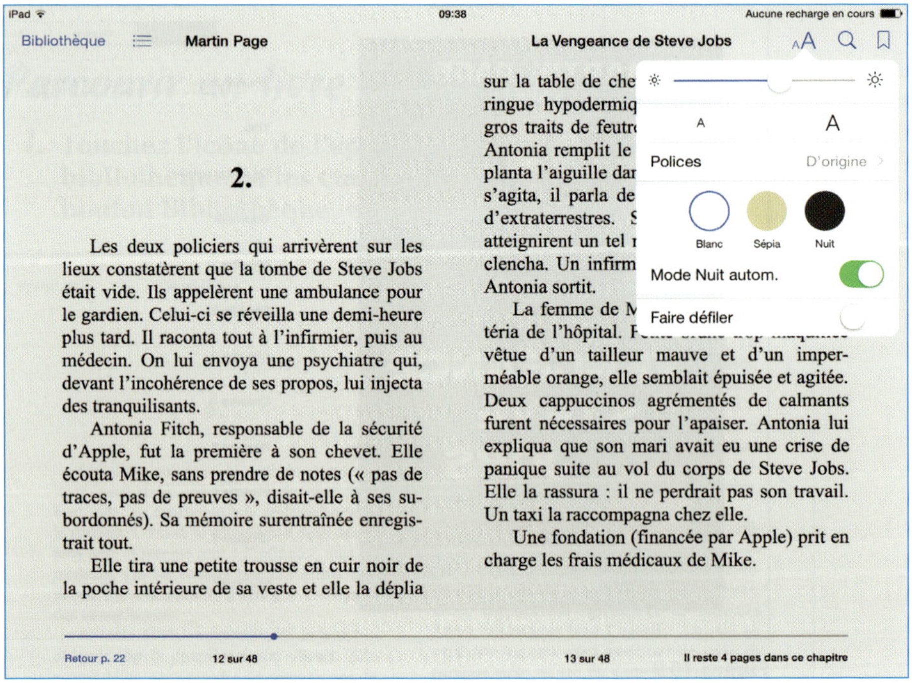

Figure 10.10

3. **Actionnez la glissière de luminosité, placée dans le haut de ce panneau.**

4. **Touchez la page pour faire disparaître le panneau.**

TRUC

Réglez la luminosité en fonction de l'éclairage ambiant. Si le blanc des pages vous éblouit, touchez l'icône Taille de police, puis, dans le panneau, touchez Sépia. Le blanc prend une coloration parcheminée. Avec l'option Nuit, les caractères apparaissent en blanc sur fond noir.

Modifier la taille des caractères

Si la police vous paraît un peu petite, vous pouvez l'agrandir, voire choisir une autre typographie, en procédant comme suit :

1. **Si les commandes ne sont pas visibles, touchez la page. Touchez ensuite l'icône Taille de police, en haut à droite.**

2. **Dans le panneau qui apparaît, touchez le bouton A de droite pour agrandir le texte. Chaque appui sur le bouton augmente la taille des caractères. Appuyer sur le bouton de gauche réduit la taille.**

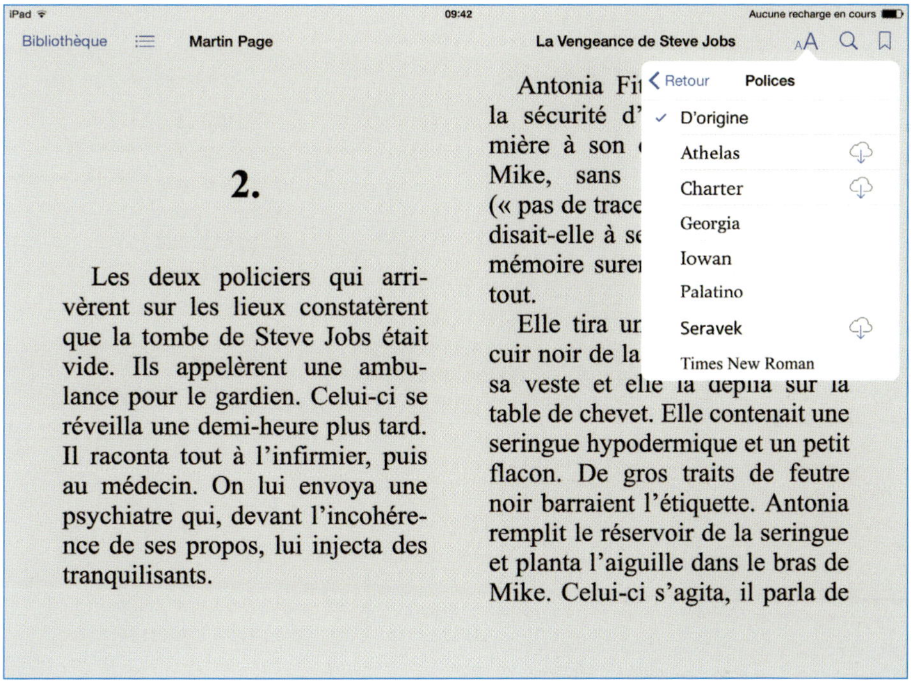

Figure 10.11

3. **Touchez le bouton Polices pour accéder à d'autres typographies (Figure 10.11).**

4. **Touchez le nom d'une police de caractères pour l'appliquer aussitôt.**

5. **Touchez la page pour faire disparaître le panneau.**

Les polices de caractères les plus grandes sont Cochin et Verdana.

Rechercher dans un livre

Voici comment rechercher un mot, une phrase ou une citation dans un livre :

1. **Si les commandes ne sont pas visibles, touchez la page.**

2. **Touchez l'icône Rechercher.**

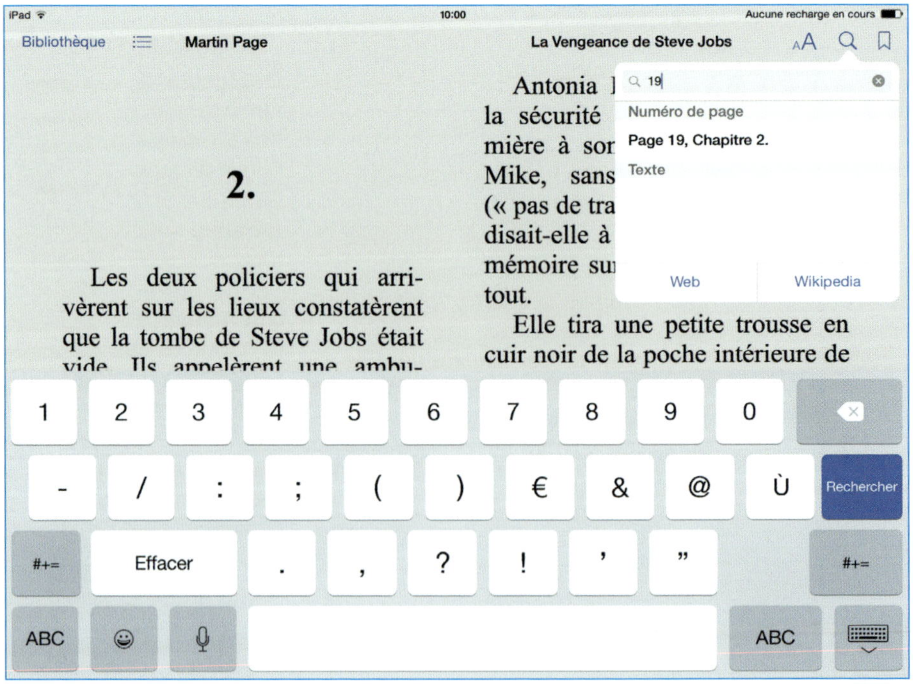

Figure 10.12

3. Introduisez, comme on vous y invite, un numéro de page ou un mot.

- **Dans le cas d'un numéro de page :** iBooks reporte le numéro saisi dans la rubrique Numéro de page du panneau (Figure 10.12) ; touchez cette référence pour gagner la page en question.
- **Dans le cas d'un mot :** iBooks isole aussitôt toutes les occurrences du mot dans le livre et vous en dresse la liste pour un accès immédiat (Figure 10.13).

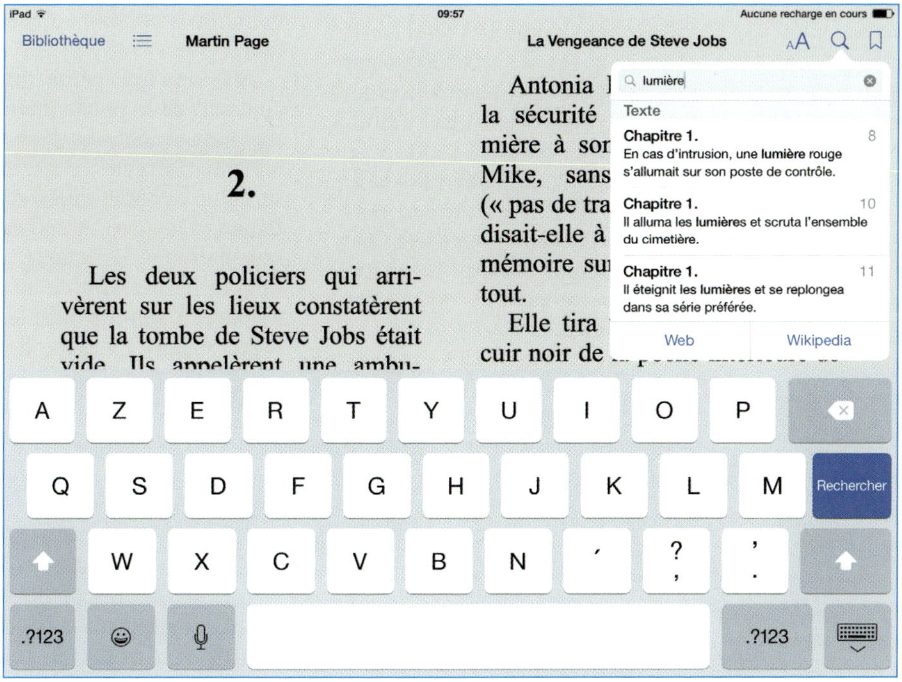

Figure 10.13

TRUC

Pour visualiser plus confortablement une longue liste de résultats, faites disparaître le clavier virtuel en en touchant son bouton Escamotage en bas à droite.

TRUC

Les boutons Web et Wikipédia permettent de lancer la recherche avec Google ou dans l'encyclopédie Wikipédia.

Une recherche sur un mot peut aussi être effectuée en touchant ce mot dans le texte, puis en touchant le bouton Rechercher dans la barre de commandes qui apparaît (Figure 10.14).

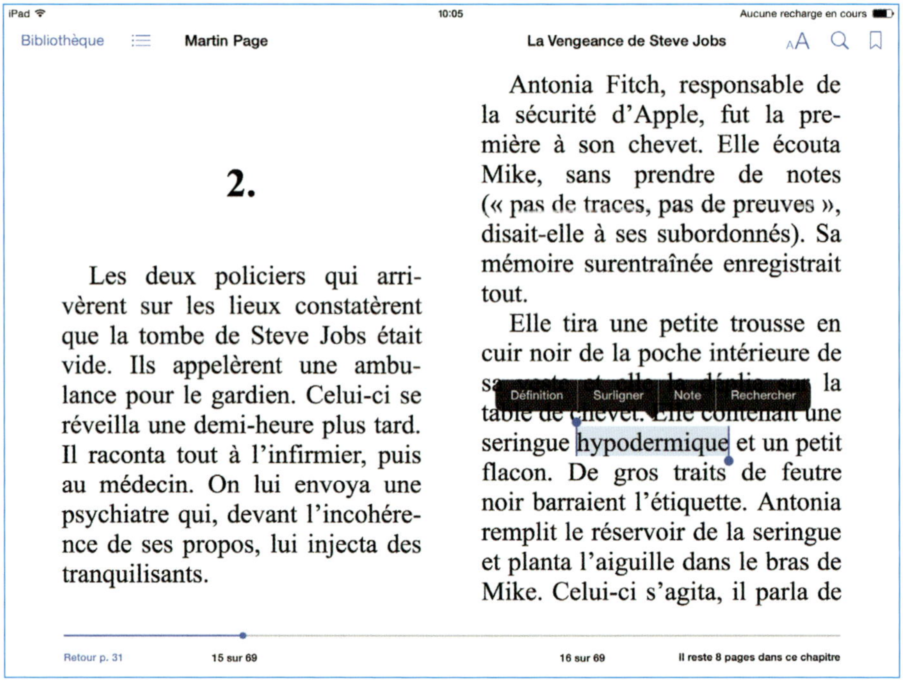

Figure 10.14

Signets, surlignage et notes

Les signets sont comparables à ces marque-pages qu'affectionnent les lecteurs : ils permettent de revenir rapidement à une page. Voici comment placer des signets dans iBooks :

1. **Si les commandes ne sont pas visibles, touchez la page.**
2. **Pour marquer une page, gagnez cette page, puis touchez l'icône Signets, en haut à droite. Aussitôt, elle vire au rouge.**
3. **Pour surligner, double-touchez un mot ou gardez le doigt dessus afin de le sélectionner. Si vous le désirez, étendez la sélection sur plusieurs mots en tirant les poignées d'extrémité. Dès qu'une barre de commande apparaît (Figure 10.15), touchez le bouton Surlignage.**

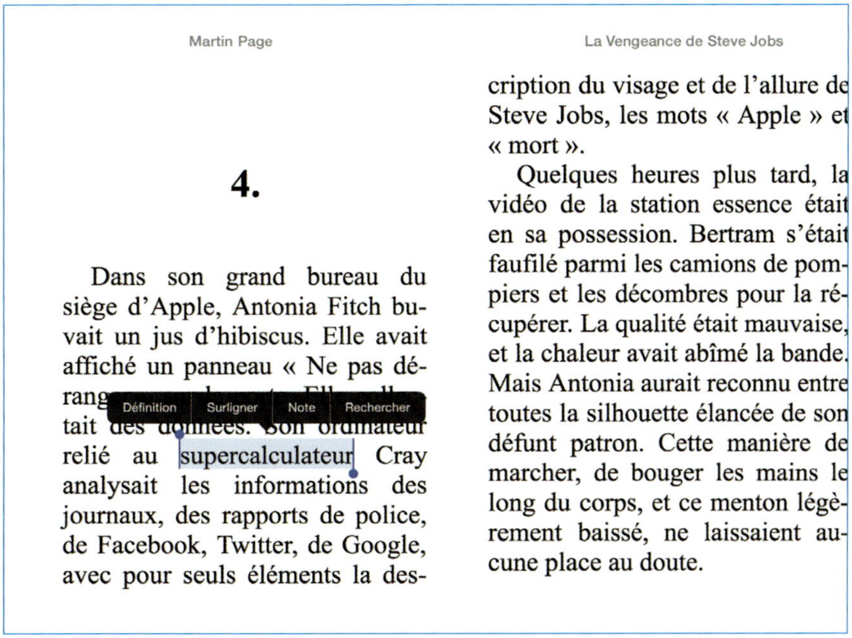

Figure 10.15

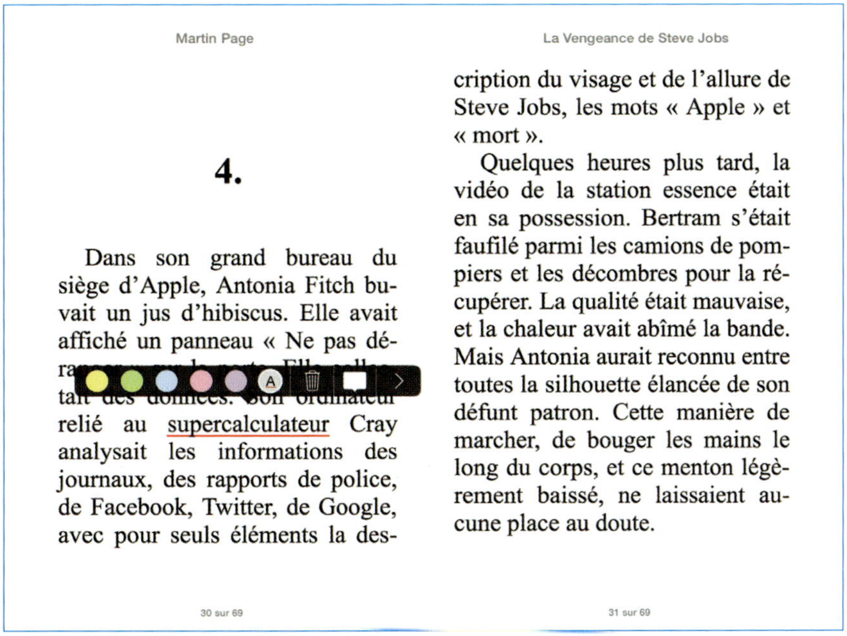

Figure 10.16

La barre d'outils s'adapte (Figure 10.16).

4. Exploitez les boutons mis à votre disposition (de gauche à droite) :

- **Boutons colorés :** Ils sont au nombre de cinq. Touchez la couleur de surlignage souhaitée.
- **Soulignement :** Le texte sélectionné est souligné (mais sans surlignage).
- **Annulation :** Surlignage ou soulignement sont effacés. Si une note avait été créée, un panneau vous demande s'il faut l'effacer.

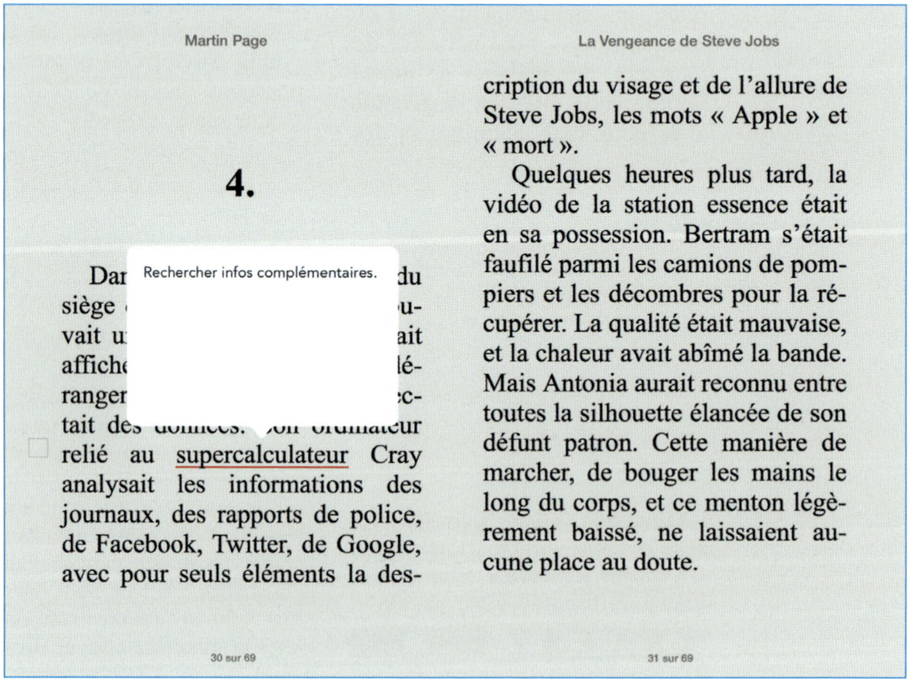

Figure 10.17

- **Notes :** Permet de saisir une note, même s'il est plus rapide de toucher le bouton Notes dès l'Étape 3. Tapez la note, puis touchez la page pour licencier le phylactère de saisie. Le mot ou l'extrait assorti d'une note apparaît souligné; une icône en regard, placée dans la marge extérieure, signale l'existence d'une note. Touchez cette icône pour afficher la note correspondante (Figure 10.17).

5. Touchez la page pour quitter la barre d'outils ou de commandes.

Pour consulter la liste des signets, des notes et des surlignages, touchez l'icône Sommaire, puis :

1. En haut de la table des matières, touchez le bouton Signets ou le bouton Notes (Figure 10.18).

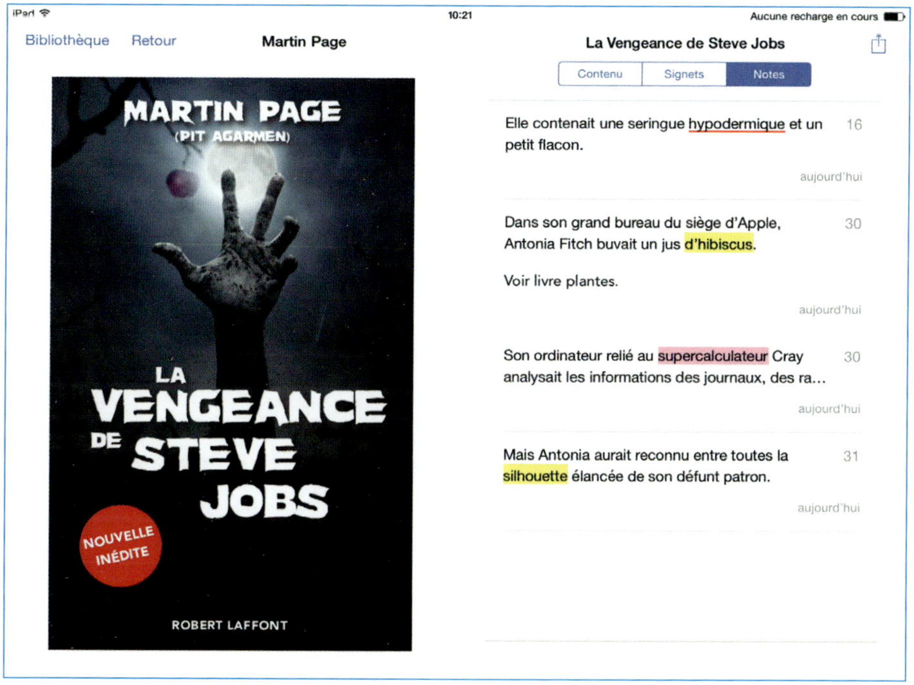

Figure 10.18

2. Dans la liste correspondante, touchez un signet pour gagner immédiatement la page ainsi marquée ou touchez une note pour joindre la page sur laquelle elle apparaît.

TRUC

Il est inutile de placer un signet lorsque vous interrompez votre lecture pour ouvrir un autre livre ou pour quitter l'application iBook, car, quand vous reprenez la lecture d'un livre, il s'ouvre toujours à la page qui était affichée lorsque vous avez interrompu la lecture.

TRUC

Pour supprimer rapidement des signets, des surlignages et des notes, allez dans la liste de la table des matières. Effleurez ensuite l'élément vers la gauche puis touchez le bouton Supprimer.

TRUC

Vous pouvez marquer une illustration. Pincez-la pour la sélectionner et faire apparaître la barre de commandes ; touchez ensuite le bouton Surlignage et, dans la barre d'outils, touchez le bouton de soulignement (vous pouvez surligner, mais la photo sera teintée). Dans la liste Notes de la table des matières, une entrée Image surlignée sera suivie de la légende. Touchez-la pour gagner la page en question.

Vérifier un mot dans le dictionnaire

Dans la barre de commandes affichée lorsqu'un ou plusieurs mots sont sélectionnés (voir Figure 10.14), le bouton Définition est associé à un dictionnaire.

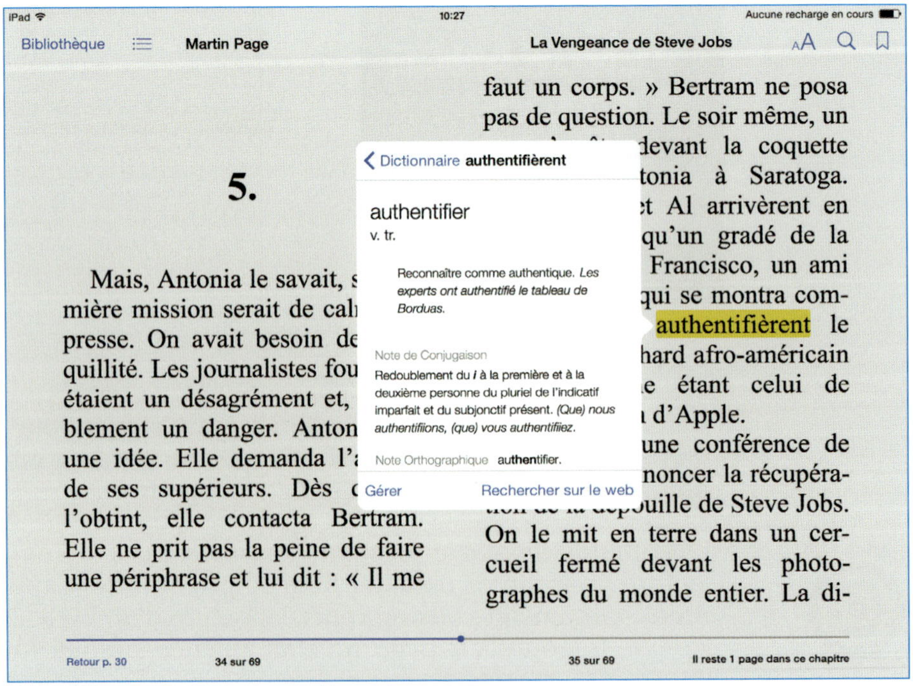

Figure 10.19

Il vous suffit donc de toucher ce bouton pour en savoir plus (Figure 10.19). Retouchez la page quand votre curiosité est satisfaite.

Organiser la bibliothèque

La bibliothèque d'iBooks est faite d'étagères contenant les livres numériques. Les téléchargements les plus récents se trouvent dans l'étagère du haut, en commençant par la gauche.

Vous pouvez organiser vos étagères comme bon vous semble : il vous suffit de toucher-maintenir une couverture, puis de la faire glisser où vous voulez.

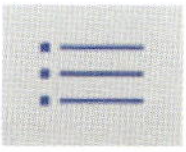

1. Par défaut, les titres sont présentés par couverture. Pour les présenter par titres, touchez le bouton en haut à gauche (Figure 10.20).

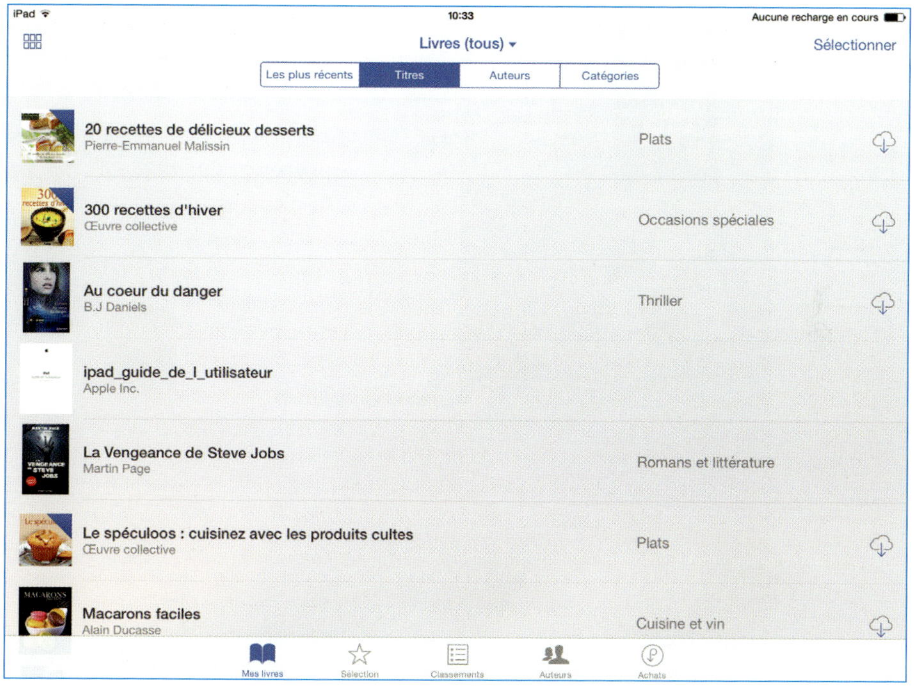

Figure 10.20

2. Pensez aussi à exploiter les boutons centraux du haut pour présenter votre bibliothèque par auteurs, par catégories ou par date de téléchargement (les plus récents en tête).

3. Retouchez le bouton en haut à gauche pour revenir à la présentation standard.

Ranger des livres dans des collections

L'application iBooks permet de classer les livres dans des collections que vous nommerez Bricolage, Cuisine, Photographie… Voici comment créer une collection :

1. Touchez Livres (tous) au centre de l'écran en haut.

2. Dans le panneau qui apparaît (Figure 10.21), touchez le bouton Nouvelle collection.

Figure 10.21

3. Dès que le pointeur clignote et que le clavier virtuel s'affiche, saisissez le nom que vous désirez donner à votre nouvelle collection.

4. Touchez OK.

Une fois la collection créée, vous pouvez y ajouter des livres :

1. **Touchez Sélectionner en haut à droite.**

2. **Touchez Déplacer en haut à gauche.**

3. **Dans le panneau correspondant, touchez la collection de destination. Aussitôt, les livres sélectionnés rejoignent la collection ainsi désignée (Figure 10.22).**

Figure 10.22

Télécharger des applications de magazines pour l'application Kiosque

Kiosque est une application servant à s'abonner à des magazines, des journaux et autres périodiques numériques. Elle ressemble beaucoup à iBooks, à la différence près qu'en téléchargeant un périodique gratuit, vous téléchargez en réalité l'application de ce périodique, qui vous permettra ensuite de télécharger du contenu qui, lui, est payant.

À vous ensuite de voir si vous vous abonnerez ou si vous achèterez des numéros à l'unité.

1. **Sur l'écran d'accueil, touchez l'icône Kiosque. Un présentoir vide apparaît (Figure 10.23).**

Figure 10.23

2. **Touchez l'icône centrale ou le bouton Store. L'App Store s'ouvre à la page des périodiques (Figure 10.24).**

3. **Touchez une des applications, puis lisez son descriptif.**

4. **Touchez le bouton Gratuit. Il se change en bouton Installer.**

5. **Touchez le bouton Installer. Votre identifiant Apple vous est demandé. L'application téléchargée apparaît dans le présentoir de Kiosque sous la forme d'une couverture de magazine ou de journal.**

TRUC

Vous pouvez installer autant d'applications de périodiques que vous le désirez. Après avoir saisi votre mot de passe une fois, il ne vous sera plus demandé tant que vous n'aurez pas quitté Kiosque.

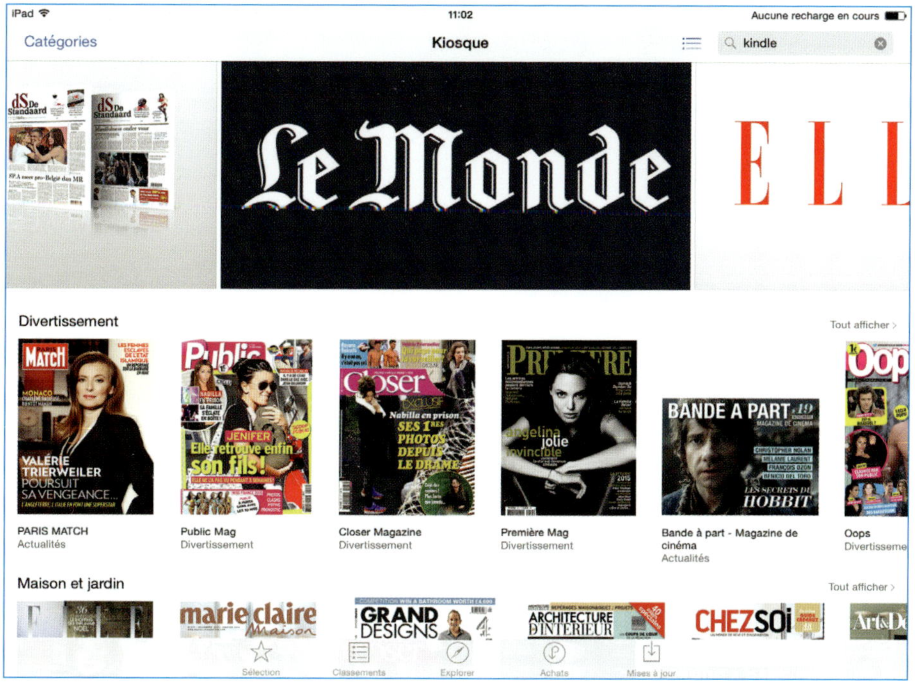

Figure 10.24

Acheter des numéros d'un périodique

Sur l'écran d'accueil, les applications de périodiques téléchargées se trouvent dans Kiosque, qui est en réalité un dossier d'applications.

1. **Sur l'écran d'accueil, touchez Kiosque. Les présentoirs apparaissent (Figure 10.25).**

2. **Comme d'habitude, balayez horizontalement ou verticalement jusqu'à localiser le périodique de votre choix, puis touchez sa couverture pour en savoir plus à son sujet (Figure 10.26). Au besoin, faites défiler la fenêtre pour en apprendre davantage.**

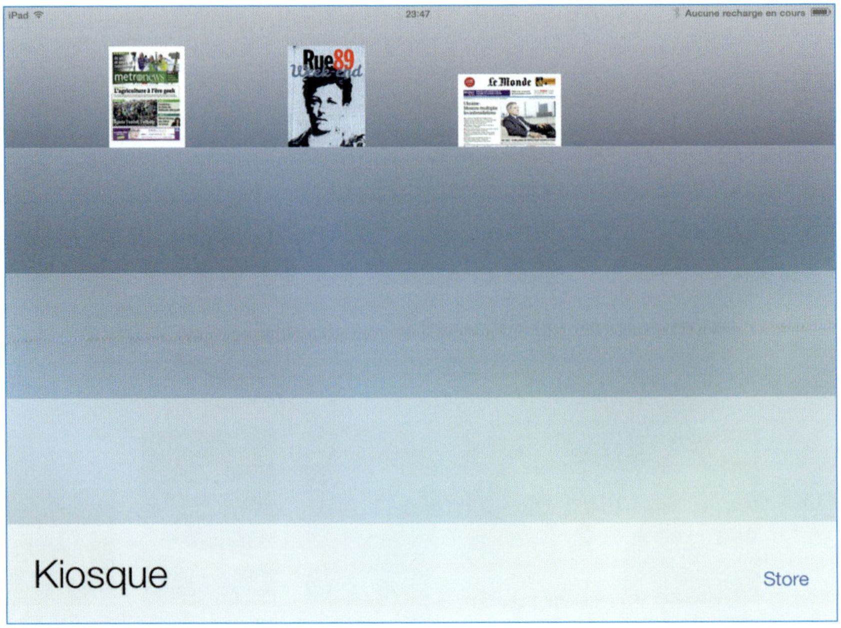

Figure 10.25

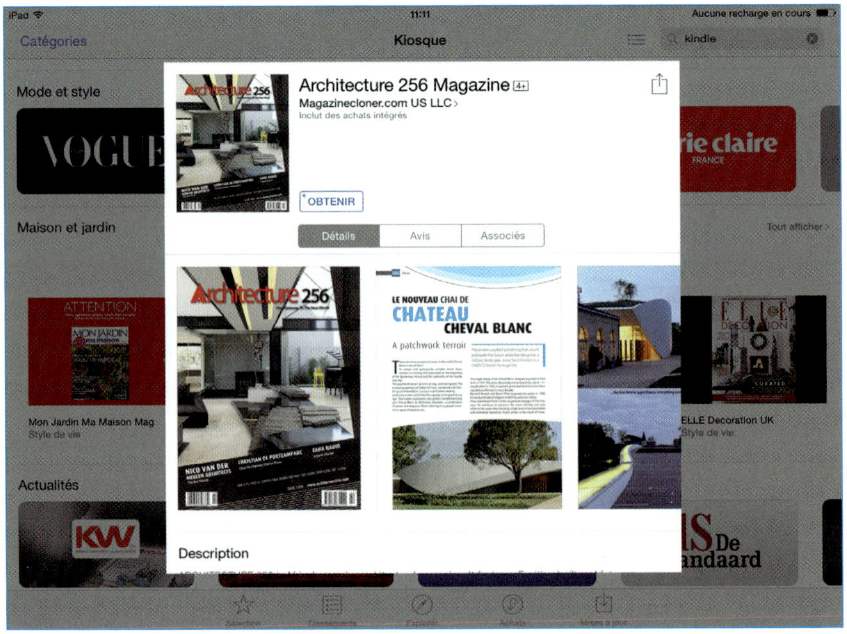

Figure 10.26

TRUC

Si un bouton Voir est proposé, touchez-le pour voir s'afficher la couverture du magazine et les principaux titres.

3. **Touchez Obtenir ou Acheter, selon le cas, puis Installer. Fournissez le mot de passe de votre identifiant Apple, confirmez par OK, puis attendez la fin du téléchargement. Touchez ensuite Ouvrir. Par ailleurs, le magazine ainsi téléchargé rejoint les présentoirs du kiosque (Figure 10.27).**

Figure 10.27

TRUC

La plupart des magazines proposent un exemplaire gratuit pour se faire une idée de leur style. Mais, en général, ils vous proposent soit un achat par numéro, soit une formule d'abonnement (Figure 10.28).

ATTENTION

Des magazines riches en illustrations peuvent être très volumineux (plusieurs centaines de mégaoctets). Le téléchargement est alors relativement long et, en plus, ces contenus occupent énormément de place dans la mémoire de votre iPad.

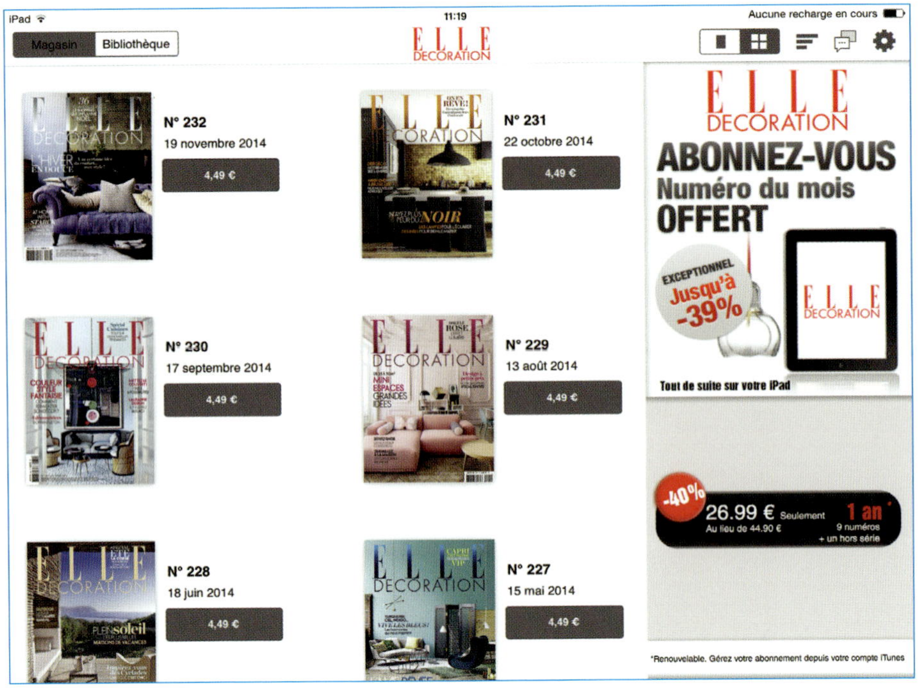

Figure 10.28

Lire un périodique

Le principe est simple : touchez Kiosque depuis votre écran d'accueil, puis touchez le magazine que vous voulez lire.

La suite des opérations dépend du magazine consulté, car tous ont leur propre interface (Figure 10.29).

N'hésitez pas à essayer tous les boutons pour voir ce que ça donne. Sollicitez au besoin le bouton Sommaire qui, généralement ancré en haut à gauche, vous donne accès à la liste des articles.

iPad
11:23
Aucune recharge en cours
LE SOIR
Le journal
Le Soir 17h
La Une
02 décembre 2014 17:14
Arlon sous le choc et face aux vieux démons
LE SOIR
Cybersécurité : les infrastructures belges en danger
La Belgique va reconnaître l'Etat palestinien
La Belgiqueva reconnaîtrel'état Palestinien
enseignement
foot
FÉDÉRATION WALLONIE-BRUXELLES
03 décembre 2014 10:48
La Belgique va reconnaître l'État palestinien: «Une bonne décision», salue Ecolo
03 décembre 2014 11:18
Le 11h02: la Belgique est-elle à...
03 décembre 2014 09:53
Theo Francken veut réclamer 225 euros...
Le chômage des jeunes dégringole... sur papier
La voiture sans chauffeur enthousiasme Brux...
Le «making of» des 500 jours (télés) de règne
03 décembre 2014 10:12
Mort de Béatrice Berlaimont: un por...
03 décembre 2014 11:08
John Kerry à Bruxelles: «L'éradi...
14-18, LA GRANDE GUERRE
Découvrez notre site spécial sur les 100 ans de la guerre 14-18
LE SOIR
NATO
OTAN

Figure 10.29

pour les découvrir). Dans ce chapitre, nous nous en tiendrons à l'application Musique que vous trouverez dans le Dock de votre iPad.

Parcourir la bibliothèque audio

1. En bas à droite de l'écran d'accueil, dans le Dock, touchez l'icône Musique. Vous accédez ainsi à la bibliothèque audio contenant les morceaux téléchargés (Figure 11.1) pour autant que vous en ayez déjà téléchargés, sinon l'écran est désespérément vide ; juste, au centre, la mention « Aucun contenu ». La Figure 11.1 montre l'affichage par albums.

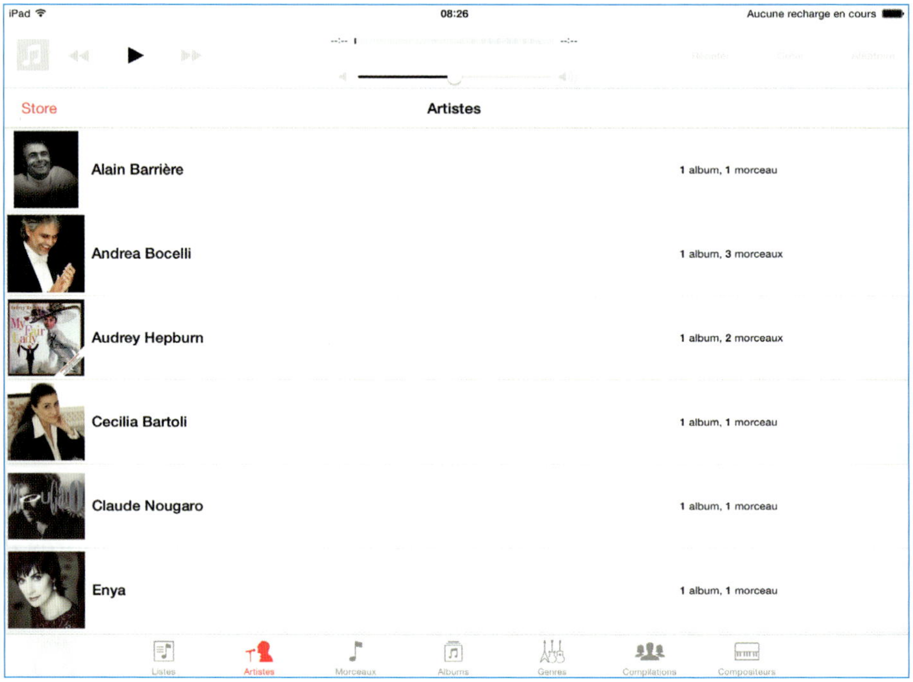

Figure 11.1

2. En bas de l'écran, touchez le bouton Listes, Artistes, Morceaux ou Albums pour afficher votre audiothèque selon ces critères.

3. Touchez le bouton Genres, Compilations ou Compositeurs (Figure 11.2) pour trier les morceaux suivant votre choix. Si vous avez acheté des livres audio, une entrée Livres audio est ajoutée au panneau.

Vous trouverez, dans iTunes, divers morceaux gratuits que vous pourrez télécharger pour vous familiariser avec l'application Musique, y compris des podcasts. Vous pouvez aussi synchroniser des morceaux présents dans votre ordinateur ou dans d'autres appareils. Reportez-vous au Chapitre 3 pour en savoir plus sur la synchronisation et au Chapitre 8 pour en savoir plus sur iTunes.

Le bouton Store, en haut à gauche, donne accès à l'iTunes Store où vous pourrez acheter de la musique, comme expliqué au Chapitre 8.

Apple propose un service nommé iTunes Match (`www.apple.com/fr/icloud/features/`) qui permet de stocker sur iCloud tous vos morceaux de musique, y compris ceux provenant de vos CD audio. L'abonnement est de 24,99 euros par an. Ces titres sont accessibles par tous vos appareils mobiles Apple.

Créer une liste de lecture

1. **En bas à gauche de l'application Musique, touchez le bouton Listes.**
2. **Touchez ensuite le bouton Nouvelle liste.**
3. **Dans la fenêtre Nouvelle liste de lecture (Figure 11.2), saisissez un nom que vous voulez donner à cette liste, puis touchez le bouton Enregistrer. La liste est créée ; elle ne contient pour l'instant aucun morceau.**
4. **Touchez Morceaux dans le bandeau du bas, puis touchez le bouton + en regard de tous les morceaux que vous voulez ajouter à votre nouvelle liste. Les intitulés correspondants passent en grisé (Figure 11.3).**
5. **Touchez le bouton OK, en haut à droite. La liste des morceaux sélectionnés rejoint la liste dont le contenu s'affiche (Figure 11.4).**

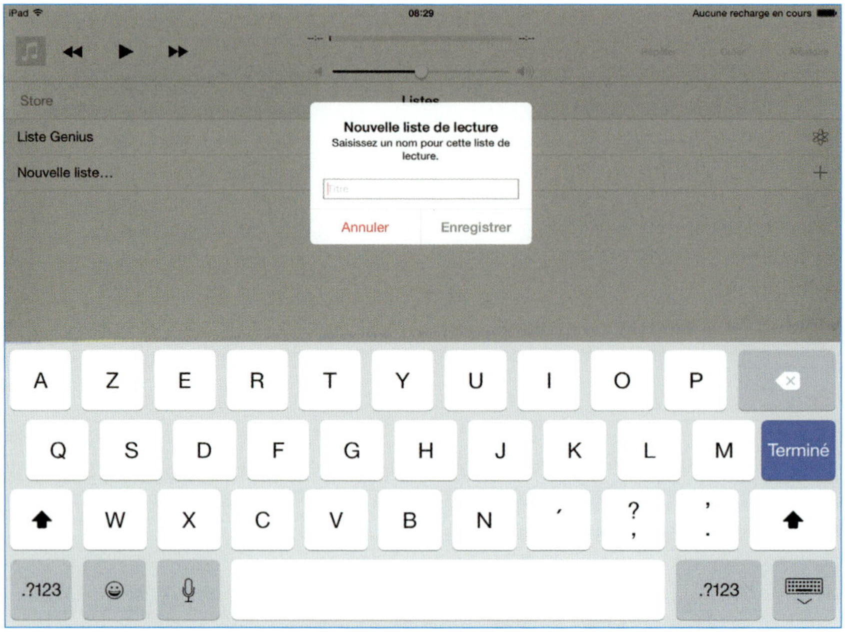

Figure 11.2

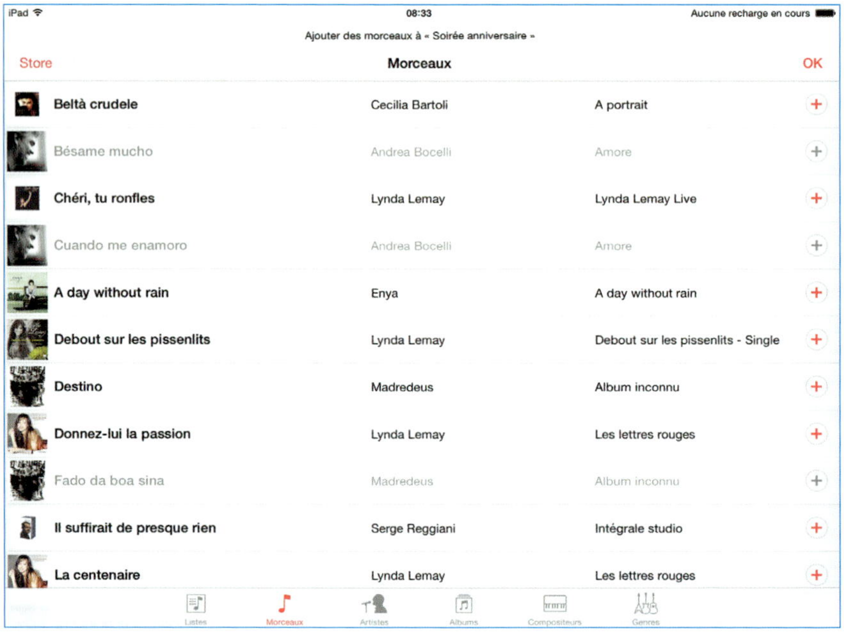

Figure 11.3

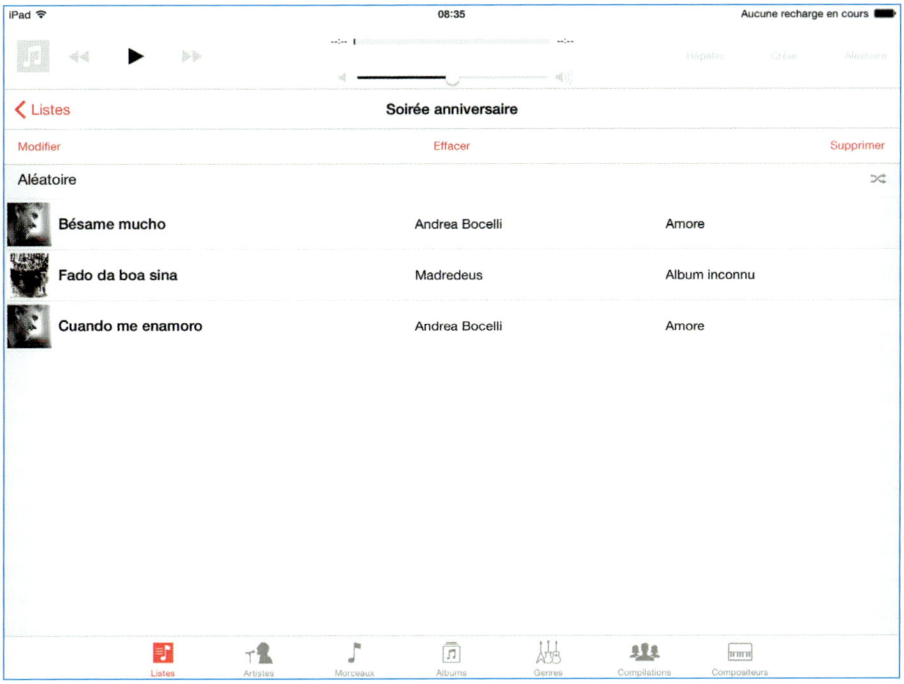

Figure 11.4

6. Touchez le bouton Listes en haut à gauche ; votre nouvelle liste apparaît dans la liste des listes et est prête à être écoutée. Par la suite, vous pourrez accéder directement à vos listes de lecture en touchant le bouton Listes du bas de l'écran.

TRUC

Pour supprimer un morceau d'une liste de lecture, touchez le nom de la liste en question dans l'écran Listes. Touchez ensuite le bouton Modifier, puis le bouton de suppression rouge à gauche du morceau à supprimer. Un bouton Supprimer fait son apparition à droite ; touchez-le, puis touchez Listes pour revenir au récapitulatif des listes.

Rechercher un morceau

1. Pour trouver rapidement un morceau dans Musique, touchez le champ Rechercher en haut de l'écran (Figure 11.5). Le clavier virtuel apparaît.

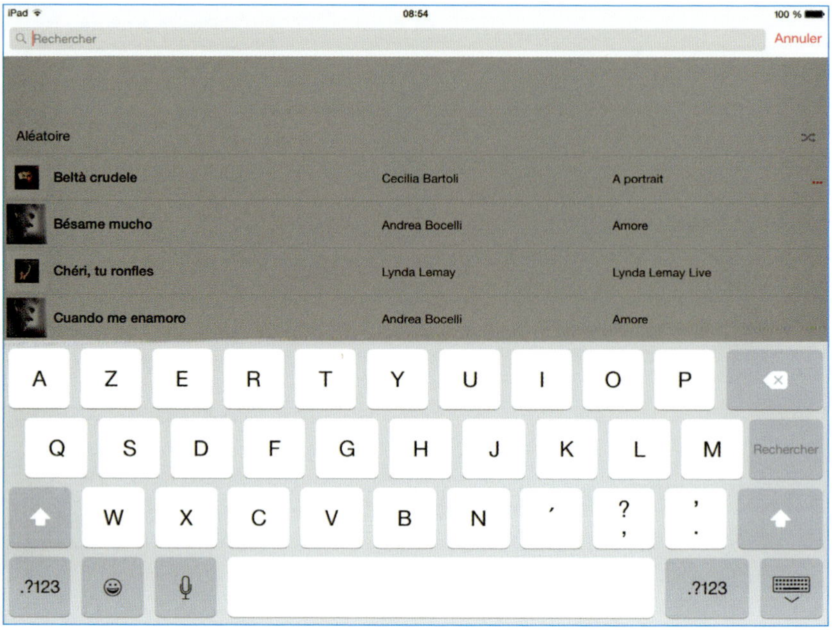

Figure 11.5

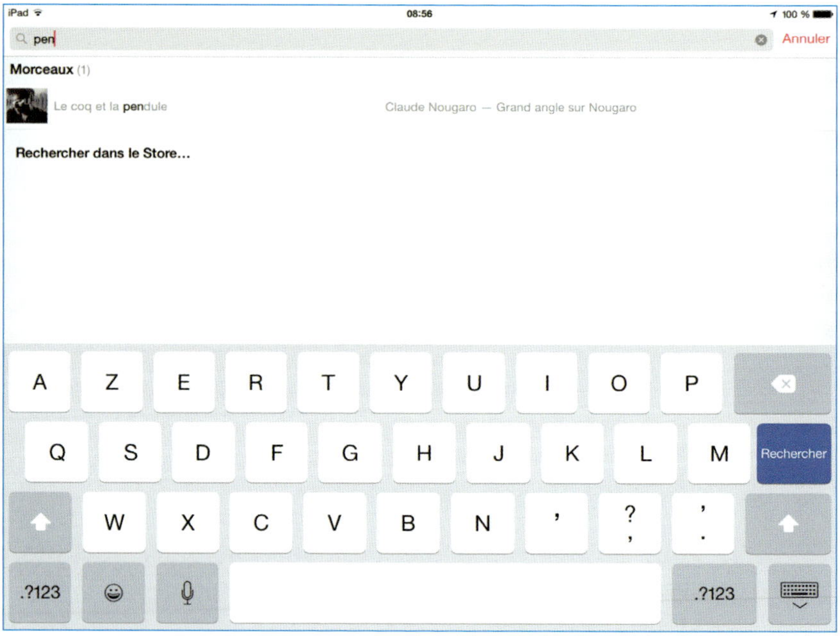

Figure 11.6

2. **Saisissez un critère de recherche. Au fur et à mesure de la saisie, le nombre de résultats diminue tandis que les occurrences se font plus précises (Figure 11.6).**

3. **Touchez un morceau pour l'écouter.**

TRUC

Vous pouvez saisir un nom de morceau, d'artiste, d'album, de compositeur… La fonction de recherche trouvera toujours le morceau désiré.

Écouter de la musique

Le but, c'est bien entendu d'écouter vos morceaux.

Le son produit par l'iPad est monophonique, mais d'une qualité à peu près correcte. Pour une meilleure qualité audio, il est préférable de brancher la tablette à une chaîne stéréo ou d'utiliser un casque ou des écouteurs.

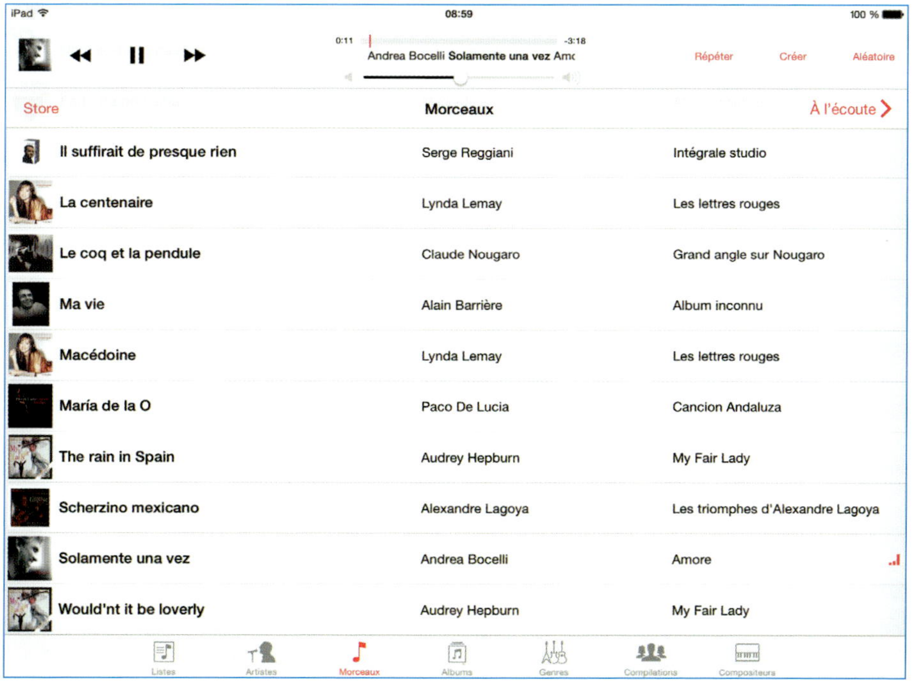

Figure 11.7

1. Localisez le morceau que vous désirez écouter à l'aide des méthodes proposées précédemment.

2. Touchez ce morceau (Figure 11.7).

3. Utilisez les contrôles en haut à gauche pour gérer l'exécution du morceau :

- **Début/Précédent :** Pour revenir au début du titre courant (première touche) ou au titre précédent (seconde touche).
- **Fin/Suivant :** Pour aller à la fin du titre courant (première touche) ou au titre suivant (seconde touche).
- **Pause :** Pour suspendre l'écoute.
- **Tête de lecture :** Tirez la tête de lecture – le trait rouge dans le défileur – pour la positionner ailleurs dans le morceau.

4. Si vous préférez que les choses soient plus claires, touchez le bouton À l'écoute en haut à droite (Figure 11.8).

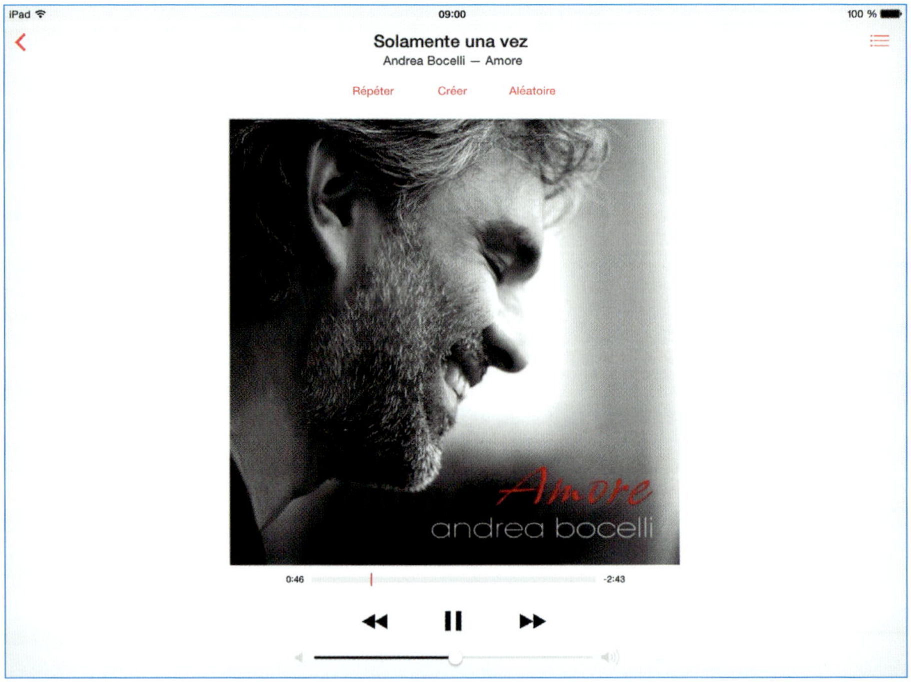

Figure 11.8

TRUC

Si la jaquette n'est pas disponible, c'est une croche qui s'affiche en son lieu et place.

5. Pour retourner à l'interface habituelle de Musique, touchez la flèche en haut à gauche. Pour accéder à la liste des morceaux de l'album actuellement écouté, touchez le bouton en haut à droite.

Écouter aléatoirement

1. Ouvrez l'application Musique, touchez Listes, puis choisissez une liste de lecture ou touchez le bouton Morceaux.

2. Touchez le bouton Aléatoire en haut à gauche de l'écran pour laisser l'application Musique choisir les morceaux au hasard dans la liste de lecture ou parmi les morceaux. Le bouton, pour l'occasion, est rebaptisé Tout Aléat. (Figure 11.9).

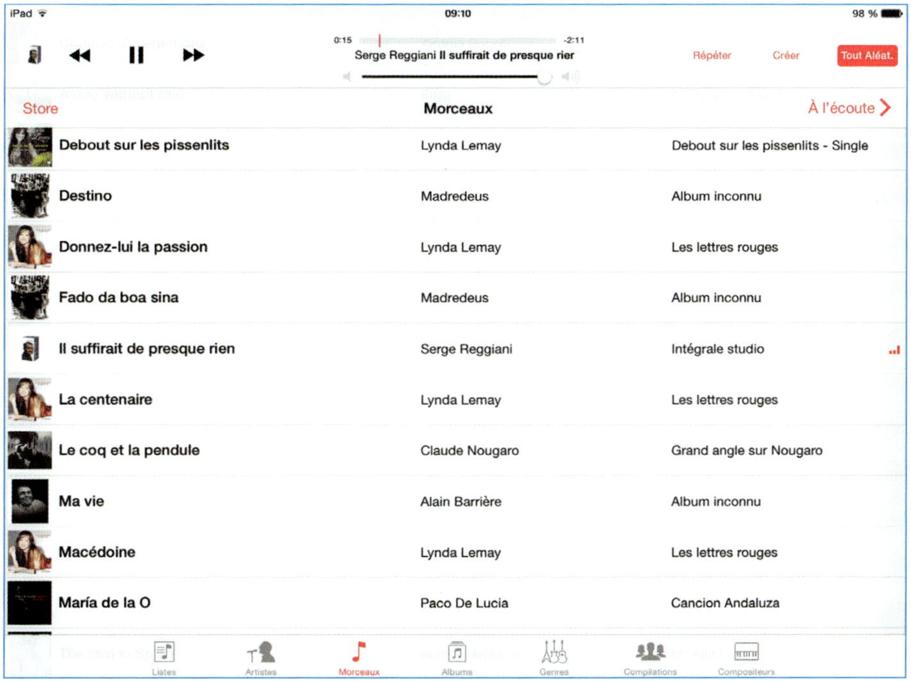

Figure 11.9

TRUC

Retouchez le bouton pour désactiver l'option.

Régler le volume

Il suffit d'utiliser la glissière du volume chaque fois qu'elle est disponible (Figure 11.10).

Figure 11.10

TRUC

Les boutons situés sur le côté de l'iPad vous permettent également de contrôler ce paramètre.

Utiliser AirPlay

La technologie de transmission sans fil AirPlay est incorporée dans les iPad, iPhone et iPod touch. Elle permet d'écouter ou de regarder, sur un de ces appareils, les fichiers audiovisuels qui se trouvent sur un autre.

Par exemple, un film acheté à partir de votre iPad ou un diaporama créé dans votre iPad pourront être regardés sur un téléviseur contrôlé à partir de l'iPad. La musique peut aussi être transmise par AirPlay.

AirPlay est intéressant à bien des égards. À condition de disposer d'une borne Apple TV, AirPlay transmettra la vidéo, la photo et la musique vers le téléviseur. Si vous achetez Airport Express, vous pourrez y connecter des enceintes pour écouter vos morceaux. Enfin, si vos enceintes sont compatibles Airport, elles capteront directement la musique. Pour être sûr de bien acheter, car les combinaisons varient, je vous recommande de demander conseil dans un magasin Apple Store.

TRUC

Un autre intérêt d'AirPlay est que s'il y a des longueurs dans un film, vous pouvez en profiter pour vérifier votre courrier avec Mail, ou parcourir vos photos, ou vérifier vos rendez-vous, ou aller sur Internet.

bons moments : il n'en coûte rien à personne et tout le monde est content). À la fin de ce chapitre, nous jetterons un coup d'œil sur l'amusant Photo Booth, une sorte de Photomaton dans lequel vous pourrez triturer vos autoportraits.

Utiliser l'appareil photo de l'iPad

1. Les appareils photo de l'iPad – eh oui, il y en a deux ! – ne demandent qu'à être utilisés. Pour découvrir les fonctionnalités de l'appareil photo principal, allez sur l'écran d'accueil et touchez l'icône Appareil photo.

TRUC

Vous pouvez accéder à cette app même si votre iPad est verrouillé. Balayez simplement l'écran vers le haut et, quand le bandeau de contrôle apparaît, touchez Appareil photo (Figure 12.1).

Figure 12.1

2. Assurez-vous que le curseur de la petite glissière à droite est bien calé en position « Photo » (Figure 12.2), et non « Vidéo ».

Sinon, faites glisser tout le bandeau vers le haut de manière à amener la mention « Photo » en regard du point jaune.

Figure 12.2

3. **Cadrez la photo. Vous pouvez ensuite effectuer les actions suivantes :**

   - Toucher la partie de l'image sur laquelle l'iPad doit faire la mise au point et régler l'exposition. Un carré jaune apparaît à l'endroit désigné, définissant la zone d'exposition. Le bouton Exposition qui apparaît à côté vous permet d'intervenir sur ce paramètre, en glissant vers le haut ou vers le bas.

   - Pincer les doigts sur l'écran pour afficher une glissière de zoom numérique. Actionnez le curseur pour zoomer en avant.

4. **Touchez le bouton de déclenchement, à droite de l'écran au milieu. Vous pouvez utiliser, aux mêmes fins, le bouton d'augmentation du volume, sur le côté de l'iPad**

Vous pouvez prendre des photos en rafale. Il vous suffit, pour ce faire, de toucher-maintenir le bouton de prise de photo (en mode Photo ou Carré).

Le bouton Minuterie propose une minuterie grâce à laquelle vous aurez le temps de vous inclure dans la photo. Stabilisez l'iPad, vérifiez le cadrage, puis touchez ce bouton et optez pour 3 ou 10 secondes ; touchez ensuite le bouton de prise de photo. Le décompte s'affiche sur l'appareil : le flash fonctionne toutes les secondes pour montrer le décompte en cours ; il flashe plus vite les 3 dernières secondes.

Un nouveau mode baptisé Time-Lapse vous permet de prendre la même photo à intervalles réguliers. La fréquence classique s'établit à hauteur de 10 prises par minute. Dès que vous stopperez la fonction, vous verrez une sorte de film vidéo en accéléré.

5. **Touchez l'icône de permutation des appareils photo. Vous pouvez à présent vous photographier vous-même.**

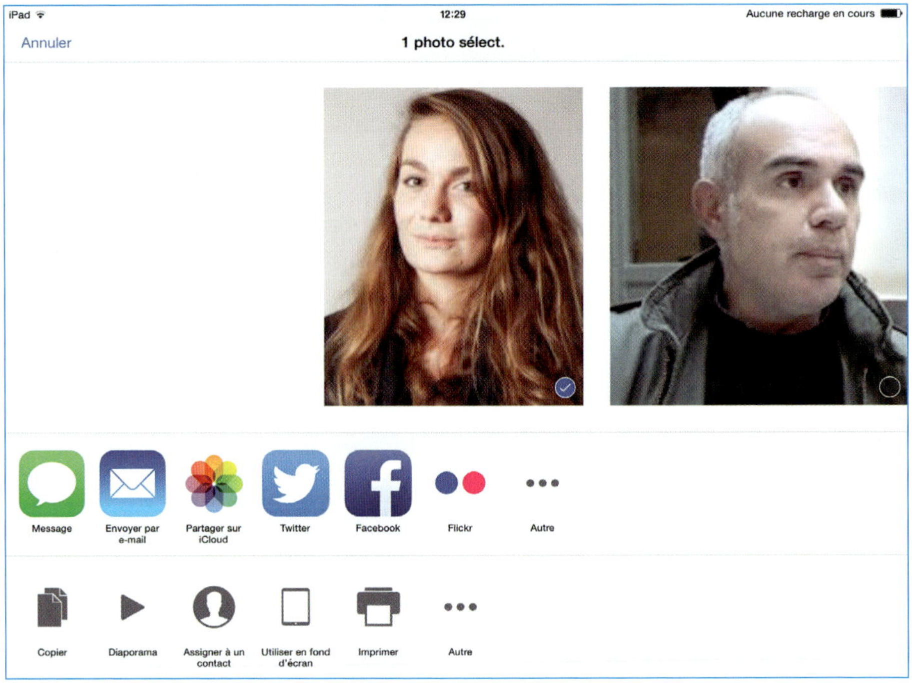

Figure 12.3

6. **Pour voir la photo qui vient juste d'être prise, touchez la minuscule vignette en bas à droite. L'app Photos démarre et vous permet de voir la photo prise.**

7. **Touchez la photo qui vient d'être prise pour afficher les commandes. En bas à gauche, un bouton d'actions déroulant un menu permet notamment d'envoyer la photo par courrier ou par un iMessage, ou de l'utiliser comme fond d'écran (Figure 12.3).**

8. **Pour supprimer la photo – si vous y tenez... –, touchez l'icône Corbeille en bas à droite et confirmez quand on vous y invite.**

iOS 8

La photo ainsi supprimée rejoint un album particulier baptisé « Supprimés récemment ». Vous pouvez y récupérer votre cliché si vous regrettez de vous en être débarrassé.

Importer des photos d'un iPhone, iPod ou appareil photo numérique

Nous avons vu au Chapitre 3 comment synchroniser l'iPad avec un ordinateur – en utilisant iTunes ou le service iCloud – pour transférer des photos. Mais l'ordinateur n'est pas l'unique source de photos. Vous pouvez les importer directement depuis un appareil photo ou un iPhone en achetant le kit de connexion Apple d'appareil photo pour iPad. Il contient deux adaptateurs (Figure 12.4) : l'un est équipé d'un port USB pour l'importation des photos à partir d'un iPhone ou de l'appareil photo, l'autre est un lecteur de cartes mémoire SD. Il vous faudra encore débourser une trentaine d'euros supplémentaires pour acquérir un adaptateur Lightning vers lecteur de carte SD.

TRUC

Rien ne vous empêche de vous tourner vers des sociétés tierces qui proposent des matériels intéressants (Figure 12.5).

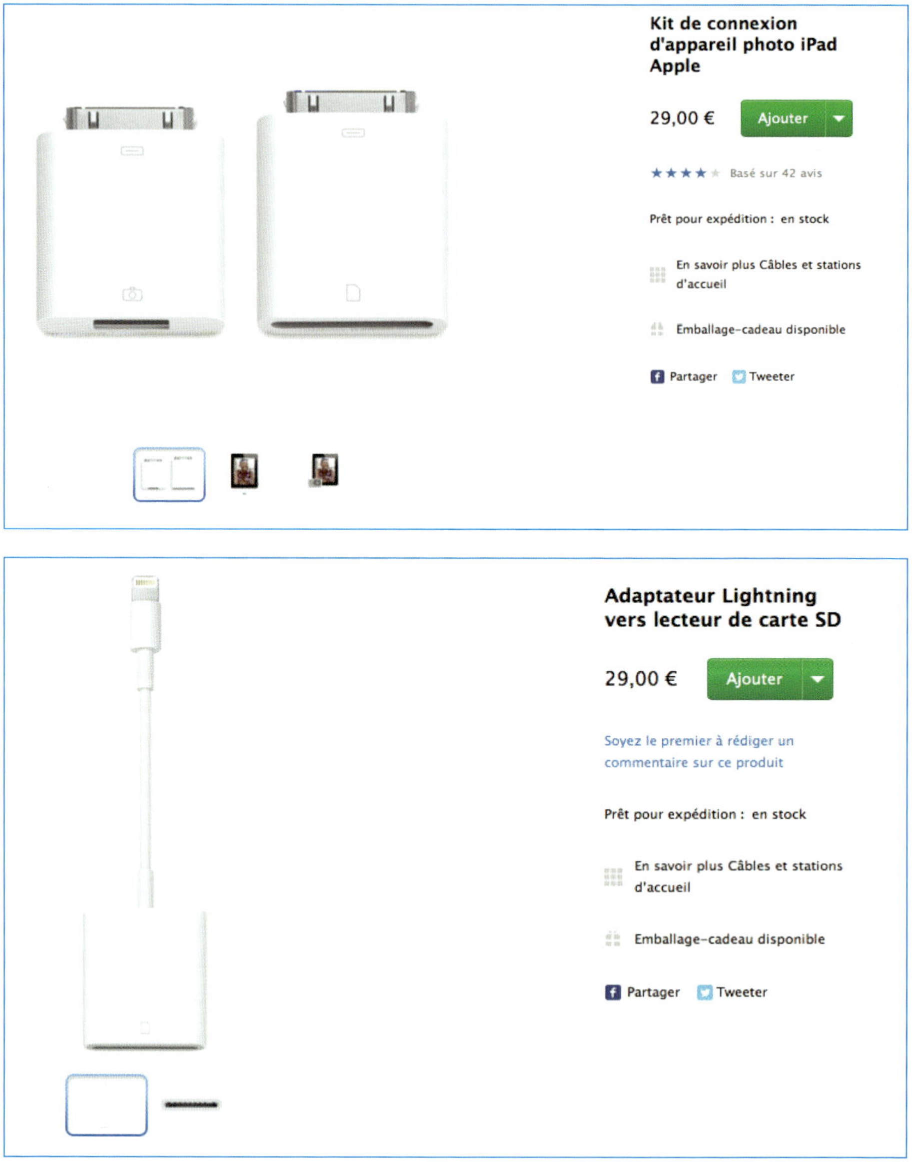

Figure 12.4

1. **Commencez le transfert en mettant l'iPad en veille.**
2. **Insérez l'adaptateur USB pour appareil photo dans l'adaptateur Lightning, puis celui-ci dans le connecteur Dock de l'iPad.**

Figure 12.5

3. **Connectez le câble USB de l'appareil photo de l'iPhone à l'adaptateur.**

4. **Connectez l'autre extrémité du câble à l'appareil photo ou à l'iPhone.**

5. **Appuyez sur le bouton Marche/veille de l'iPad pour le réveiller. L'application Photos démarre et affiche les photos qui se trouvent dans l'appareil photo ou dans l'iPhone.**

6. **Sur l'iPad, touchez le bouton Importer tout. Pour n'importer que certaines photos, touchez chacune d'elles puis touchez le bouton Importer. Les photos sont enregistrées dans un album nommé Dernière importation.**

7. **Déconnectez les câbles.**

TRUC

Les photos présentes dans une carte mémoire SD (*Secure Digital*) – un support utilisé par de nombreux appareils photo – sont transférables directement vers l'iPad. Mettez ce dernier en veille, insérez l'adaptateur SD, insérez ensuite la carte mémoire dans l'adaptateur, puis effectuez les Étapes 5 à 7.

Enregistrer des photos depuis le Web

Les sites Internet regorgent d'images que vous pouvez enregistrer dans l'album Toutes les photos de l'application Photos.

1. **Ouvrez Safari, puis accédez à la page Web contenant l'image à enregistrer.**

2. **Touchez continûment l'image. Le menu de la Figure 12.6 apparaît.**

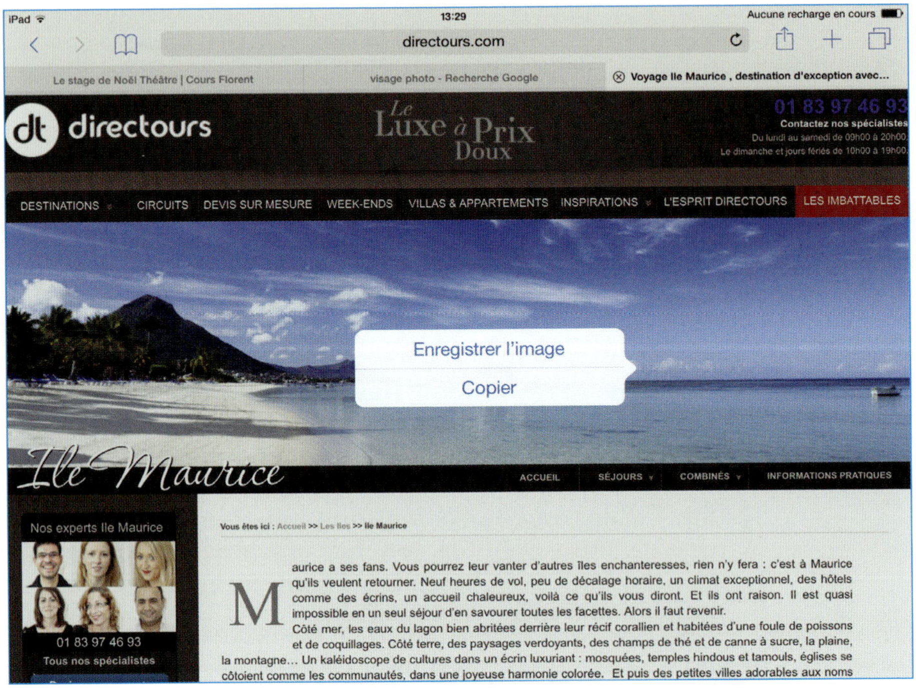

Figure 12.6

3. **Touchez l'option Enregistrer l'image. L'image ainsi traitée est sauvegardée dans l'album Toutes les photos de l'application Photos comme le montre la Figure 12.7.**

Figure 12.7

Visionner un album

Dans l'application Photos, les images sont classées dans des albums. Ces derniers sont notamment créés lors de la synchronisation des photos. Leur nom est alors celui du dossier ou de l'album d'origine, dans l'ordinateur.

1. **Pour accéder aux albums, touchez l'icône Photos, dans le Dock de l'écran d'accueil.**

2. **Si des photos sont affichées, touchez Toutes les photos ou Albums en haut à gauche. Les albums existants s'affichent (Figure 12.8).**

3. **Touchez un album pour accéder à son contenu. Vous pouvez aussi ouvrir un album en plaçant deux doigts dessus et en les écartant.**

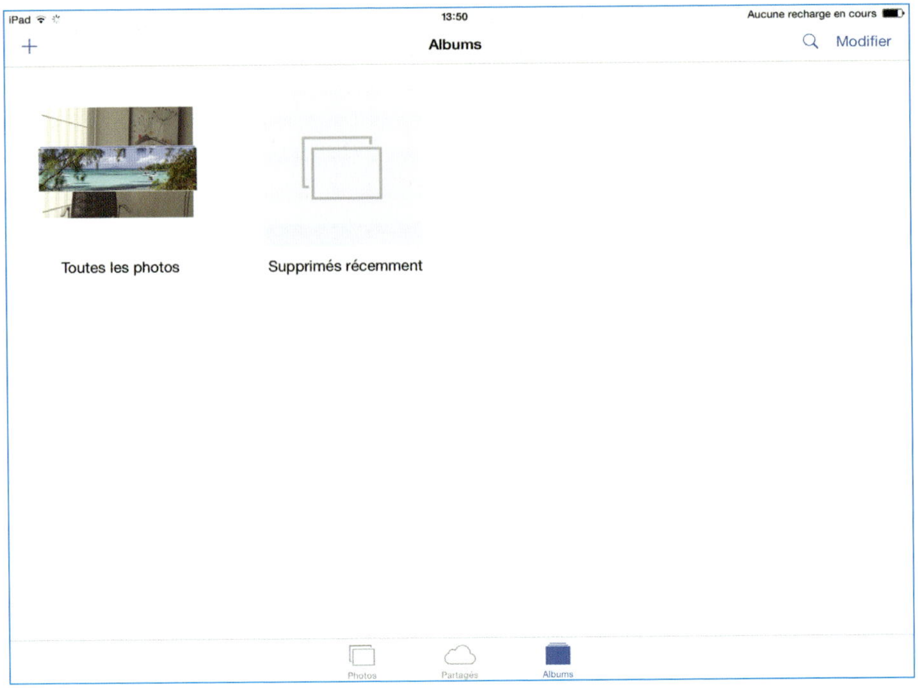

Figure 12.8

4. **Une fois l'album ouvert, balayez vers la droite ou vers la gauche pour voir, selon le cas, la photo précédente ou la photo suivante.**

Si la photothèque iCloud est activée, toutes vos photos sont automatiquement chargées et disponibles depuis l'app Photos de tous vos appareils iOS 8 pour lesquels cette photothèque est configurée (Réglages > iCloud > Photos > Photothèque iCloud). Dans le cas contraire, c'est-à-dire si cette photothèque est désactivée, c'est le classique album baptisé Mon flux de photos qui vous permet de réunir les 1 000 photos récentes de vos appareils iOS.

Regarder les photos

Pour regarder vos photos, vous pouvez, bien sûr, ouvrir vos albums. Mais un autre moyen d'accès vous est proposé :

1. **Touchez l'icône Photos, dans le Dock de l'écran d'accueil.**

2. **Touchez le bouton Photos du bas. Les photos apparaissent alors classées par années, collections ou moments.**

3. **Pour regarder une photo, touchez sa vignette. Quand la photo est affichée, touchez avec deux doigts, puis écartez-les : la photo s'agrandit (Figure 12.9).**

Figure 12.9

4. **Touchez l'écran pour escamoter les divers éléments de contrôle et présenter le cliché sur un fond noir (Figure 12.10).**

5. **Pour revenir aux vignettes, touchez le bouton portant le nom de l'album, en haut à gauche.**

TRUC

Vous pouvez utiliser la photo d'une personne pour illustrer sa fiche de contact.

Figure 12.10

Modifier les photos

Quelques améliorations peuvent être apportées à des photos. Voici comment les appliquer :

1. **Sur l'écran d'accueil, touchez l'application Photos pour y accéder.**
2. **Accédez à la photo que vous désirez améliorer.**
3. **Touchez le bouton Modifier, en haut à droite (Figure 12.11).**
4. **Un bandeau de commandes fait son apparition à droite ; il vous permet d'effectuer différentes interventions. De haut en bas :**
   - **Amélioration automatique :** Pour améliorer l'exposition, le contraste et la saturation de manière automatique.

Figure 12.11

- R**ognage :** Pour que Photos suggère un recadrage optimal. Notez que l'app vous permet toutefois, grâce aux poignées d'angle, de décider vous-même de ce recadrage.

- Pour recadrer en fonction d'un format imposé, touchez l'icône en bas à droite, à gauche du bouton Annuler. Vous aurez le choix entre différents formats normalisés.

- Pour un pivotement classique (90°), utilisez l'icône en haut à droite, à gauche du bouton OK. Sinon, sachez que la roue disponible à droite de l'image vous permet d'incliner ou de redresser la photo comme bon vous semble (Figure 12.12).

- **Filtres :** Vous donne accès à une flopée de filtres qui permettent d'appliquer différents effets de couleur (Figure 12.13).

Figure 12.12

Figure 12.13

- **Ajustements :** Pour régler trois paramètres : Clarté, Couleur et Noir et blanc.

- **Yeux rouges :** Lorsque l'éclair du flash se reflète sur la rétine de l'œil, la pupille devient rouge. Après avoir activé cette commande, touchez chacun des yeux à corriger afin de neutraliser cette coloration rouge.

Envie, après quelques modifs, de voir à quoi ressemblait l'original ? Touchez-maintenez le doigt sur le cliché. Retirez votre doigt pour voir les changements.

Toutes les commandes sont dotées d'un bouton Annuler en bas à droite. Si vous avez validé des changements, vous pourrez toujours, par la suite, touchez Modifier, puis Revenir pour récupérer l'image originale.

Organiser les photos

1. Pour créer un album, commencez par aller dans l'album Toutes les photos.

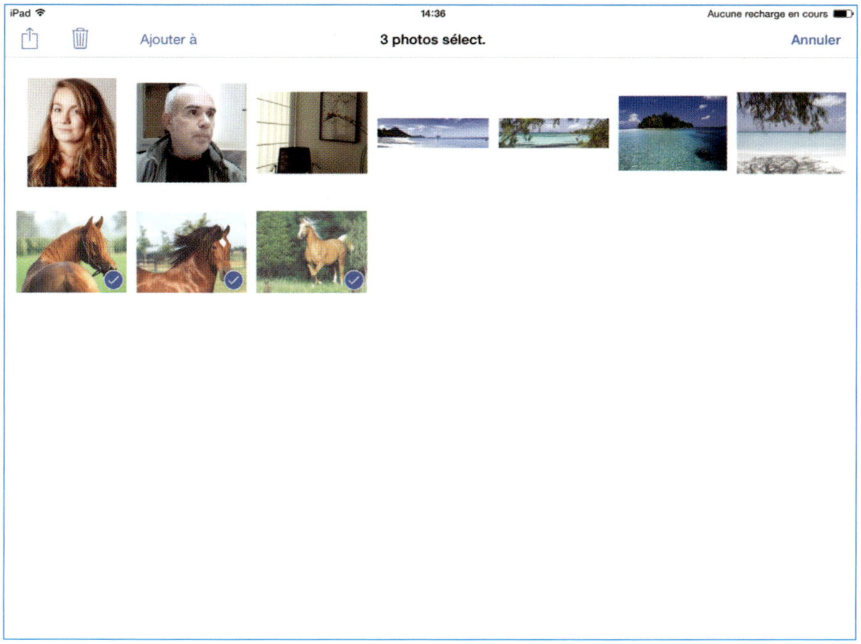

Figure 12.14

2. **Touchez le bouton Sélectionner en haut à droite.**

3. **Touchez chacune des photos à répartir. Une coche blanche dans un rond bleu apparaît en bas à droite de toutes les vignettes sélectionnées (Figure 12.14).**

4. **Touchez le bouton Ajouter à, en haut à gauche.**

5. **Dans l'écran suivant, touchez Nouvel album, puis, dans la fenêtre qui vous est alors proposée (Figure 12.15), tapez le nom que vous voulez donner à ce nouvel album et touchez Enregistrer.**

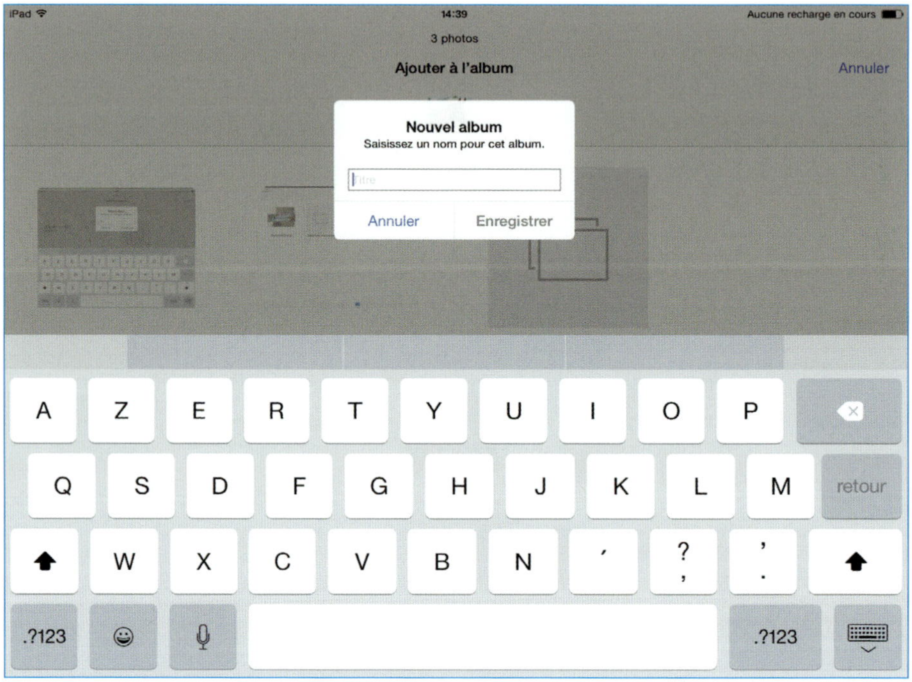

Figure 12.15

Quand vous revenez à l'affichage des albums, celui que vous venez de créer a rejoint les albums prédéfinis (Figure 12.16).

Par la suite, vous pourrez ajouter tous les clichés que vous voudrez à ce nouvel album :

1. **Sélectionnez la photo concernée.**

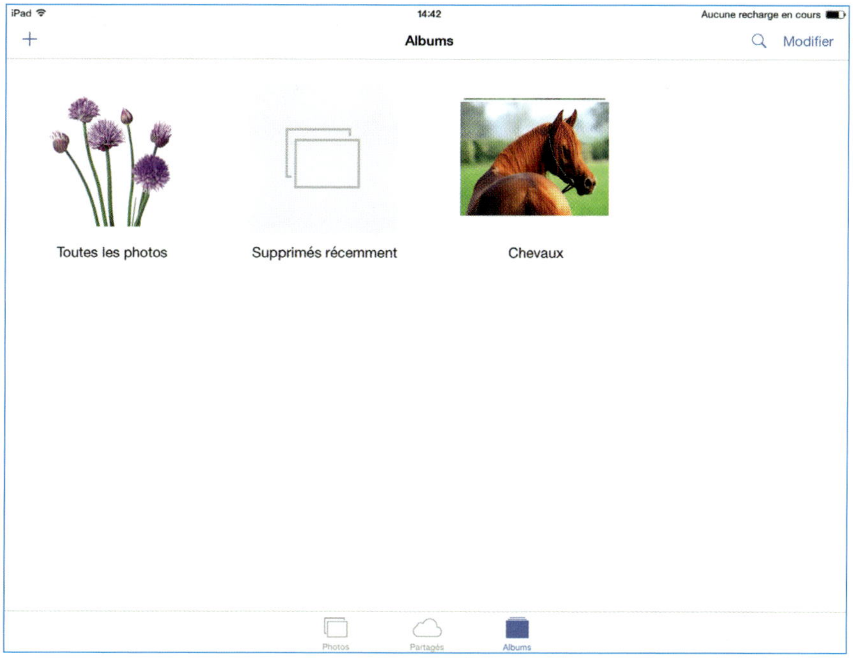

Figure 12.16

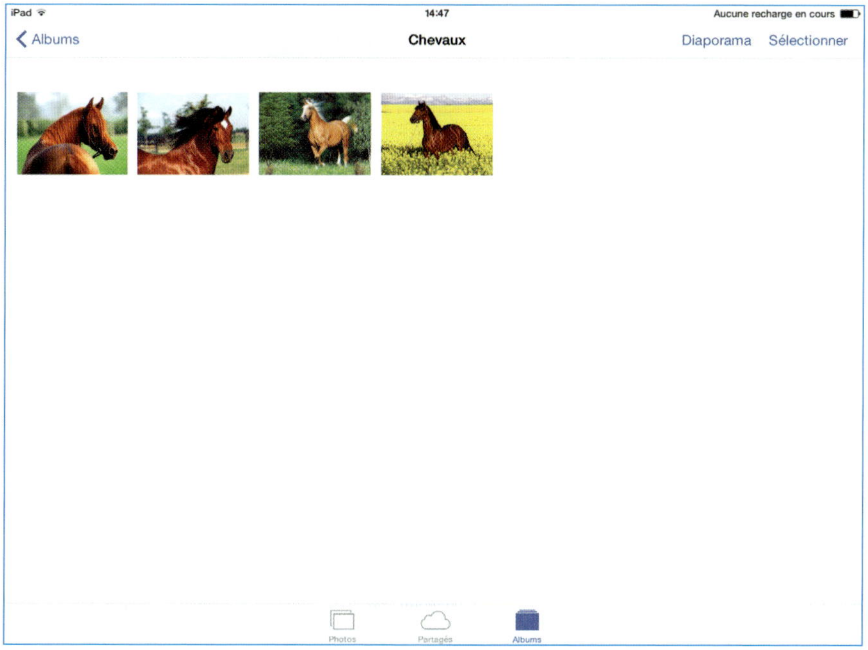

Figure 12.17

2. **Touchez Ajouter à.**

3. **Dans la liste des albums, touchez celui de votre choix. Voilà qui est fait (Figure 12.17) !**

Envoyer des photos

Il est très facile d'envoyer des photos par courrier électronique, par un iMessage ou avec Twitter. Voici comment :

1. **Depuis l'app Photos, sélectionnez la photo à envoyer.**

2. **Touchez le bouton Actions, en bas à gauche, afin de déployer le menu de la Figure 12.18.**

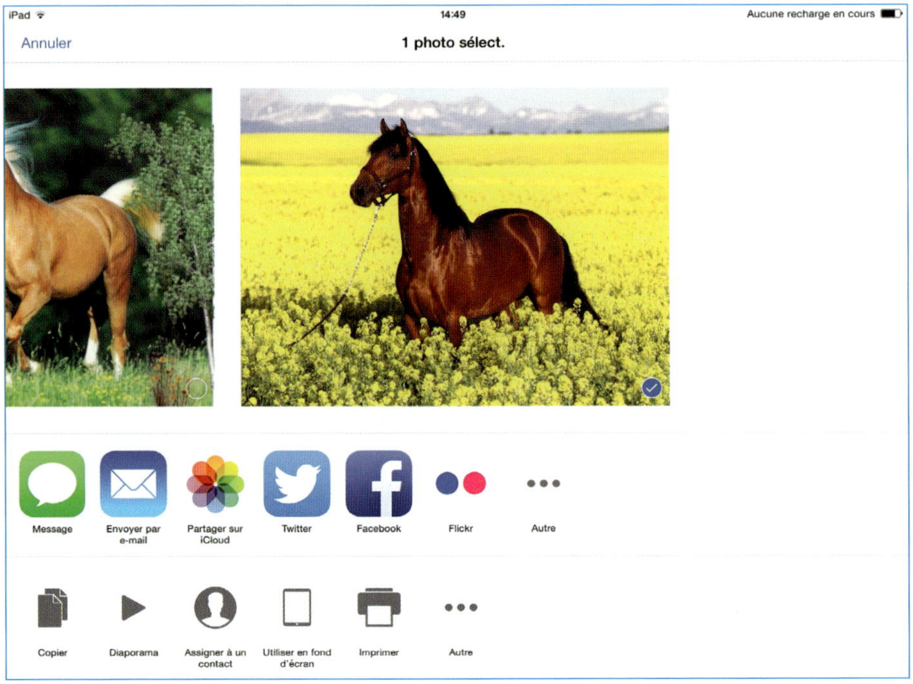

Figure 12.18

3. **Touchez l'option Message, Envoyer par e-mail, Partage sur iCloud, Twitter, Facebook,** *etc.*

4. **Remplissez le formulaire de message qui se manifeste alors.**

5. **Touchez le bouton Envoyer.**

Imprimer une photo

Si vous possédez une imprimante compatible AirPrint, vos photos peuvent être tirées directement depuis votre iPad :

1. **Dans l'application Photos, touchez une photo afin qu'elle occupe tout l'écran.**
2. **Touchez le bouton Actions en bas à gauche, puis touchez Imprimer.**
3. **Dans le panneau Options d'imprimante, touchez Sélection, puis touchez le nom de l'imprimante sans fil connectée à votre réseau domestique.**
4. **Pour tirer une photo à plusieurs exemplaires, touchez le bouton + de l'option Copie.**
5. **Touchez le bouton Imprimer pour démarrer l'impression.**

Lancer un diaporama

Présenter des photos sous la forme d'un diaporama sonorisé est extrêmement séduisant :

1. **Ouvrez l'application Photos. Si vous le désirez, créez un album et placez-y les photos à présenter. Autrement, vous utiliserez celles d'un album déjà existant.**
2. **Touchez l'album contenant les photos à présenter.**
3. **Touchez le bouton Diaporama afin d'accéder au panneau de configuration correspondant (Figure 12.19).**
4. **Touchez l'option Transitions, puis sélectionnez l'effet qui devra se produire lors du passage d'une photo à une autre.**
5. **Pour accompagner le diaporama d'un morceau de musique, activez le commutateur Musique à l'écoute. Une rubrique Musique fait aussitôt son apparition ; touchez-la pour accéder à votre discothèque et y faire un choix (Figure 12.20).**

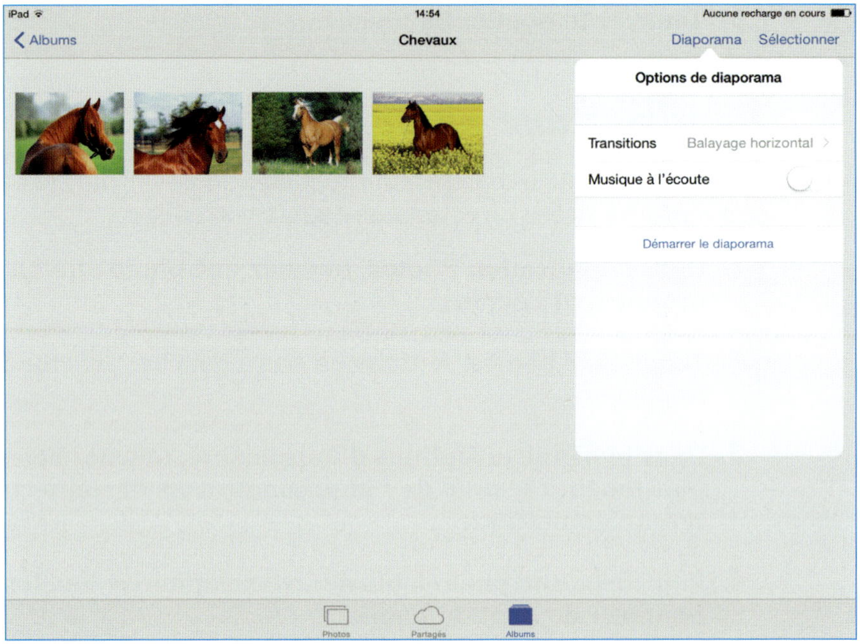

Figure 12.19

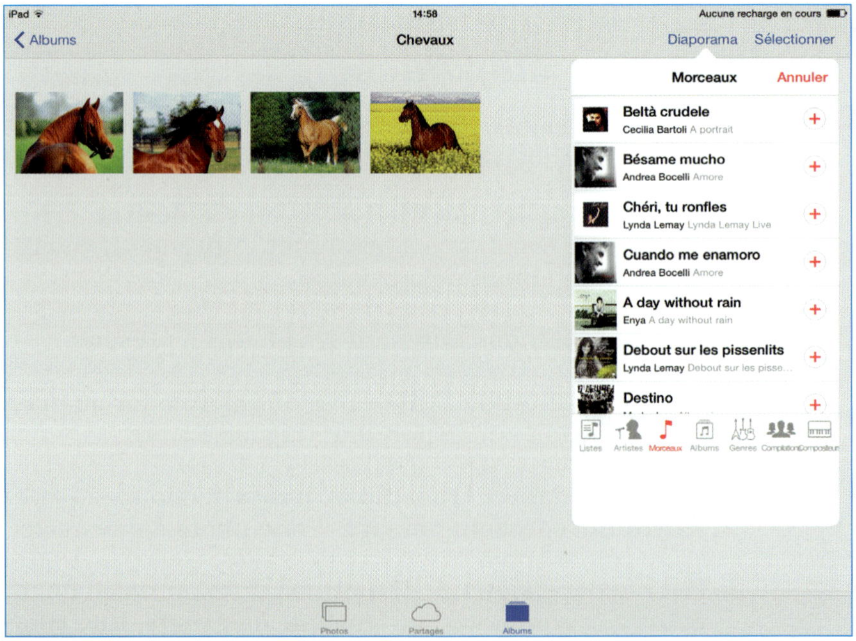

Figure 12.20

6. **Touchez Démarrer le diaporama.**

Supprimer des photos

1. **Depuis l'app Photos, localisez, puis sélectionnez la ou les photo(s) à supprimer dans l'app Photos.**

2. **Touchez le bouton Corbeille, puis confirmez votre intention quand on vous le demande (Figure 12.21).**

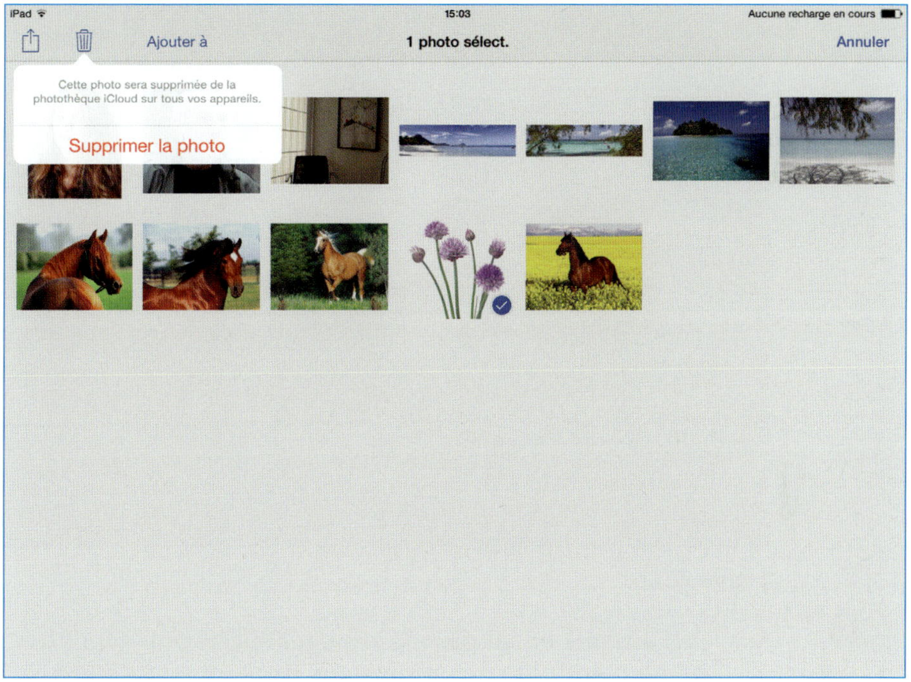

Figure 12.21

Pour supprimer un album :

1. **Affichez la liste des albums.**

2. **Touchez Modifier.**

3. **Touchez l'album à supprimer.**

4. Touchez sa case de suppression en haut à gauche de sa vignette.

5. Dans le panneau qui s'affiche (Figure 12.22), touchez Supprimer. L'album et son contenu sont purement et simplement supprimés.

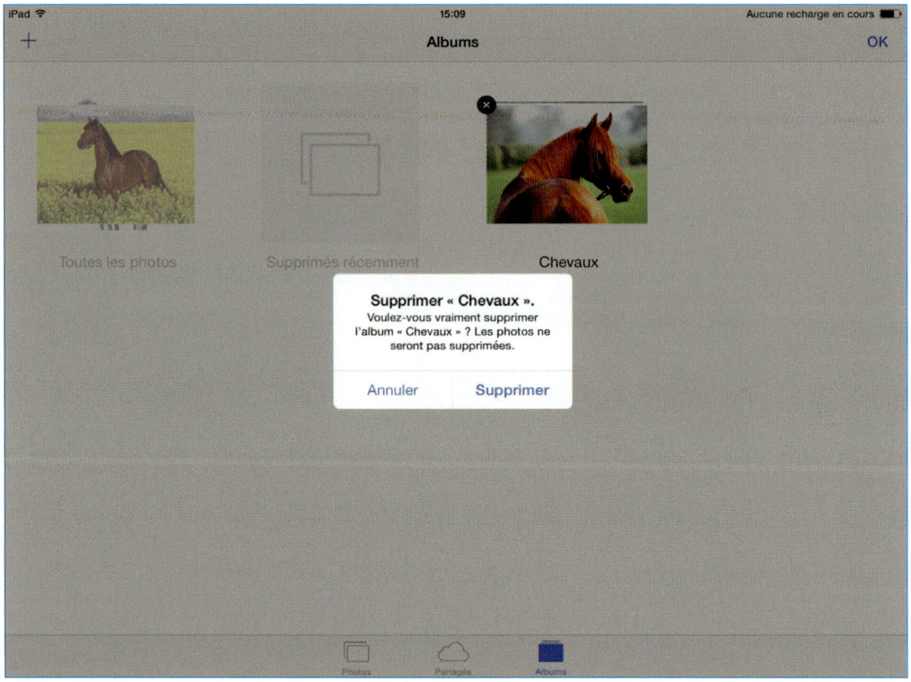

Figure 12.22

ATTENTION

Les albums et les photos transférés par une synchronisation ne peuvent pas être supprimés directement depuis l'iPad. Vous devez les supprimer dans l'ordinateur, puis resynchroniser. L'album Toutes les photos ne peut pas être supprimé non plus (mais même si son contenu peut l'être).

S'amuser avec Photo Booth

Photo Booth ne vous permettra pas de créer des photos pour un passeport biométrique, mais vous pouvez vous amuser à déformer des visages ou des objets :

1. Sur l'écran d'accueil, touchez l'icône Photo Booth.

2. Plusieurs effets sont proposés (Figure 12.23). Touchez-en un pour l'afficher en plein écran.

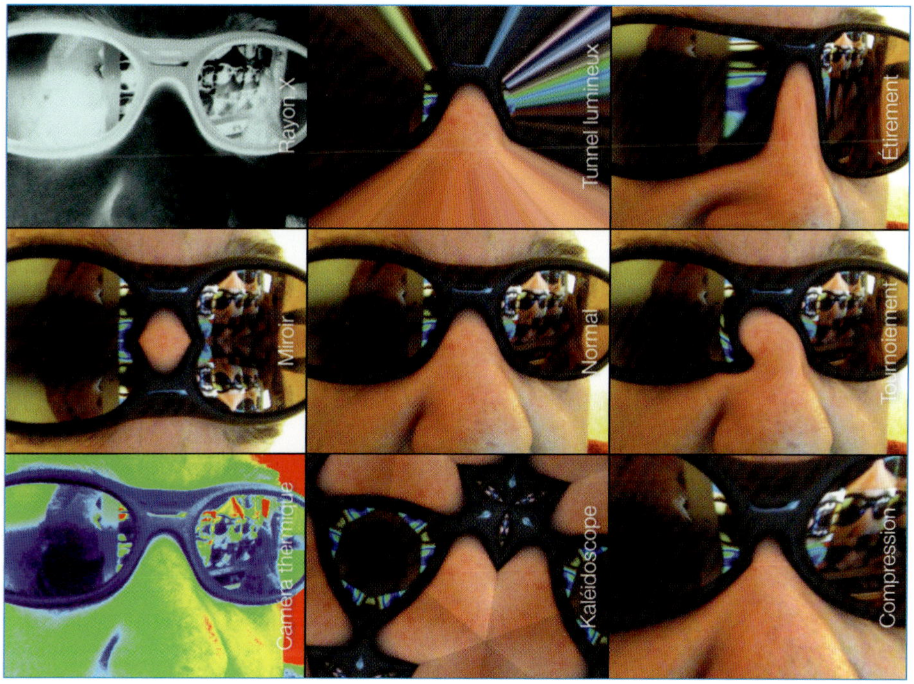

Figure 12.23

3. Certains effets autorisent des déformations en effleurant l'écran. Touchez le bouton de déclenchement pour enregistrer l'image (Figure 12.24).

4. Les photos prises s'accumulent dans un ruban en bas de l'écran. Pour en supprimer une, touchez-la puis touchez le bouton de suppression.

5. Touchez le bouton principal pour quitter Photo Booth et revenir à l'écran d'accueil. Les photos que vous avez prises se trouvent dans l'album Pellicule de l'application Photos.

Retour aux effets
Déclencheur
Permutation des appareils photo

Figure 12.24

Chapitre 13

La vidéo et l'iPad

Dans ce chapitre :

- Filmer avec l'iPad.
- Couper les extrémités d'une séquence.
- Regarder des films.
- Maîtriser commandes vidéo.
- Regarder la télévision.
- Imposer des restrictions.

L'iPad vidéo

Parmi ses applications natives, l'iPad vous propose Vidéos, qui sert à regarder des films ou des émissions de télévision synchronisés à partir d'un ordinateur ou par iCloud. Une autre application mérite d'être téléchargée : celle, gratuite, proposée par votre opérateur pour regarder les chaînes de télévision de la TNT.

Si vous voulez regarder tout cela sur un grand écran, sachez que vous utilisez AirPlay pour envoyer la vidéo et les photos vers votre écran plat. Selon le type de connexion pour lequel vous opterez, il vous en coûtera 39 euros pour l'adaptateur AV numérique Apple, ou alors 109 euros pour le boîtier AirPlay.

Rappelons que l'iPad est équipé de deux appareils photo capables de filmer de la vidéo de bonne qualité.

Filmer avec l'iPad

1. **Pour filmer avec l'iPad, touchez l'application Appareil photo, sur l'écran d'accueil.**

2. **L'app démarre. Faites glisser le bandeau de droite vers le bas de manière à amener la commande Vidéo en regard de la pastille jaune (Figure 13.1).**

Figure 13.1

3. **Pour permuter les objectifs (en fait, les appareils photo), touchez l'icône en haut à droite.**

4. **Touchez le bouton d'enregistrement. Un carré rouge remplace le cercle rouge et la durée d'enregistrement au format hh:mm:ss est affichée au-dessus du bouton.**

5. **Pour mettre fin à l'enregistrement, touchez de nouveau le bouton d'enregistrement.**

TRUC

Ne cadrez qu'en largeur lorsque vous filmez, et non en hauteur (sinon, l'image serait inclinée à 90 degrés au moment du visionnage).

TRUC

L'objectif en façade sert surtout de webcam pour la fonction FaceTime. La résolution des vidéos ainsi produites est beaucoup plus faible qu'en filmant en haute définition avec l'objectif au dos de l'iPad. Le fichier vidéo est ainsi moins volumineux et plus adapté pour un usage sur Internet (reste le problème de la visée, pas évidente lorsque l'objectif et l'écran sont du même côté).

Couper les extrémités d'une séquence

Il est rare qu'on commence et cesse de filmer exactement au moment idéal. Généralement, le tournage commence quelques secondes avant l'action et se termine un peu après. Voici comment couper ces parties inintéressantes afin que la séquence débute sur un temps fort et s'achève sans longueur :

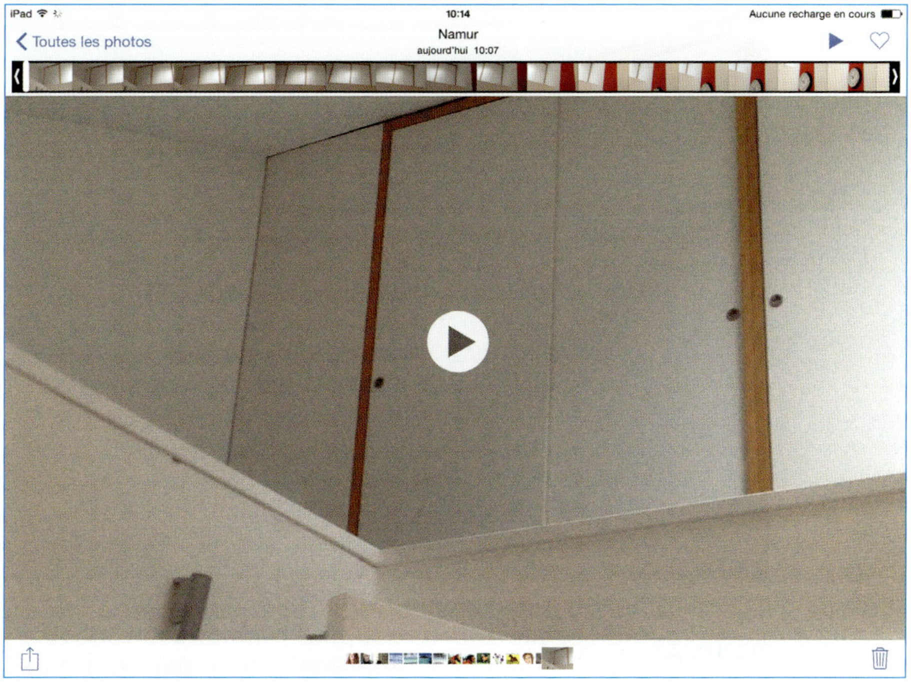

Figure 13.2

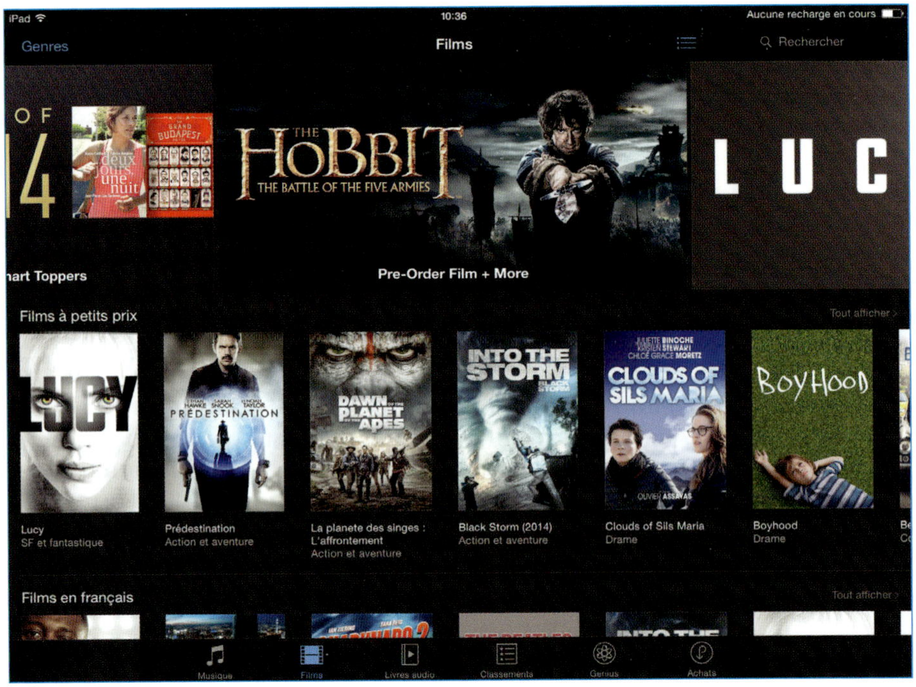

Figure 13.4

Pour supprimer un film, touchez continûment sa vignette, puis touchez le bouton de suppression.

Maîtriser les commandes vidéo

Pendant qu'une vidéo s'exécute, vous avez accès à une série de contrôles (Figure 13.5) :

- **Curseur Chronologie :** Pour avancer (vers la droite) ou reculer (vers la gauche).
- **Bouton Plein écran (double flèche) :** Pour passer en mode Plein écran.
- **Volume :** Pour régler le volume.
- **Bouton Marche/Arrêt :** Pour lancer ou interrompre la lecture.
- **Boutons Précédent/Suivant :** Pour passer au film précédent/suivant.

Figure 13.5

La vidéo terminée, vous pouvez la revoir en touchant le bouton Lecture.

Regarder la télévision

Envie de regarder la télé sur votre tablette ? N'hésitez pas à télécharger une des multiples apps capables de prendre cette fonction en charge, comme TV Direct. Après téléchargement, assurez-vous que votre connexion Wi-Fi est active, puis procédez comme suit :

1. **Sur l'écran d'accueil, touchez l'application téléchargée.**

   Chaque app propose, bien entendu, sa propre interface. Nul doute que vous saurez vous adapter.

2. **La liste des chaînes disponibles vous est proposée à gauche (Figure 13.6). Faites défiler le bandeau jusqu'à identifier la chaîne qui vous intéresse.**

Figure 13.6

3. **Touchez la vignette de cette chaîne. Elle s'affiche aussitôt à l'écran. Touchez l'écran pour lancer la diffusion (Figure 13.7).**

4. **Pour voir l'image en plein écran, touchez le bouton qui représente deux flèches opposées.**

5. **Quand l'image est diffusée en plein écran, touchez l'écran pour réafficher les contrôles.**

Regarder la télévision nécessite le téléchargement d'une importante quantité de données en flux continu (streaming). Vérifiez, sur votre contrat, la quantité de données téléchargeables sans surcoût.

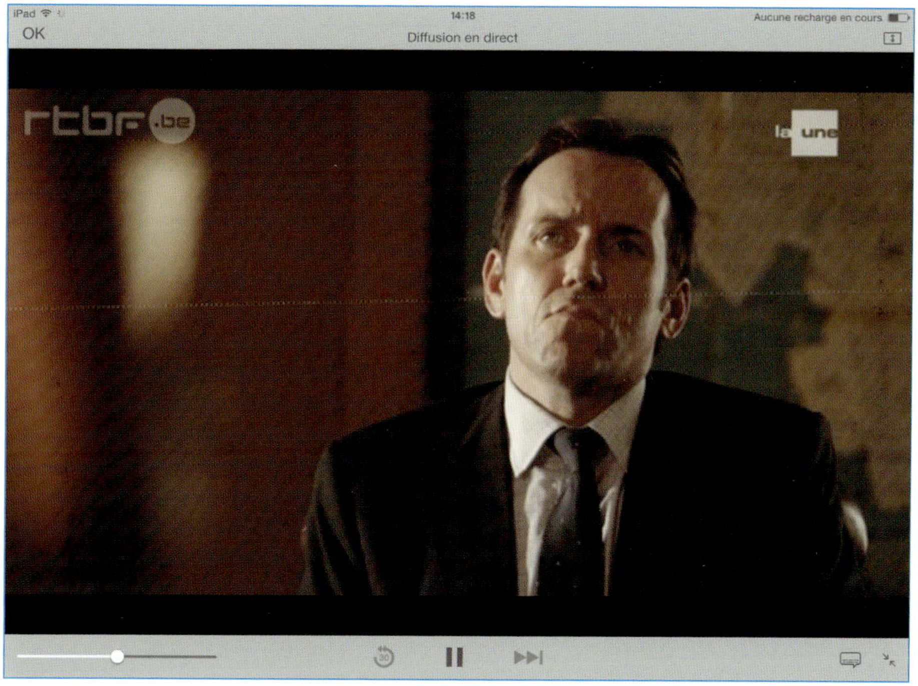

Figure 13.7

Imposer des restrictions

Pour empêcher vos enfants ou petits-enfants d'utiliser votre iPad pour visionner des films que vous préféreriez qu'ils ne voient pas, vous devez, au préalable, définir des restrictions qui porteront sur les contenus achetés :

1. **Touchez Réglages > Général > Restrictions.**
2. **En haut du panneau, touchez le bouton Activer les restrictions.**
3. **Introduisez un code spécifique pour les restrictions dès qu'on vous le demande. Ce code sera sollicité pour toute modification de ces restrictions.**
4. **Dans la rubrique Contenu autorisé, touchez Films.**

5. **Dans la rubrique Autoriser les films suivants (Figure 13.8), précisez l'étendue des restrictions, sachant que les choix que vous établissez ici conditionneront directement les possibilités de visionnage.**

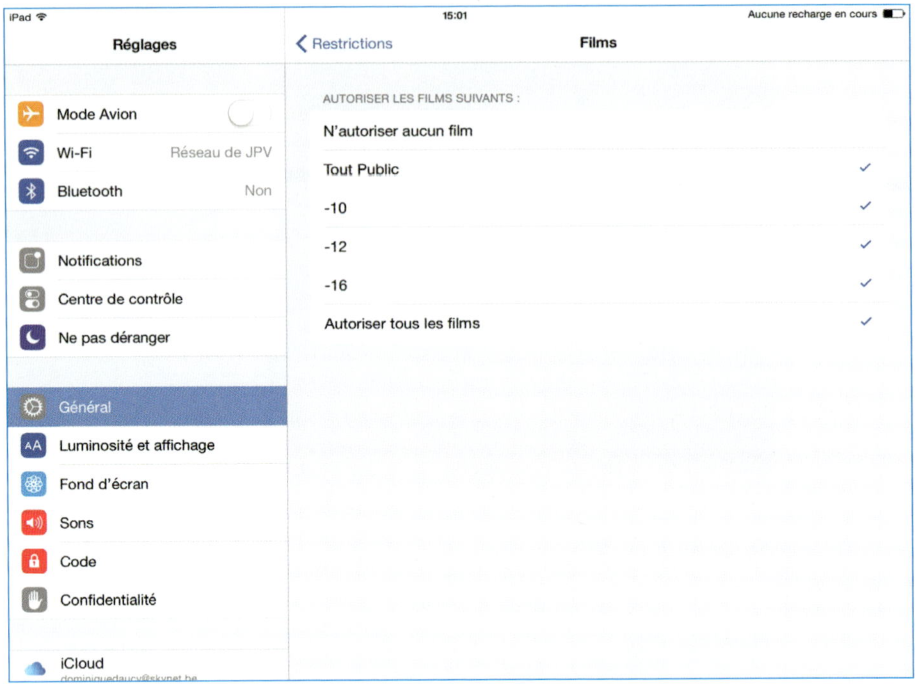

Figure 13.8

6. **Touchez le bouton principal pour quitter les réglages.**

Chapitre 14

Les jeux et l'iPad

Dans ce chapitre :

- Configurer votre profil de jeu.
- Ajouter des amis.
- Acheter et télécharger des jeux.
- Quelques conseils de jeu.
- Jouer contre l'iPad.
- Jouer avec des amis dans le Game Center.

L'iPad joueur

L'iPad a tout ce qu'il faut pour les jeux vidéo. Ces jeux, vous en trouverez des tonnes l'App Store, à moins que vous ne préfériez utiliser le Game Center pour acheter des jeux avant de vous mesurer à d'autres joueurs partout dans le monde.

TRUC

Il est bien sûr possible de télécharger des jeux vidéo depuis l'App Store et de ne pas utiliser le Game Center. Ce dernier permet cependant de créer un profil de joueur, d'ajouter des amis à une liste de joueurs, de suivre les scores et d'acheter des jeux – uniquement des jeux – dans l'App Store.

Configurer votre profil de jeu

1. Sur l'écran d'accueil, touchez l'icône Game Center.
L'application affiche votre identifiant Apple et vous invite à

entrer votre mot de passe (Figure 14.1). Exécutez-vous, puis touchez Connexion, en haut à droite.

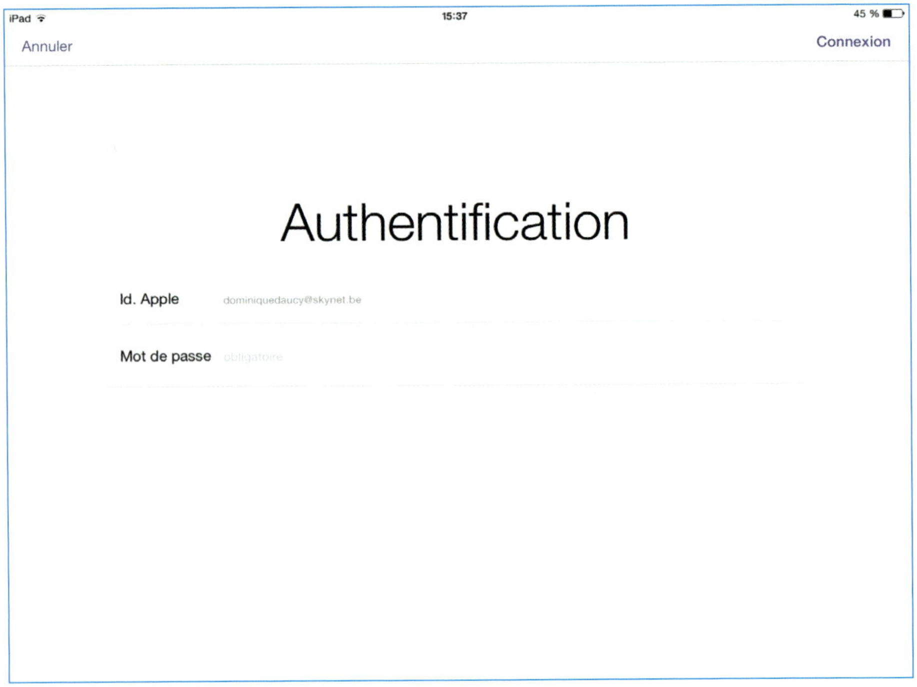

Figure 14.1

2. Dans le panneau Créer un surnom qui apparaît alors (Figure 14.2), indiquez un surnom qui vous identifiera auprès de vos partenaires de jeu, puis touchez Suivant, toujours en haut à droite.

3. Si vous voulez que seuls vos amis puissent vous inviter à jouer lorsque le Game Center est ouvert et si vous ne souhaitez pas que les autres joueurs connaissent votre véritable identité, n'activez pas le commutateur Profil public de la fenêtre Confidentialité. Touchez Suivant pour continuer.

4. Pour obtenir des recommandations d'amis figurant dans votre liste de contacts, activez le commutateur Contacts de la fenêtre Recommandations d'amis.

5. Touchez le bouton Terminé, en haut à droite toujours. Votre surnom apparaît dans le Game Center.

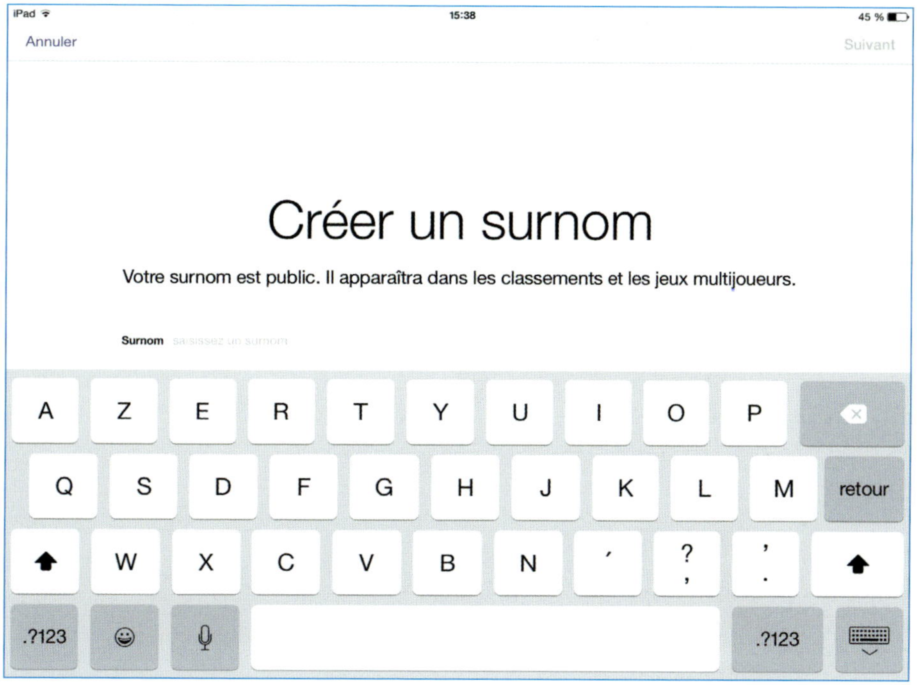

Figure 14.2

6. **Pour ajouter une photo à votre profil, touchez le bouton Ajouter une photo, juste au-dessus de votre surnom. Un message indique que la photo sera diffusée auprès de tous les autres joueurs du Game Center (Figure 14.3). Touchez le bouton OK.**

7. **Un menu propose deux options :**

   - **Choisir une photo :** Dans un album de l'application Photos.
   - **Prendre une photo :** Avec l'appareil photo frontal de l'iPad.
   - Nous choisirons ici une photo d'un album. Touchez Choisir une photo, puis, dans le volet Photos, touchez le nom de l'album concerné, puis la photo à utiliser.

8. **La photo s'ouvre dans une fenêtre Choisir (Figure 14.4). Si nécessaire, agrandissez (écartez deux doigts) ou recadrez (touchez-glissez), puis validez *via* le bouton Utiliser. La photo est placée dans le Game Center.**

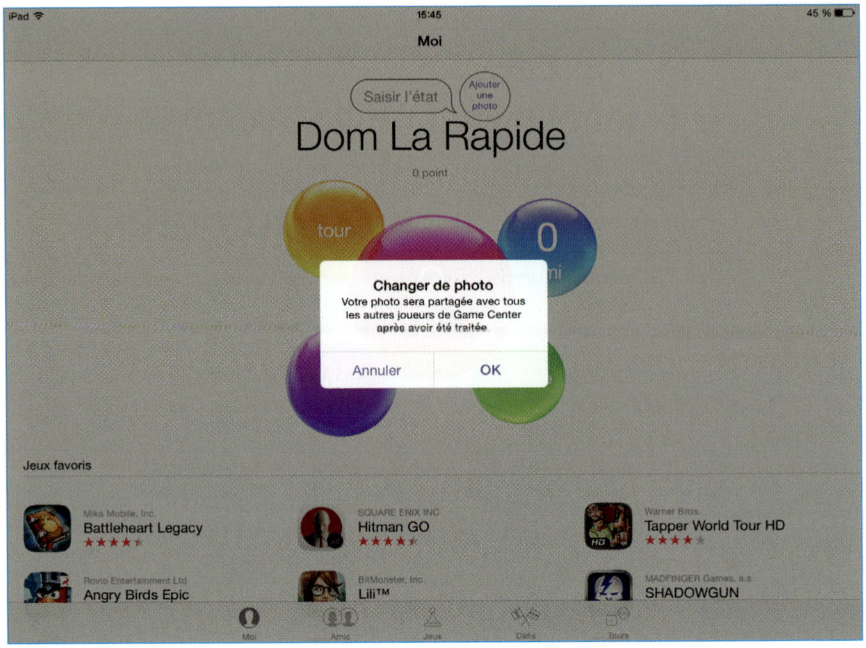

Figure 14.3

Figure 14.4

Ajouter des amis

Le Game Center vous permet de jouer à des jeux multi-joueurs avec des personnes possédant un iPad, un iPhone ou un iPod touch :

1. **Dans le Game Center, touchez l'icône Amis, dans le bandeau du bas.**

2. **Dans la page des amis (qui, au départ, n'en recense forcément aucun), touchez le bouton + en haut à droite.**

3. **Dans le panneau Demande qui se manifeste, saisissez, dans le champ À, l'adresse de messagerie du premier ami que vous souhaitez ajouter ou accédez directement à votre liste de contacts en touchant le bouton + en bout de champ.**

4. **Entrez éventuellement un message dans la zone prévue à cet effet.**

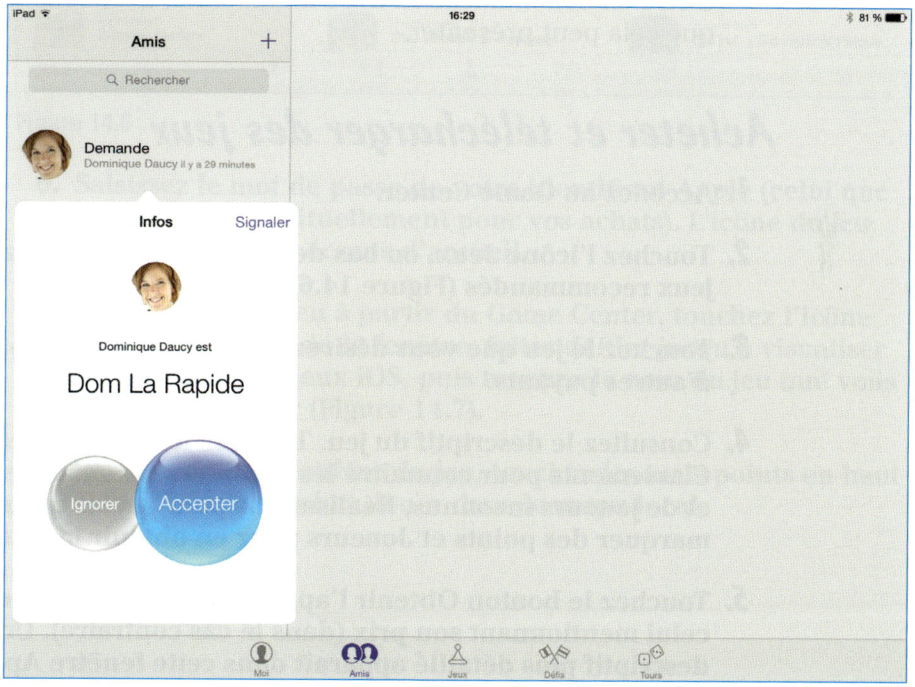

Figure 14.5

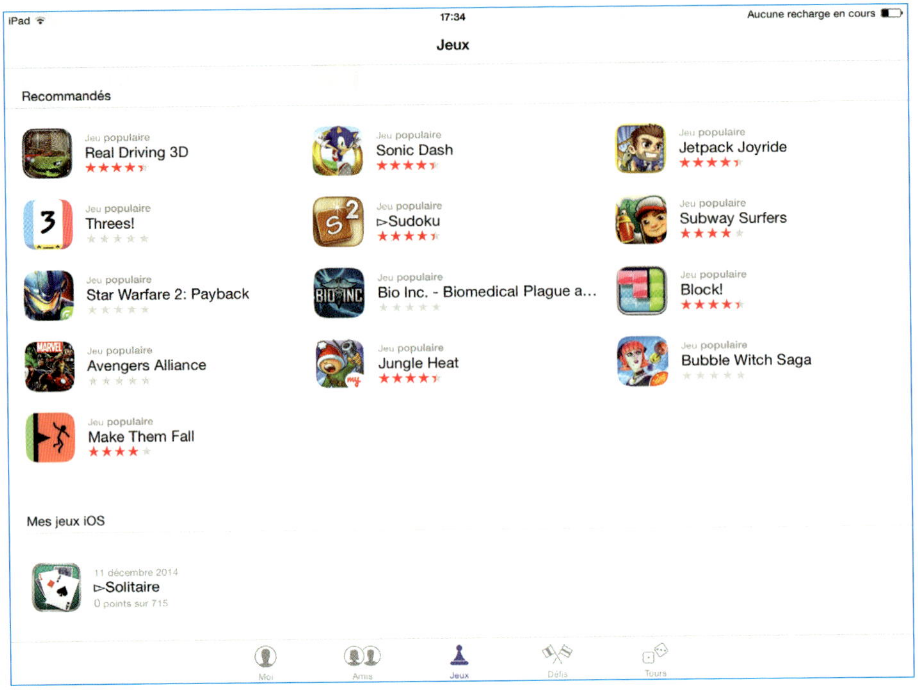

Figure 14.7

Quelques conseils de jeu

Les jeux sont très diversifiés, mais permettez-moi de vous signaler quelques points forts de l'iPad pour les jeux, notamment ceux-ci :

- **Un fabuleux écran :** La dalle MultiTouch rétroéclairée par LED est superbe en matière de définition et de rendu de couleurs, comme en atteste l'écran de *Haunted Manor*, le Manoir hanté (Figure 14.8). Grâce à la technologie IPS (*In-Plane Switching*), l'iPad peut être regardé sous presque n'importe quel angle (178 degrés d'angle de vue) sans que le contraste ou les couleurs n'en pâtissent.

  En plus, comme l'écran est tactile, il permet de déplacer des éléments du bout du doigt. L'écran est extrêmement réactif, ce qui a son importance lorsqu'il s'agit d'écrabouiller des aliens.

Figure 14.8

- **Un processeur rapide :** Les processeurs A7 ou A8 selon les modèles sont puissants et peu gourmands en énergie.
- **Le mode plein écran :** Rien à voir avec le petit écran d'un iPhone. Avec l'iPad, vous pouvez vous immerger dans le jeu.
- **Dix heures d'autonomie :** La batterie vous garantit des heures de jeu en non-stop.
- **Des fonctionnalités spéciales pour le jeu :** Les jeux les plus récents exploitent pleinement les fonctionnalités de l'iPad. Par exemple, *Nova,* de Gameloft, est doté d'une fonction d'acquisition de cibles multiples permettant de cibler plusieurs teigneux d'un seul mouvement et de les éliminer d'un seul coup. Dans *Real Racing Game,* de Firemint, vous pouvez voir les autres concurrents dans le rétroviseur, un avantage du grand écran de l'iPad.
- **Un son fabuleux :** Le haut-parleur de l'iPad est sympa, mais pour un son encore plus impressionnant, utilisez plutôt des écouteurs, un casque ou des enceintes.

TRUC

L'iPad est équipé de détecteurs de mouvements ainsi que d'un accéléromètre et d'un gyroscope à trois axes. Ces équipements sont mis à profit par les programmeurs de jeux pour utiliser l'iPad comme un volant : dans un simulateur de course automobile, vous faites pivoter l'écran pour négocier les virages.

Jouer contre l'iPad

Beaucoup de jeux peuvent être joués en solo. Les instructions sont fournies (bien que souvent en anglais). Voici quelques informations à propos de ces jeux :

- Deux modes sont souvent proposés : contre un autre joueur ou contre l'iPad.
- Beaucoup de jeux de société bien connus, comme Carcassonne ou le Scrabble, existent en version iPad jouable par Internet. Les règles et la façon de jouer sont les mêmes dans les deux cas. Par exemple, dans Carcassonne, vous touchez l'écran là où vous voulez placer une tuile, vous touchez la tuile pour la faire pivoter, puis vous touchez la coche pour terminer votre tour et révéler une autre tuile.
- Les scores des jeux joués contre l'iPad sont enregistrés dans le Game Center.

Jouer avec des amis dans le Game Center

Après avoir ajouté des amis et téléchargé les mêmes jeux qu'eux, vous pourrez vous mesurer à eux. Voici *grosso modo* comment cela se passe :

1. **Touchez l'icône Game Center sur l'écran d'accueil.**
2. **Touchez l'icône Amis, en bas de l'écran. La page des amis apparaît.**
3. **Touchez le nom de l'ami avec lequel vous désirez jouer, puis touchez le jeu que vous avez en commun. Certains jeux vous proposent d'envoyer une invitation à votre ami. Vous devrez attendre qu'il l'ait acceptée (il peut aussi la refuser).**

4. **La communication établie, touchez Jouer pour démarrer la partie.**

5. **En cours de partie, touchez Ami ou Jeu, dans le Game Center, pour voir vos scores.**

Chapitre 15

L'iPad en promenade

Dans ce chapitre :

- Afficher votre lieu actuel.
- Changer l'affichage.
- Aller à un autre endroit.
- Placer un repère.
- Déterminer un itinéraire.
- S'informer sur un lieu.
- Utiliser la boussole.
- Placer un lieu dans une fiche de contact.

L'iPad nomade

Si vous avez déjà consulté Google Maps sur un ordinateur ou avec un smartphone, l'application Plans de l'iPad vous sera familière.

Si vous ne connaissez pas encore l'application Plans, vous découvrirez ses intéressantes fonctionnalités, notamment ses itinéraires. Elle en propose généralement deux ou trois, parmi lesquels vous choisirez celui qui vous convient. Vous pouvez aussi créer des signets pour les lieux qui vous intéressent le plus. Plans permet encore d'obtenir des informations sur les commerces à proximité, notamment leur numéro de téléphone et leur site Internet. Vous pouvez même voir les environs d'un hôtel, par exemple, pour savoir si le lieu est plutôt calme ou bruyant.

Afficher votre lieu actuel

L'iPad peut à tout moment déterminer votre position géographique :

1. **Sur l'écran d'accueil, touchez l'icône Plans. Touchez ensuite la flèche, dans la barre inférieure, pour positionner le repère là ou vous vous trouvez, sur la carte (Figure 15.1).**

Figure 15.1

2. **Votre emplacement actuel est défini par un rond bleu entouré d'un cercle. Ce dernier correspond à la zone d'incertitude de la localisation. Vous êtes quelque part dans ce cercle. La précision est moindre avec un iPad équipé seulement de la Wi-Fi.**

3. **Double-touchez l'écran avec un seul doigt pour zoomer en avant. Double-touchez avec deux doigts pour zoomer en arrière. Vous pouvez faire de même en écartant deux doigts sur l'écran, puis en les rapprochant.**

Pour trouver sa position géographique, l'iPad équipé seulement de la Wi-Fi se base sur la position des bornes Wi-Fi du voisinage pour l'estimer par triangulation. En revanche, un iPad Wi-Fi + 3G ou Wi-Fi + 4G se sert de son GPS pour savoir précisément où il se trouve. Mais quand vous saisissez un lieu de départ et un lieu d'arrivée, l'itinéraire proposé est assez précis, même avec un iPad uniquement Wi-Fi.

Changer l'affichage

Dans Plans, la géographie peut être affichée de trois manières : Standard, Mixte et Satellite.

1. Pour changer d'affichage, touchez le bouton i en bas à droite. Le volet qui s'ouvre vous dévoile les trois modes d'affichage de l'app (Figure 15.2).

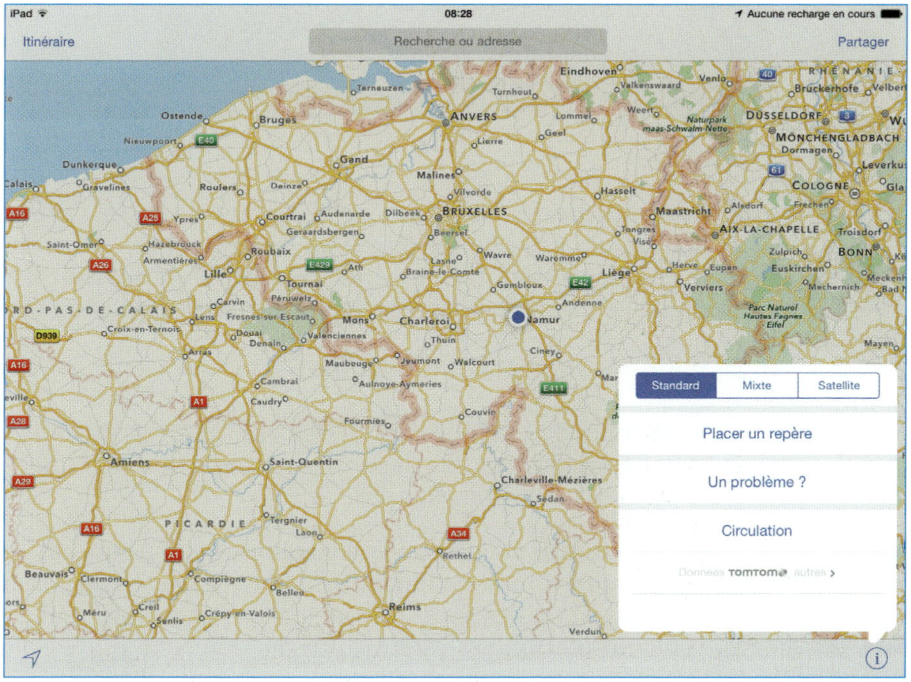

Figure 15.2

La Figure 15.3 vous montre l'image de la Figure 15.2 en mode Mixte.

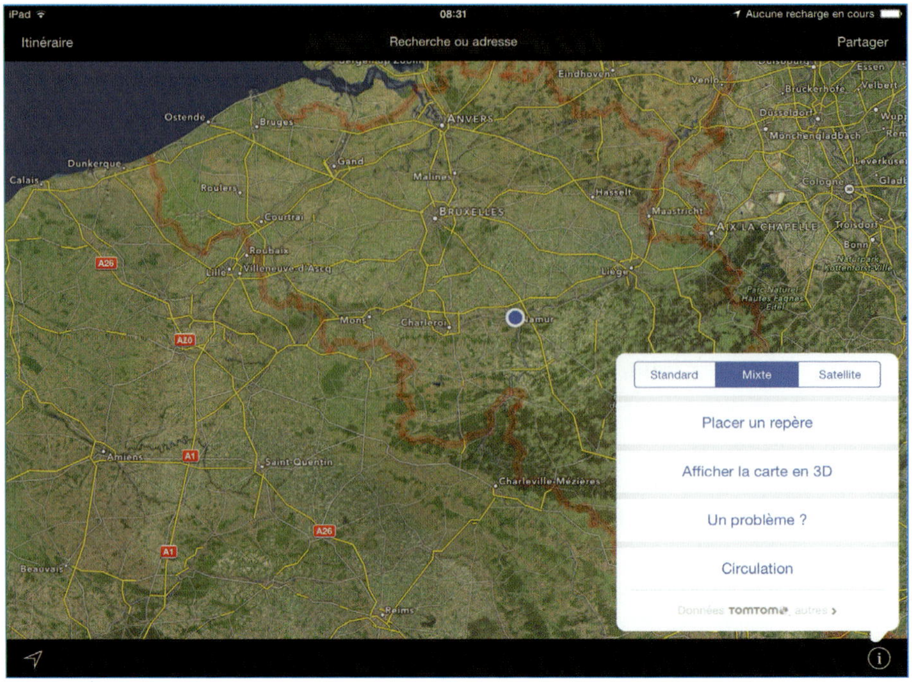

Figure 15.3

2. **Dans les modes Satellite ou Mixte, agrandissez l'image au maximum, comme expliqué un peu plus loin, pour découvrir les lieux en détail. Cette fonctionnalité est surtout intéressante dans les grandes villes où la résolution est la plus fine.**

3. **D'autres options sont disponibles :**

   - **Afficher la carte en 3D :** Pour voir la carte en trois dimensions. Faites glisser deux doigts vers le haut ou vers le bas pour modifier l'angle.

   - **Circulation :** Activez-le ce commutateur pour voir l'état de la circulation dans certaines villes (Paris, Lyon) et sur les autoroutes. Les voies signalées en rouge sont embouteillées. La circulation est ralentie sur les voies en jaune et fluide sur les voies en vert. La couleur grise indique qu'aucune information de circulation n'est disponible.

TRUC

La partie de la carte affichée peut être imprimée avec une imprimante compatible AirPrint. Touchez Partager en haut à droite, puis, dans le volet correspondant, touchez Imprimer.

Aller à un autre endroit

1. Dans l'application Plans, touchez le champ Rechercher ou adresse. Le clavier virtuel apparaît.

2. Saisissez une adresse, un lieu ou un type de commerce (hôtel, restaurant, pharmacie…). Dès que vous commencez à taper, l'app vous fait des suggestions (Figure 15.4).

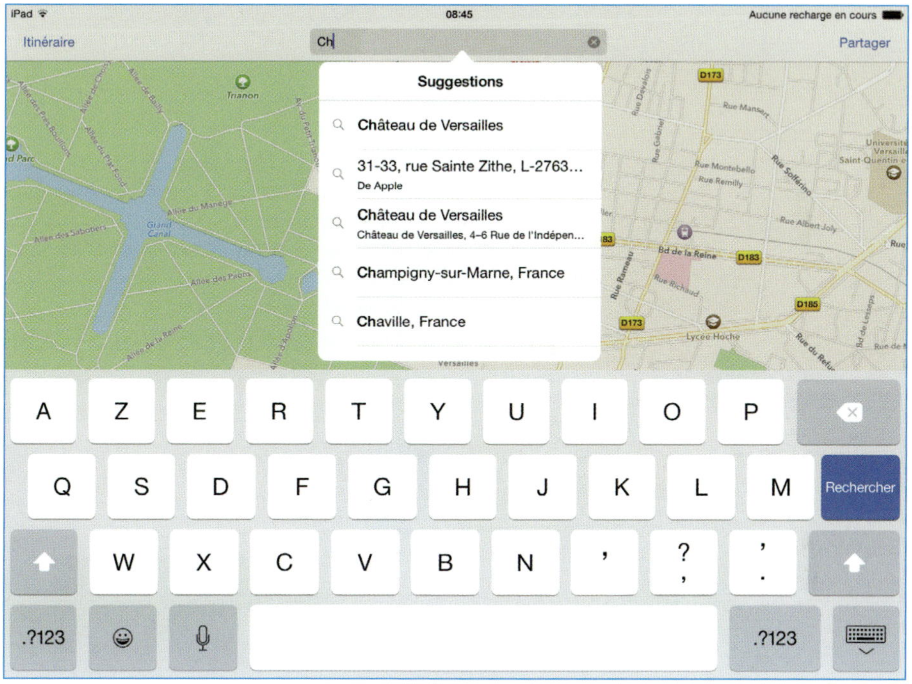

Figure 15.4

3. Si une des suggestions vous agrée, sélectionnez-la dans la liste ; dans le cas contraire, continuez à taper et, quand vous avez terminé, touchez Rechercher.

4. Un repère rouge désigne l'endroit recherché (Figure 15.5).

5. Touchez le signe > à droite de l'étiquette du lieu pour accéder à des informations supplémentaires (Figure 15.6).

Figure 15.5

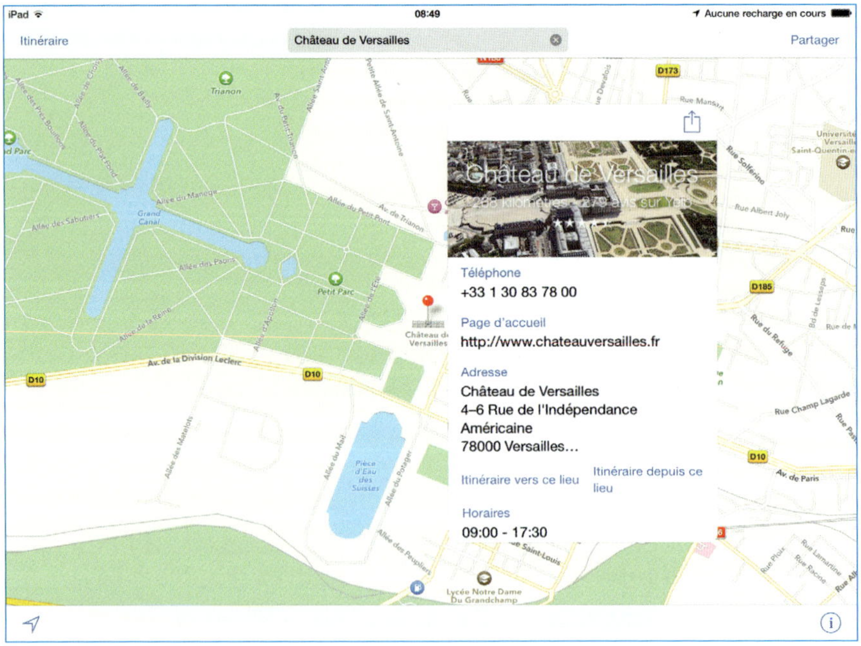

Figure 15.6

6. **Affichez le lieu de votre choix, n'importe où dans le monde, puis saisissez Hôtel ou Restaurant et vous obtiendrez tous les établissements en question situés dans les environs (Figure 15.7). Le bouton Énumérer les résultats du bas de la fenêtre dresse la liste des résultats identifiés par l'app.**

Figure 15.7

7. **Parfois, une fonction Survol ou Tour Flyover est disponible : elle vous permet de survoler quelques grandes villes du monde entier. Touchez Démarrer et la visite commence (Figure 15.8). Interrompez-la *via* le bouton du bas, intitulé Terminer le Tour Flyover.**

Figure 15.8

Placer un repère

Dans Plans, un repère est une sorte d'épingle. Un repère vert indique un emplacement de départ, un repère rouge indique un résultat de recherche et un repère bleu indique votre localisation actuelle. Un repère que vous placez vous-même est violet.

1. **Ouvrez l'application Plans et affichez le lieu où vous voulez placer un repère.**

2. **Zoomez éventuellement pour mieux voir la carte.**

3. **Touchez continûment l'endroit où vous désirez placer le repère. Il apparaît, accompagné d'une étiquette (Figure 15.9). Si le repère n'est pas exactement au bon endroit, repositionnez-le en le tirant du bout du doigt.**

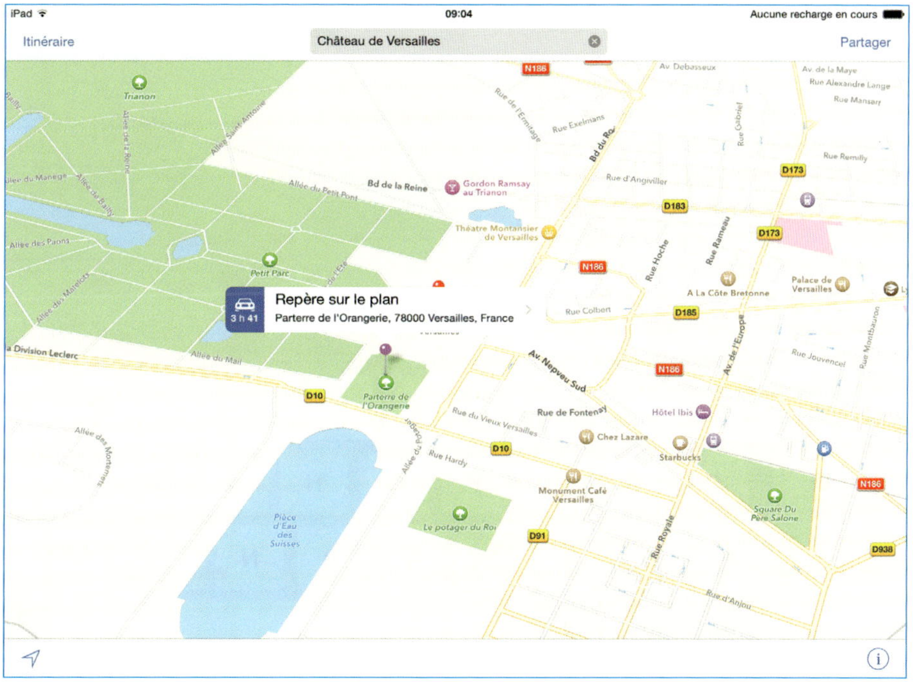

Figure 15.9

TRUC

Pour supprimer un repère, touchez-le, puis touchez le signe >. Dans le panneau qui apparaît, touchez le bouton Supprimer le repère.

Déterminer un itinéraire

Vous pouvez déterminer un itinéraire de deux manières : depuis votre position géographique actuelle vers un repère que vous avez placé, ou entre deux lieux que vous saisissez dans des champs de recherche. L'itinéraire est calculé, au choix, pour un trajet en voiture ou à pied. L'option par les transports en commun est hélas inopérante en France. Voici comment calculer l'itinéraire depuis votre lieu actuel.

1. **En haut à gauche de l'écran, touchez le bouton Itinéraire.**

2. **Dans la fenêtre correspondante (Figure 15.10) alors que le pointeur clignote dans le champ Départ, touchez Lieu actuel. La mention rejoint le champ et le pointeur se déplace vers le champ Arrivée.**

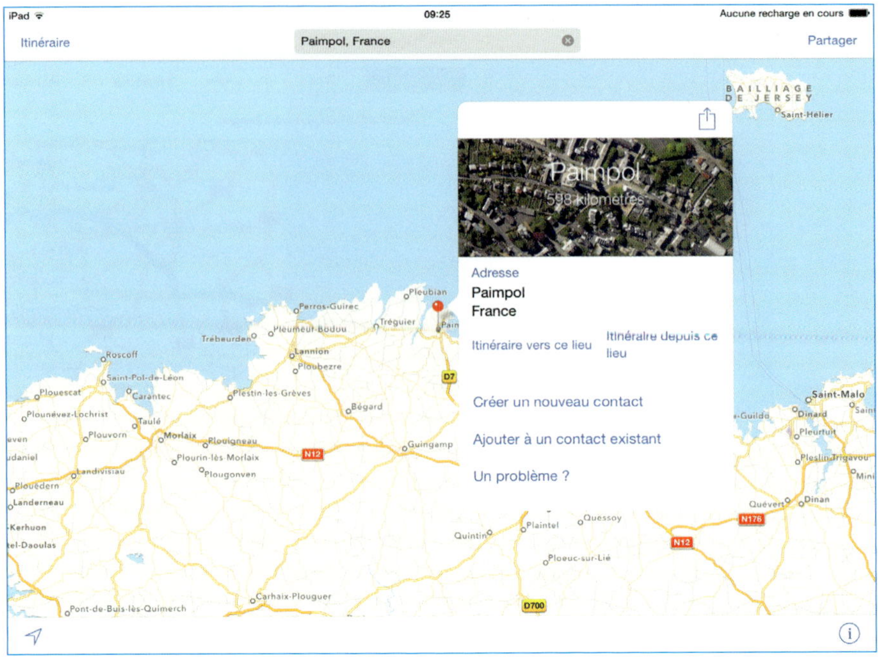

Figure 15.12

Figure 15.13

- **Se faire guider :** Touchez Démarrer pour afficher une feuille de route qui détaille les instructions (Figure 15.14).

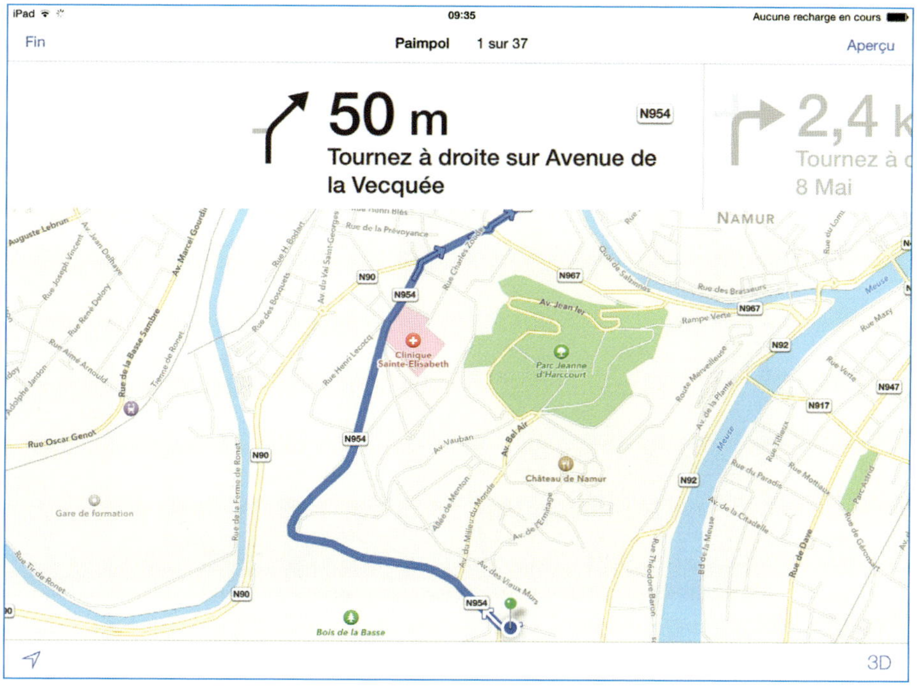

Figure 15.14

S'informer sur un lieu

1. **Ouvrez l'application Plans et affichez le lieu où vous voulez aller. Pour cet exemple, nous avons demandé Berlin.**

2. **Dans le champ de saisie, saisissez l'établissement que vous recherchez. Nous avons saisi ici « Hôtel Mercure ». Comme il en existe plusieurs dans cette ville, plusieurs repères ont été placés.**

3. **Touchez un repère, puis son bouton d'information bleu. Les renseignements concernant l'établissement apparaissent (Figure 15.15).**

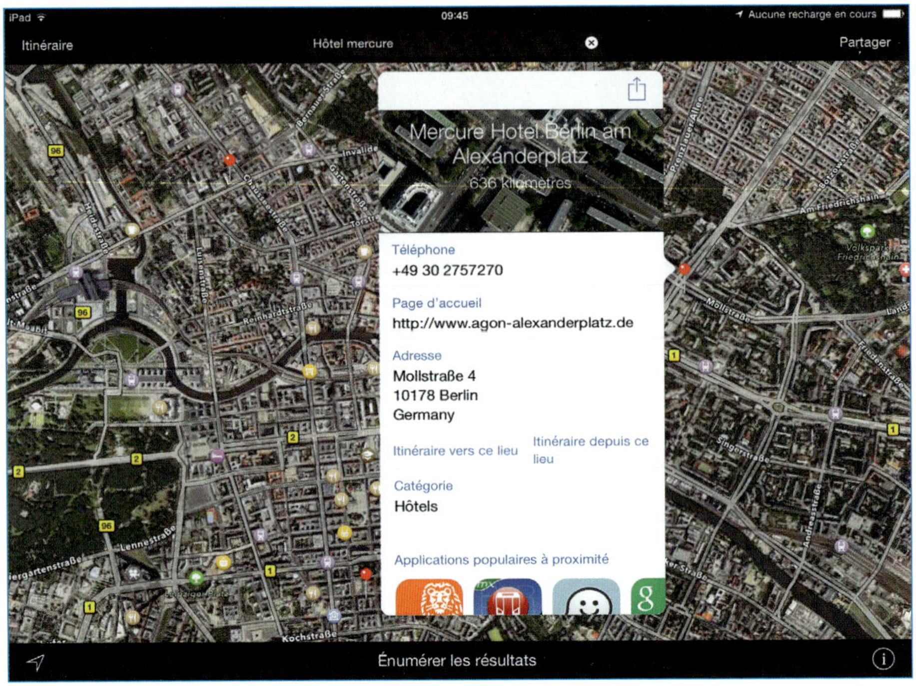

Figure 15.15

4. Menez une des actions suivantes :

- Toucher l'adresse du site Web. Vous pouvez ainsi vous renseigner sur l'établissement.
- Appuyez continûment sur le numéro de téléphone ou l'adresse du site Web pour faire apparaître un bouton Copier. Vous pourrez ainsi copier l'information dans l'application Notes ou dans un courrier électronique.

TRUC

Sur iPhone, touchez le numéro de téléphone. Il est aussitôt composé.

TRUC

Plutôt que copier/coller une information, vous pouvez coller facilement toutes les informations dans une fiche de contact, comme expliqué à la fin de ce chapitre.

Utiliser la boussole

En toute logique, la boussole ne fonctionne que depuis le lieu actuel. Voici comment l'utiliser :

1. **Ouvrez l'application Plans, puis touchez l'icône Localisation, en bas à gauche.**

2. **Touchez de nouveau cette icône pour afficher la boussole. Elle apparaît en haut à droite (Figure 15.16). L'orientation courante est symbolisée par un faisceau bleu au niveau de votre position.**

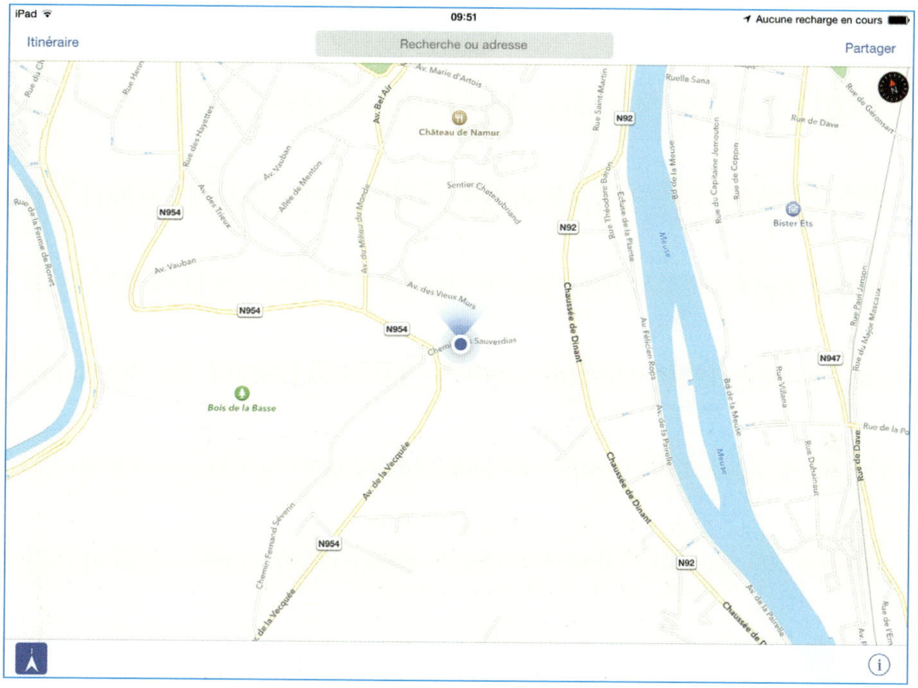

Figure 15.16

3. **Pivotez sur vous-même en tenant l'iPad et voyez comment la carte pivote avec vous. La boussole indique le nord tandis que, sur le bouton indiquant votre lieu actuel, un angle montre la direction à laquelle vous faites face (Figure 15.17).**

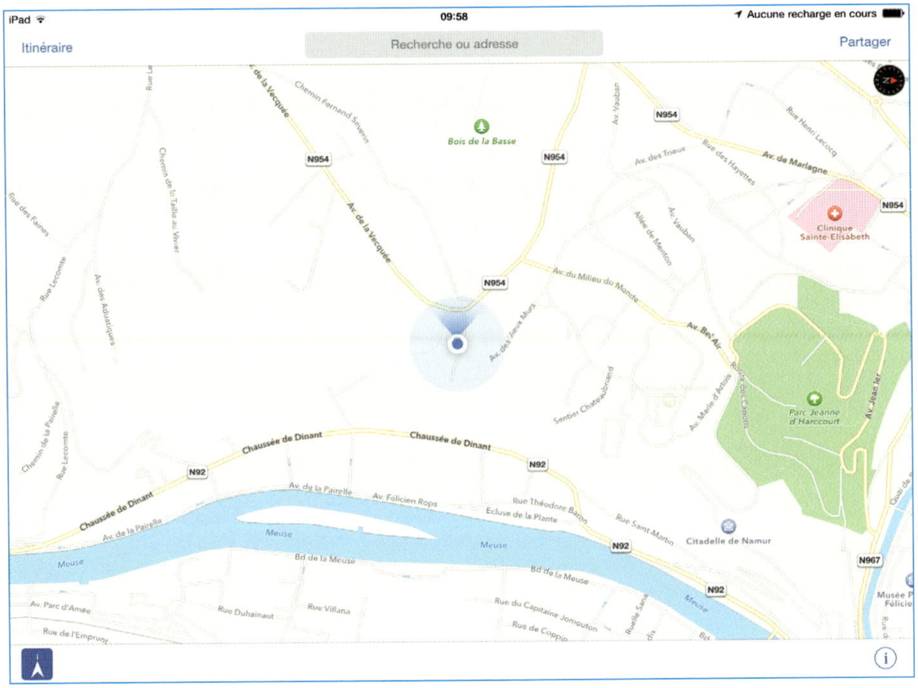

Figure 15.17

4. **Pour quitter le mode Boussole, touchez de nouveau l'icône Localisation.**

TRUC

Un message peut parfois signaler que la boussole doit être réinitialisée à cause d'un problème d'interférences. Cela se produit de temps en temps lorsque l'iPad est trop près d'un équipement électronique. Éloignez-vous et bougez l'iPad en « 8 » comme l'explique le message.

TRUC

Pour que la boussole fonctionne, l'option Service de localisation, dans les réglages, doit être active.

Placer un lieu dans une fiche de contact

1. **Placez un repère sur le lieu que vous souhaitez associer à un contact.**

2. **Touchez le bouton > du repère en question.**

3. **Dans le panneau Repère sur le plan, touchez le bouton Ajouter à un contact existant.**

4. **Dans votre liste de contacts qui s'affiche (Figure 15.18), touchez celui qui vous intéresse.**

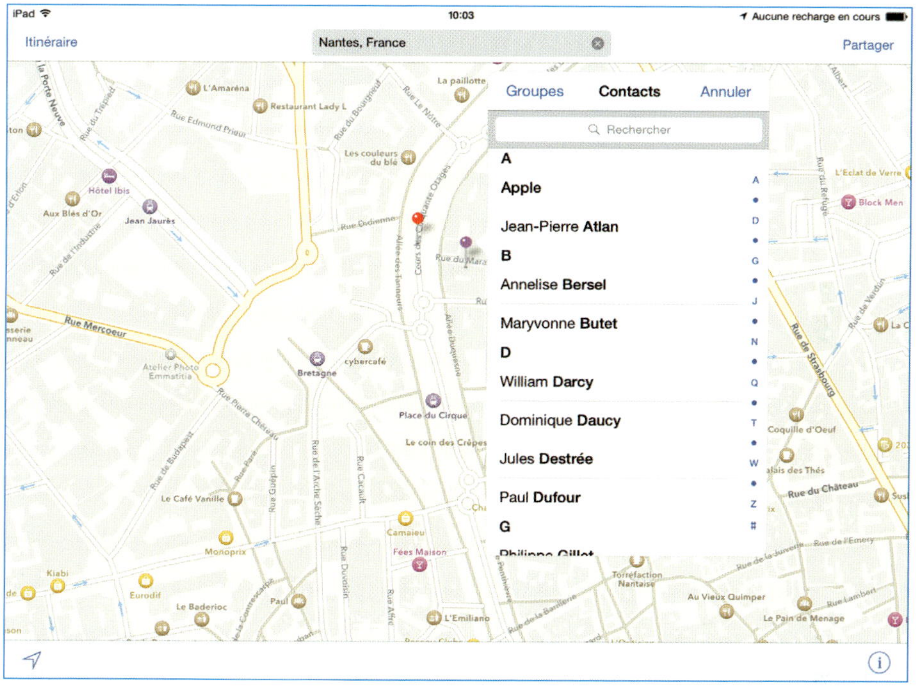

Figure 15.18

5. **Dès que la fiche de ce contact vous est proposée, touchez le bouton OK. Les informations relatives au repère sont ajoutées à la fiche dans l'application Contacts.**

Chapitre 16

La gestion du temps avec l'iPad

Dans ce chapitre :

- Les affichages du calendrier.
- Noter un rendez-vous.
- Créer un rendez-vous récurrent.
- Configurer une alerte.
- Rechercher dans le calendrier.
- Supprimer un événement.
- Afficher l'horloge.
- Ajouter ou supprimer une horloge.
- Activer une alarme.
- Chronomètre et minuteur.

Gérer le temps avec l'iPad

Que vous soyez retraité ou encore en activité professionnelle, vous avez sans doute un planning très chargé. Vous avez aussi des rendez-vous familiaux à ne pas manquer, des visites d'enfants et quantité d'événements plus ou moins importants à ne pas oublier.

L'application Calendrier vous rappelle vos rendez-vous à temps pour vous y préparer et ne pas les manquer. Elle gère aussi les événements répétitifs, comme la partie de bridge du mardi soir.

Cerise sur le gâteau (d'anniversaire), toutes les dates de naissance que vous entrez dans vos fiches de contacts sont automatiquement reportées dans le calendrier. Vous ne risquez pas d'en oublier une seule, même si votre famille est très nombreuse.

Voici à présent comment régler une alerte prévenant d'un rendez-vous ou de tout autre événement :

1. **Sur l'écran d'accueil, touchez Calendrier. Créez ensuite un événement comme expliqué précédemment.**

2. **Dans le panneau Événement, touchez l'option Alarme. La liste des délais apparaît (Figure 16.7).**

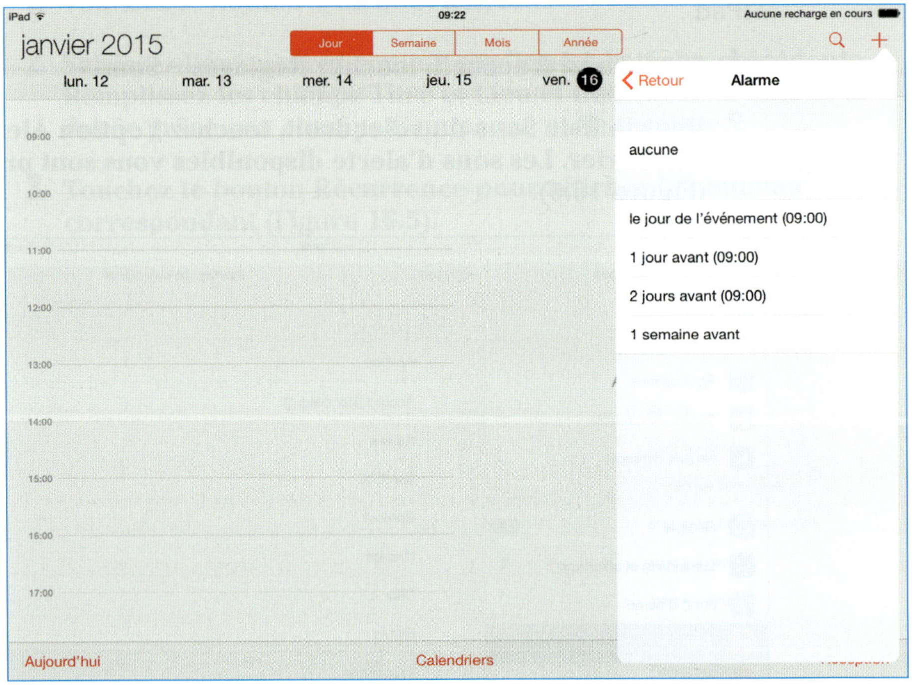

Figure 16.7

3. **Touchez le délai souhaité. Vous revenez dans le panneau Nouvel événement.**

4. **Touchez Ajouter.**

Notez que vous pouvez configurer deux alertes. Par exemple, une la veille qui vous prévient de l'événement très à l'avance, et une autre le jour même, qui vous laisse juste le temps de vous préparer. Pour configurer la seconde alerte, touchez le bouton Deuxième alarme (il apparaît sous le bouton Alarme si une première alerte a été réglée).

TRUC

En mode Jour, tous les paramètres que vous définissez sont visibles (Figure 16.8).

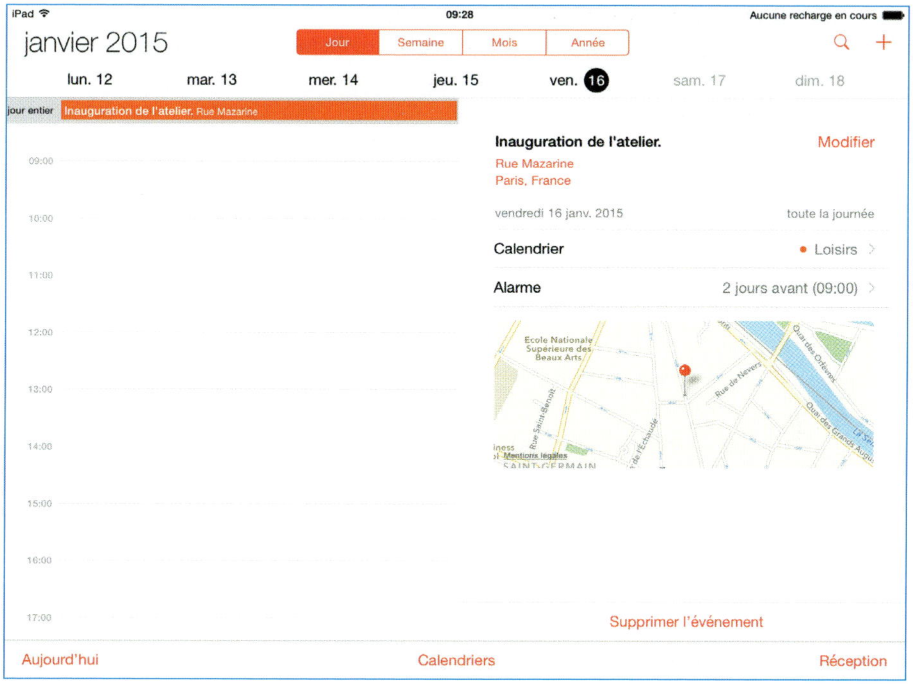

Figure 16.8

Rechercher dans le calendrier

1. **Ouvrez le Calendrier, puis touchez le champ Rechercher, en haut à droite. Le panneau de recherche s'affiche (Figure 16.9).**

2. **Saisissez un critère de recherche. Les résultats se précisent au fur et à mesure de la saisie (Figure 16.10).**

3. **Touchez un résultat pour accéder à l'événement en question.**

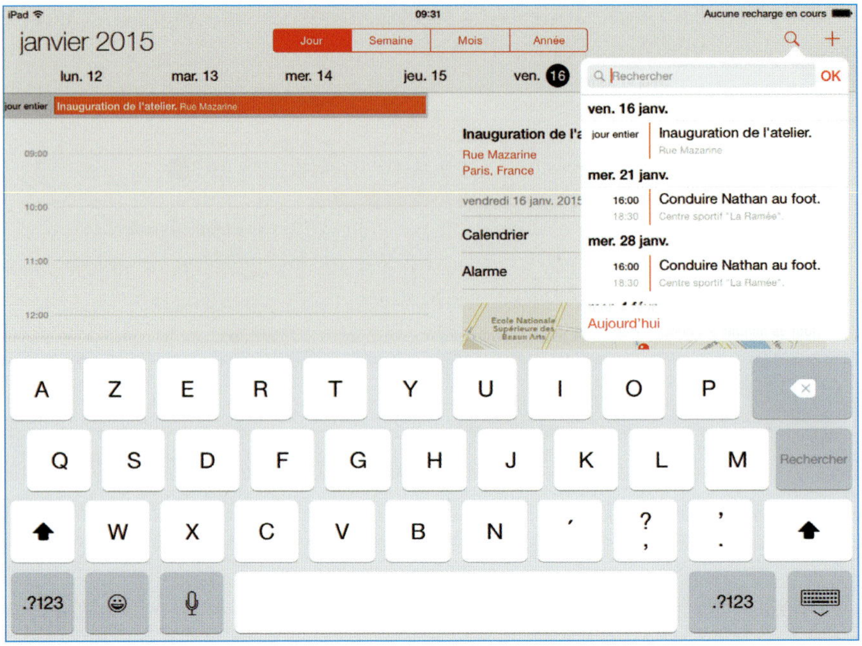

Figure 16.9

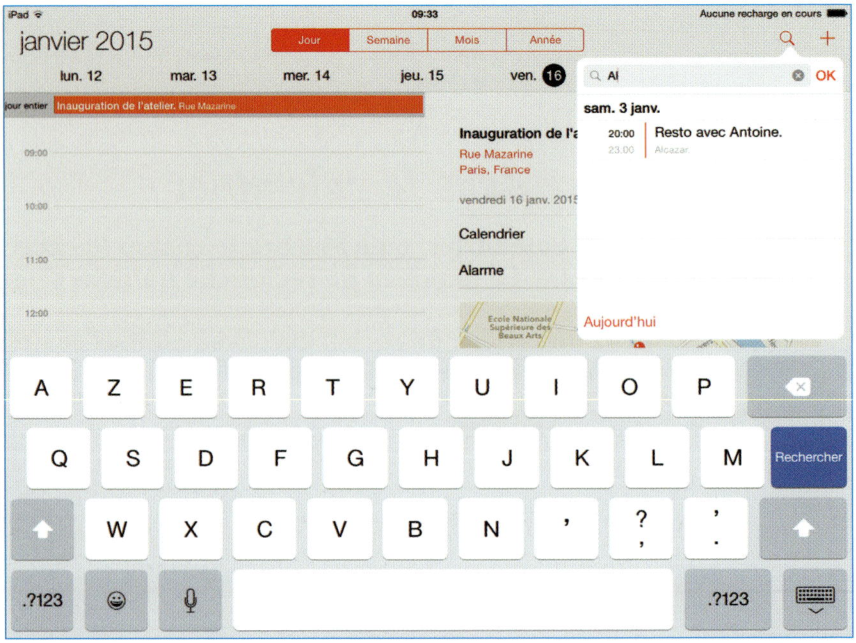

Figure 16.10

Supprimer un événement

Si un événement est annulé, supprimez-le de votre calendrier de la manière suivante :

1. **Dans l'application Calendrier, touchez l'événement à supprimer depuis n'importe quel mode.**

2. **Dans tous les cas, un bouton Supprimer l'événement se manifeste (Figure 16.11).**

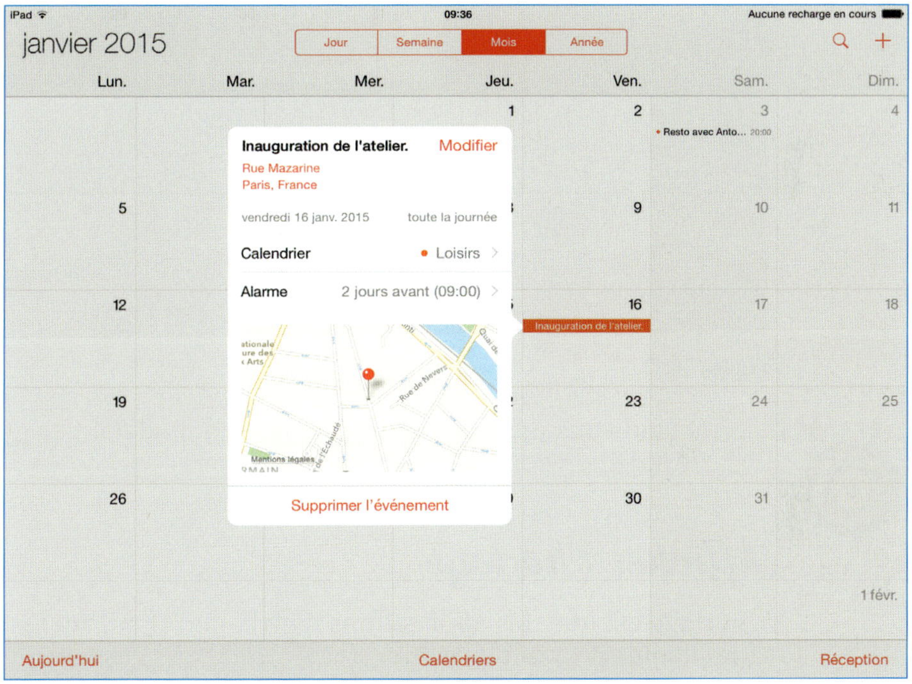

Figure 16.11

3. **Touchez Supprimer l'événement, puis confirmez quand on vous le demande.**

4. **Si l'événement est récurrent, deux options vous sont proposées : Supprimer uniquement l'occurrence sélectionnée ou supprimer les occurrences à venir (Figure 16.12). Faites votre choix.**

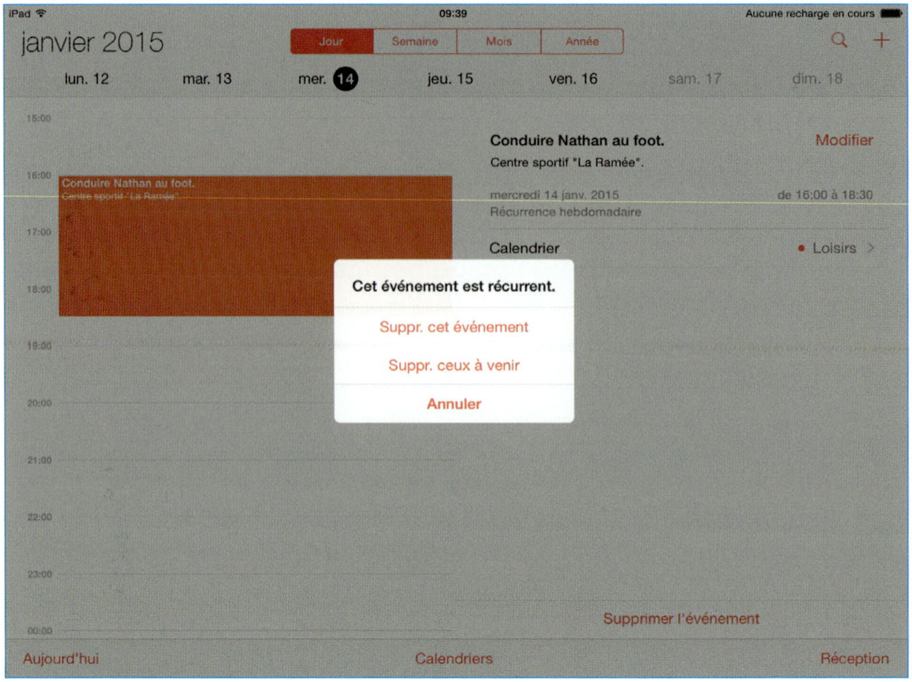

Figure 16.12

Quand vous déplacez un événement en modifiant sa date, il va de soi que vous n'avez rien à supprimer.

Afficher l'horloge

L'horloge est une des applications natives de l'iPad, accessible, à ce titre, depuis l'écran d'accueil :

1. **Touchez son icône pour l'ouvrir. Un planisphère est affiché avec les heures de plusieurs capitales (Figure 16.13).**

2. **Touchez une des horloges pour l'afficher en mode plein écran (Figure 16.14). Après quelques secondes, tous les contrôles disparaissent pour ne laisser visible que le cadran.**

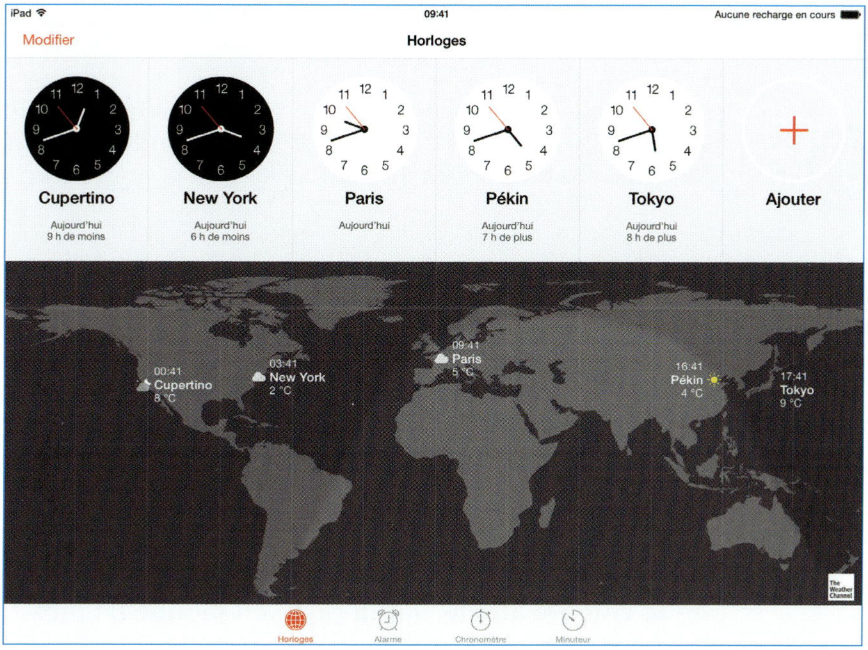

Figure 16.13

Figure 16.14

3. **Touchez le bouton Horloges pour revenir à l'écran Horloges mondiales.**

Les horloges correspondant aux villes où il fait actuellement nuit sont affichées en noir ; celles qui correspondent aux villes où il fait jour sont affichées en blanc.

Ajouter ou supprimer une horloge

Vous pouvez ajouter une horloge pour la plupart des grandes villes du monde.

1. **Pour ce faire, touchez Horloge à partir de l'écran d'accueil, puis touchez Ajouter à droite.**

2. **Choisissez une ville dans la liste déroulante ou entrez les premières lettres de son nom dans la zone de recherche. L'horloge apparaît sur le côté droit de l'écran et l'emplacement de la ville est affiché sur la carte du monde (Figure 16.15).**

Figure 16.15

3. Pour supprimer une horloge, touchez le bouton Modifier dans l'angle supérieur gauche de l'écran (Figure 16.16), touchez le sens interdit en regard de la ville correspondant à l'horloge à supprimer, puis touchez le bouton Supprimer dès qu'il apparaît.

Figure 16.16

Activer une alarme

1. À partir de l'application Horloge, touchez l'icône Alarme dans le bas de l'écran.

2. Appuyez sur le bouton Ajouter, le bouton avec un symbole plus dans l'angle supérieur droit.

3. Dans le panneau Nouv. alarme (Figure 16.17), réglez l'alarme.

Figure 16.17

- **Récurrence** répète l'alarme à intervalles réguliers, comme tous les lundis ou tous les dimanches.
- **Description** fait apparaître un commentaire tel que « Prendre mes cachets » ou « Appeler Maman ! »
- **Sonnerie** permet de choisir la tonalité de l'alarme.
- **Rappel d'alarme** répète l'alarme plusieurs fois.

4. **Réglez l'heure en faisant défiler les nombres jusqu'à définir le moment où vous voulez que l'alarme se produise.**

5. **Touchez Enregistrer pour valider.**

TRUC

Pour supprimer une alarme, touchez l'icône Alarme, puis effleurez le bouton Modifier ; toutes les alarmes apparaissent. Appuyez sur le sens interdit associé à l'alarme à supprimer, puis touchez le bouton Supprimer.

Chronomètre et minuteur

Il se peut que vous ayez besoin d'un compte à rebours ou d'une minuterie pour mesurer le temps passé sur une certaine activité. Vous pouvez utiliser les applications Chronomètre et Minuteur à cette fin.

Ces deux applications fonctionnent de manière similaire. Touchez l'icône Chronomètre ou Minuteur et appuyez sur le bouton Démarrer. Lorsque vous utilisez l'application Minuteur, l'iPad génère un son pour vous avertir lorsque le temps est écoulé. Lorsque vous démarrez l'application Chronomètre, vous devez appuyer sur le bouton Arrêter lorsque l'activité est terminée (Figure 16.18).

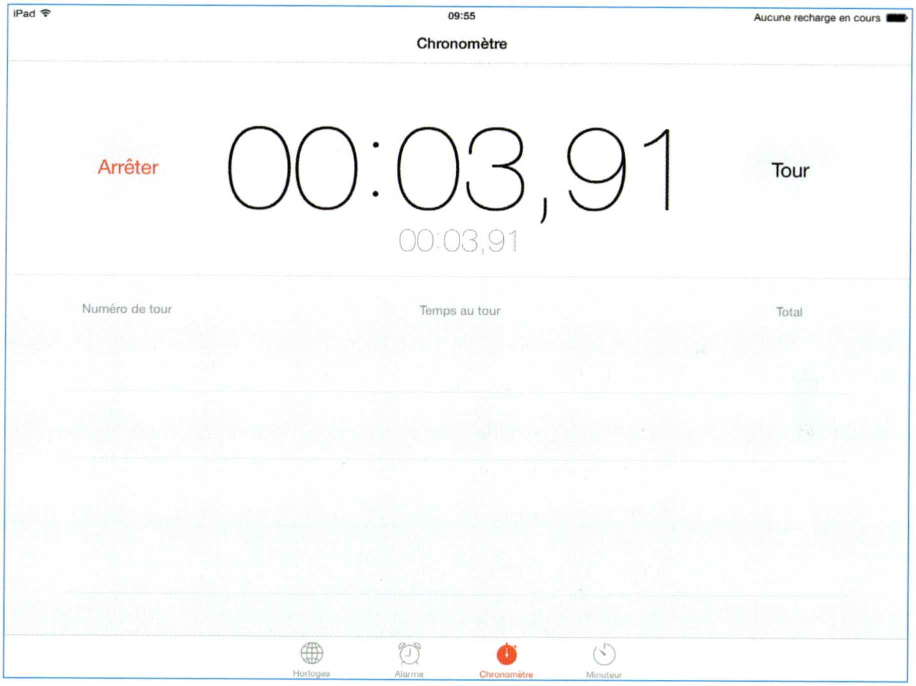

Figure 16.18

TRUC

Si vous voulez mesurer des événements supplémentaires, comme une série de tours ou bien plusieurs longueurs de piscine avec le Chronomètre, touchez le bouton Tour à la fin de chaque événement.

Chapitre 17

Ne plus rien oublier grâce à l'iPad

Dans ce chapitre :

- Créer une tâche dans l'application Rappels.
- Accéder aux détails et donner une priorité.
- Configurer un rappel.
- Afficher les tâches par listes ou par dates.
- Créer une liste.
- Partager une liste.
- Marquer une tâche comme terminée ou la supprimer.
- Définir le type de notifications.
- Afficher le Centre de notifications.
- Aller à une application à partir de ce centre.

Rappels et notifications

Les rappels et notifications servent de pense-bêtes aux oublieux. L'application Rappels est une sorte de liste de tâches à exécuter. Les notifications réunissent, dans un seul panneau, tout ce qui est prévu dans la journée ainsi que le lendemain, ainsi que les messages reçus, la météo et d'autres informations utiles.

Créer une tâche dans l'application Rappels

1. Touchez l'icône Rappels, sur l'écran d'accueil.

2. Dans l'application Rappels (Figure 17.1), touchez une liste dans le volet gauche, puis touchez l'écran dans le volet droit. Aussitôt, le clavier virtuel s'affiche ; saisissez donc votre texte.

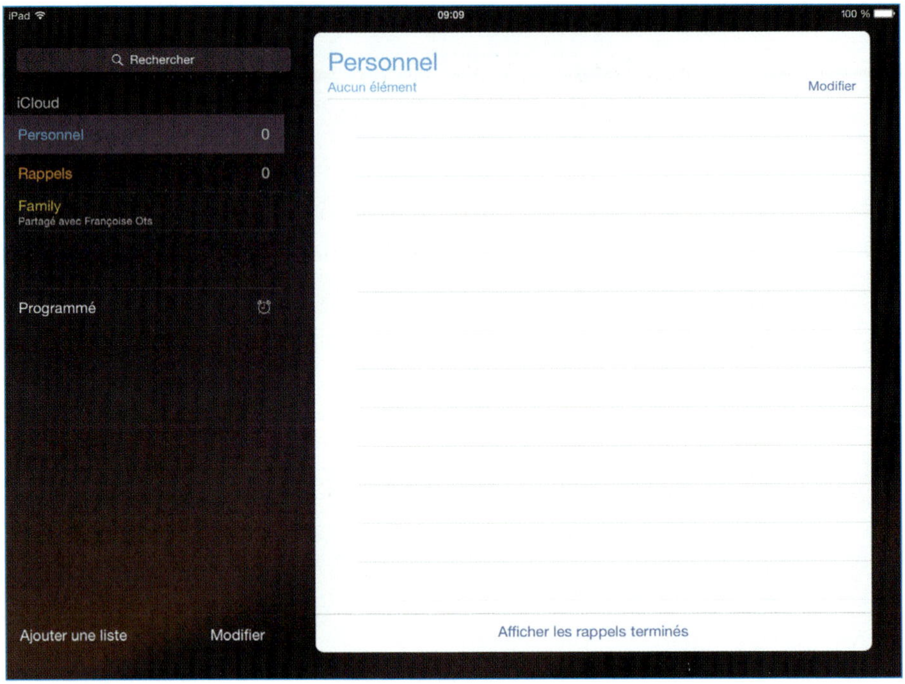

Figure 17.1

3. Quand vous avez terminé, touchez OK ou la touche d'escamotage du clavier. La nouvelle tâche ajoutée à la liste sélectionnée.

TRUC

À ce stade, vous ne pouvez pas détailler une tâche, seulement lui donner un nom évocateur. Vous découvrirez ci-après comment préciser l'heure et d'autres informations.

iOS 8

La fonction de partage familial évoquée précédemment (Chapitre 9) inclut la possibilité de partager un calendrier familial afin que tous les membres de la famille restent à la page. C'est l'option Family du volet des listes qui vous y garantit l'accès.

Accéder aux détails et donner une priorité

1. Dans le volet droit, touchez la tâche à préciser, puis touchez le bouton i placé à droite. La fenêtre des détails s'affiche. Touchez Me le rappeler un certain jour pour afficher l'intégralité des options (Figure 17.2).

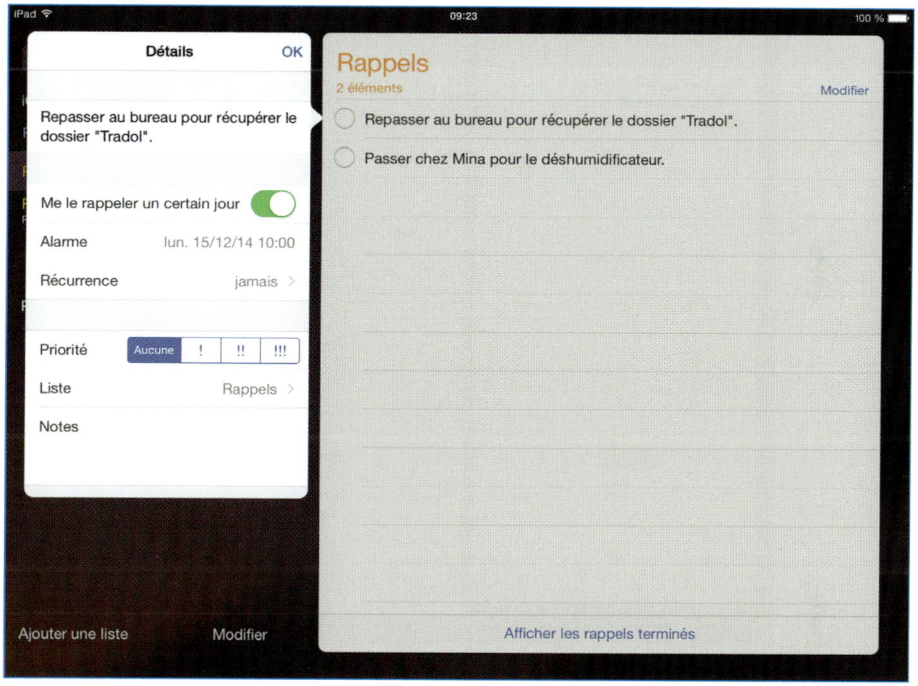

Figure 17.2

2. Touchez le bouton Priorité et choisissez entre Aucune, Faible (!), Normale (!!) ou Élevée (!!!).

3. Touchez OK quand vous avez terminé.

Double-touchez Notes pour pouvoir introduire un commentaire concernant la tâche.

Configurer un rappel

L'intérêt majeur des rappels est de vous signaler les tâches à effectuer.

1. Accédez aux détails de la tâche concernée.

2. Dans le panneau Détails, touchez le bouton Me le rappeler un certain jour, puis touchez Alarme. Un sélecteur s'affiche (Figure 17.3).

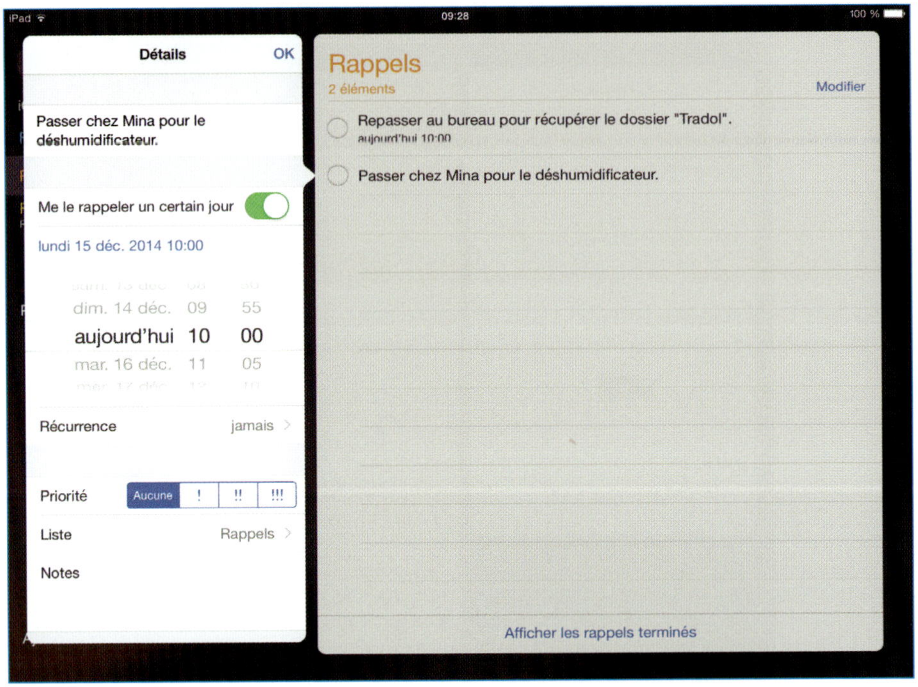

Figure 17.3

3. Actionnez les tambours pour fixer le jour, l'heure et les minutes.

4. Touchez le bouton OK pour enregistrer l'alerte et fermer le panneau Détails. Le jour et la date sont inscrits sous la tâche.

L'heure venue, un rappel en bonne et due forme vous sera immanquablement adressé, quelle que soit l'app en service à ce moment précis (Figure 17.4).

Si une tâche doit être effectuée quotidiennement, hebdomadairement, bimensuellement, mensuellement ou annuellement, utilisez le bouton Répéter du le panneau Détails et faites votre choix.

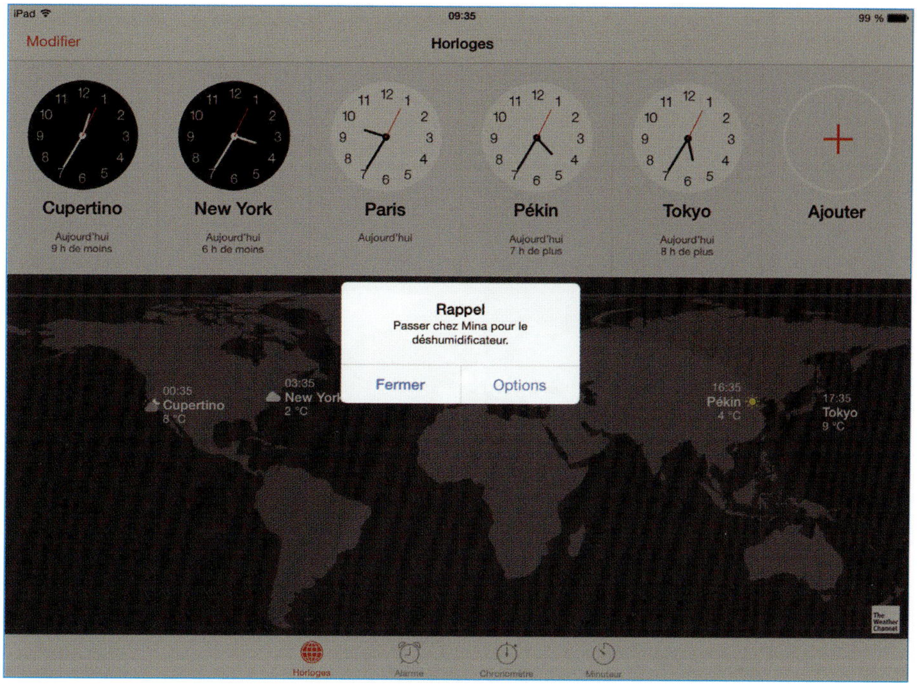

Figure 17.4

Afficher les tâches par listes ou par dates

Plusieurs listes de rappels peuvent être affichées (comme Personnel, Rappels et Family), mais aussi celles que vous aurez créées vous-même, comme expliqué plus loin. Vous pouvez en outre afficher les rappels par dates, ce qui est très pratique pour planifier votre emploi du temps.

1. **Dans l'application Rappels, touchez le bouton Rappels dans le volet gauche ; la liste des rappels définis et de leurs éventuels détails s'affiche à droite (Figure 17.5).**

2. **Touchez le bouton Programmé ; la liste des tâches est affichée par journée (Figure 17.6).**

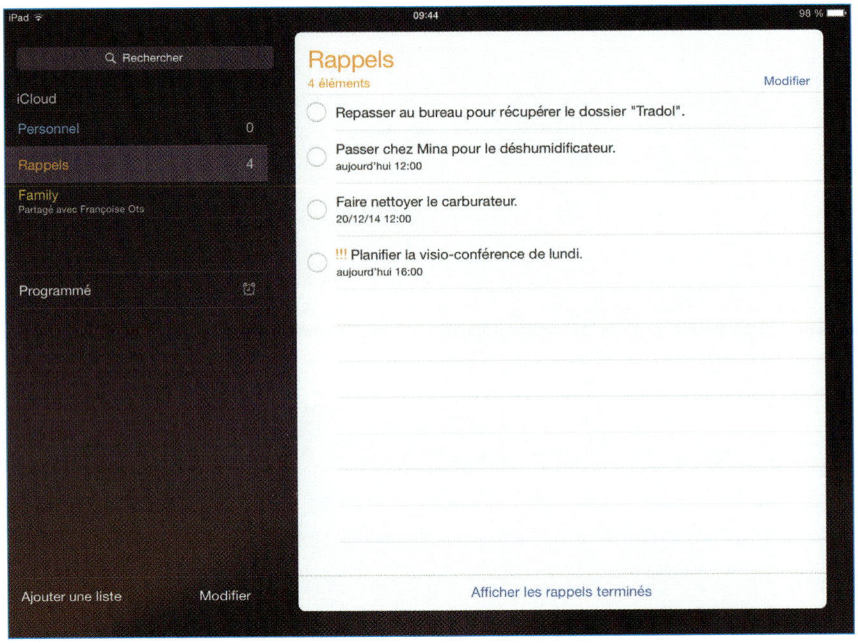

Figure 17.5

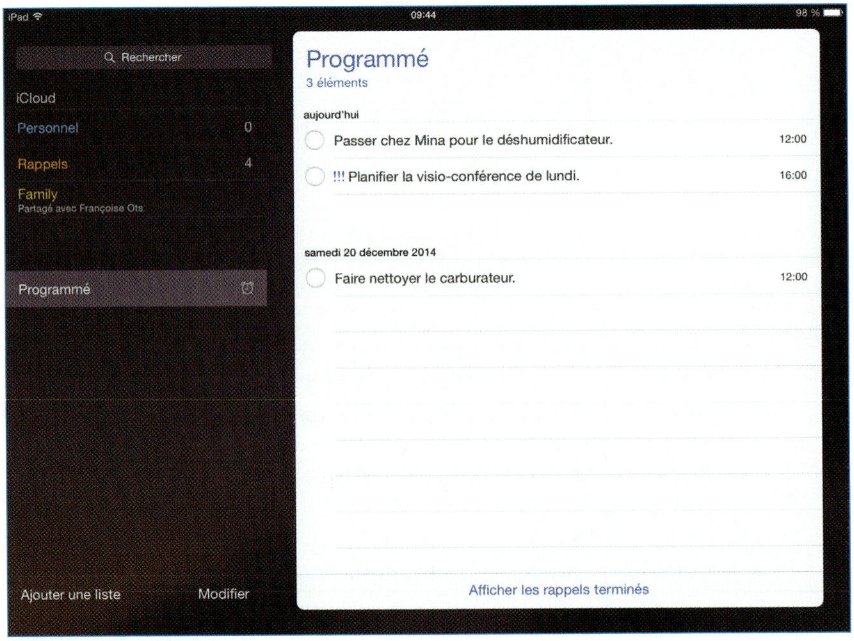

Figure 17.6

Le cas échéant, faites défiler les rappels pour accéder à des dates plus lointaines dans le futur ou dans le passé.

Créer une liste

1. **Touchez l'icône Rappels, sur l'écran d'accueil.**

2. **Touchez le bouton Ajouter une liste, en bas à gauche (Figure 17.7).**

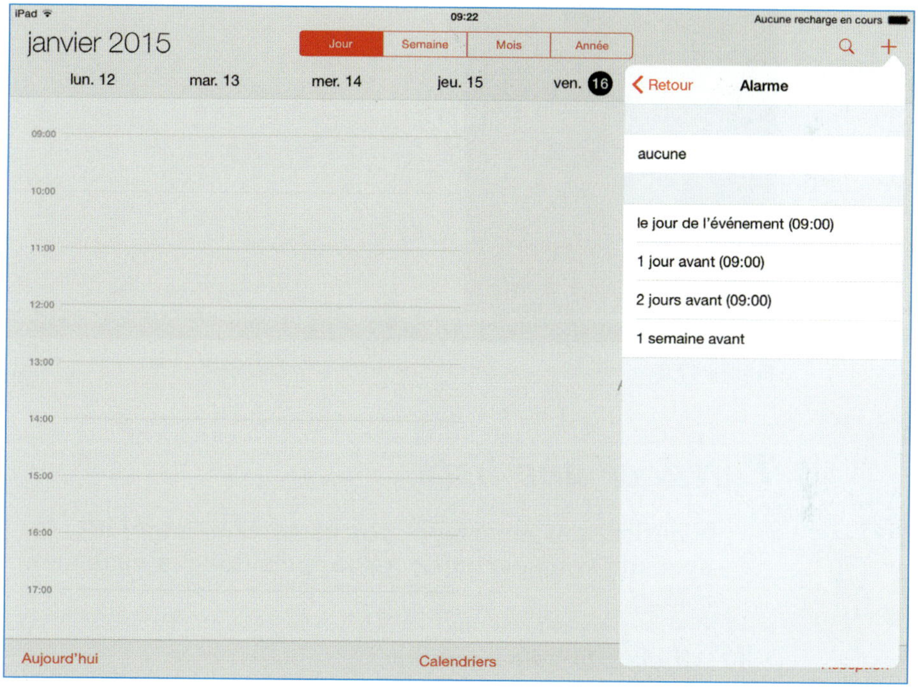

Figure 17.7

3. **Nommez la liste à l'aide du clavier virtuel, attribuez-lui une couleur, puis touchez le bouton OK. La nouvelle liste rejoint les listes existantes (Figure 17.8).**

4. **Traitez-la comme une liste standard : touchez son intitulé à gauche pour lui ajouter des tâches à droite.**

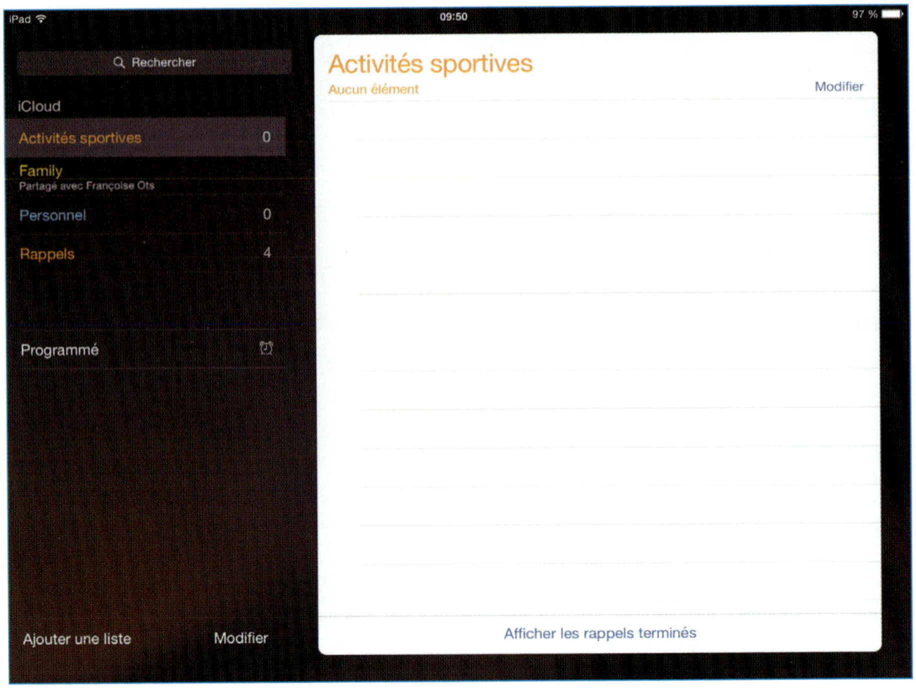

Figure 17.8

Partager une liste

iOS 8

N'hésitez pas à partager vos listes. Seul impératif : les personnes avec qui vous partagez ces rappels doivent également utiliser iCloud.

1. **Affichez la liste à partager.**
2. **Touchez le bouton Modifier en haut à droite.**
3. **Touchez ensuite Partager. Le volet Partage s'affiche (Figure 17.9).**
4. **Touchez Ajouter une personne, puis commencez à taper son adresse mail. Si elle s'affiche dans la liste de vos contacts, sélectionnez-l'y. Pour en ajouter une deuxième, touchez le signe + et répétez l'opération.**

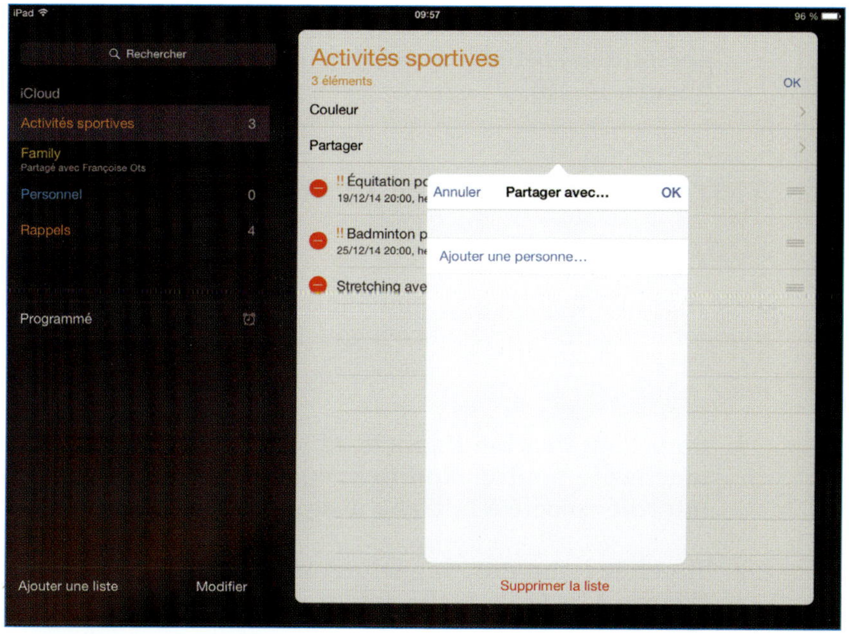

Figure 17.9

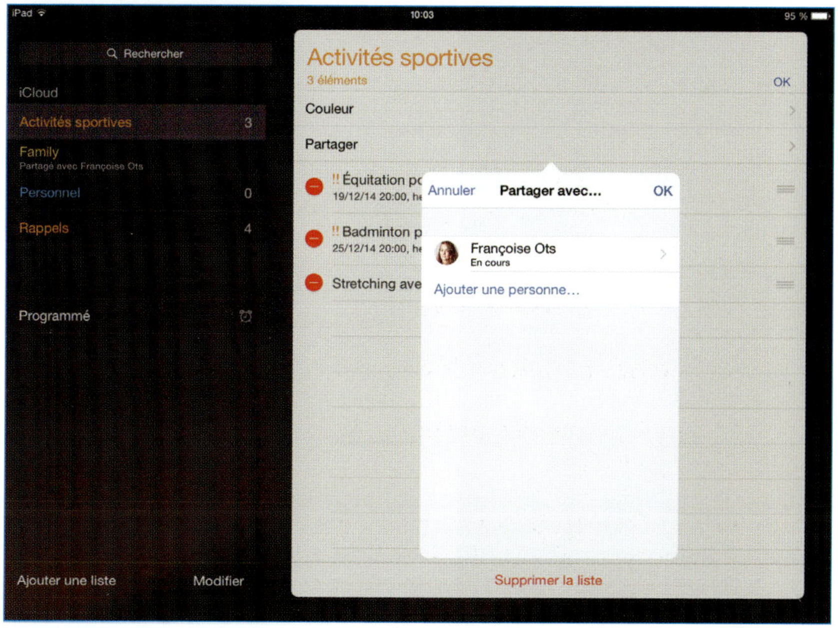

Figure 17.10

5. Quand vous avez terminé, touchez le bouton Ajouter. La/les personne(s) sélectionnée(s) est/sont reprise(s) dans le panneau (Figure 17.10).

Marquer une tâche comme terminée ou la supprimer

Pour marquer une tâche comme terminée, c'est simple : il suffit de toucher le bouton rond placé à gauche de son intitulé.

Pour supprimer une tâche :

1. Dans l'application Rappels, affichez la liste concernée, puis touchez le bouton Modifier ; ensuite, touchez le bouton Sens interdit associé à la tâche à supprimer.

2. Touchez le bouton Supprimer dès qu'il se manifeste (Figure 17.11) ; la tâche est effacée. Touchez OK en haut à droite.

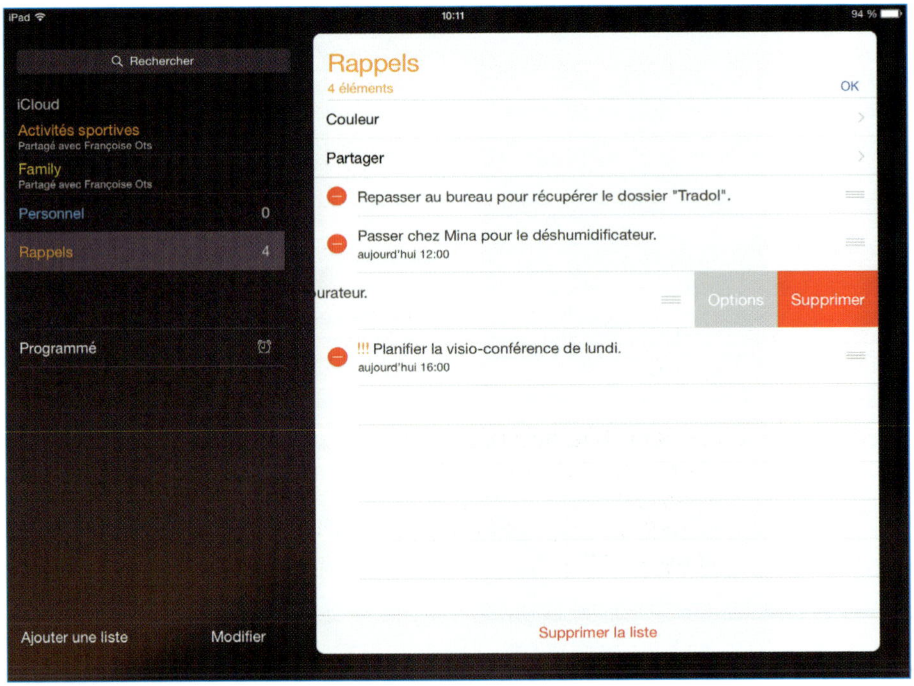

Figure 17.11

Définir le type de notifications

L'outil Centre de notifications vous assure un accès rapide à toutes sortes d'infos : emails, événements de calendrier, rappels… Par défaut, ce centre est actif.

Pour le configurer :

1. Sur l'écran d'accueil, touchez Réglages > Notifications (Figure 17.12).

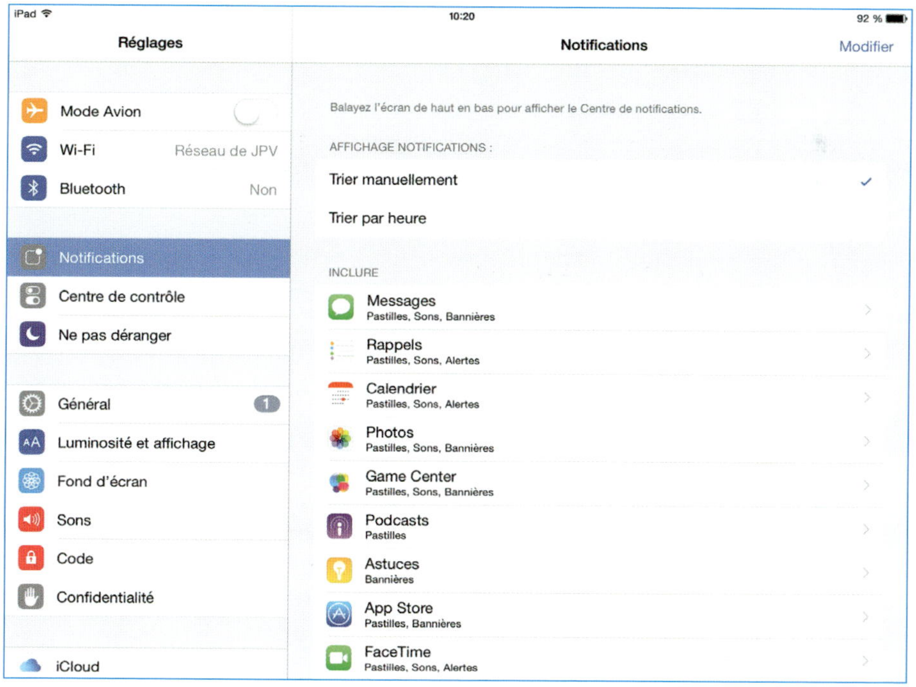

Figure 17.12

2. La liste Inclure regroupe les éléments susceptibles d'être affichés dans ce centre. Touchez un élément; dans le panneau suivant, vous aurez la possibilité d'activer/désactiver les notifications grâce à l'interrupteur Autoriser les notifications (Figure 17.13).

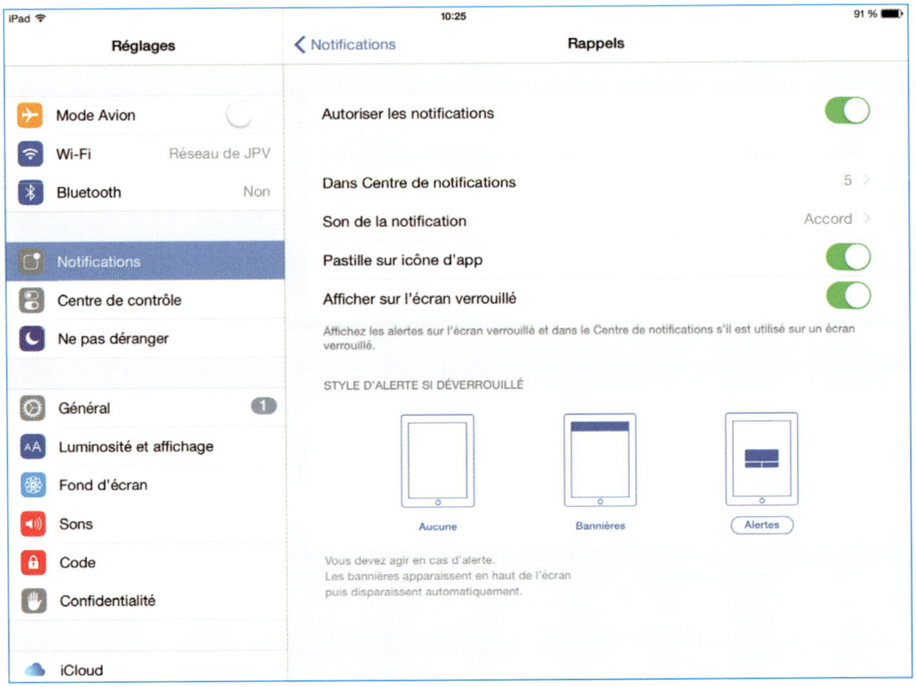

Figure 17.13

3. Dans la rubrique Style d'alerte si déverrouillé, choisissez le type d'alerte souhaité : une bannière qui s'affiche en haut de l'écran ou une alerte qui vous est proposée dans un panneau. Si vous optez pour l'option Bannières, le bandeau reste affiché quelques secondes avant de disparaître spontanément. En revanche, si vous choisissez Alertes, vous devrez toucher le panneau pour vous en débarrasser.

TRUC

L'option Pastille sur icône d'app place un rond rouge et un chiffre sur l'icône de l'application, dans l'écran d'accueil. Ce chiffre indique le nombre d'alertes. Désactivez ce commutateur si vous ne souhaitez pas ce genre d'info.

4. Pour voir une alerte même lorsque l'iPad est en veille, assurez-vous que le commutateur Afficher sur l'écran verrouillé est actif.

5. Touchez le bouton Notifications, en haut à gauche du panneau, pour revenir aux réglages des notifications.

Afficher le Centre de notifications

Après avoir paramétré le Centre de notifications, vous pourrez le consulter quand bon vous semble en procédant ainsi :

1. **Où que vous soyez (écran d'accueil ou app quelconque), effleurez l'écran depuis la barre de titre vers le bas ; aussitôt, le Centre apparaît (Figure 17.14).**

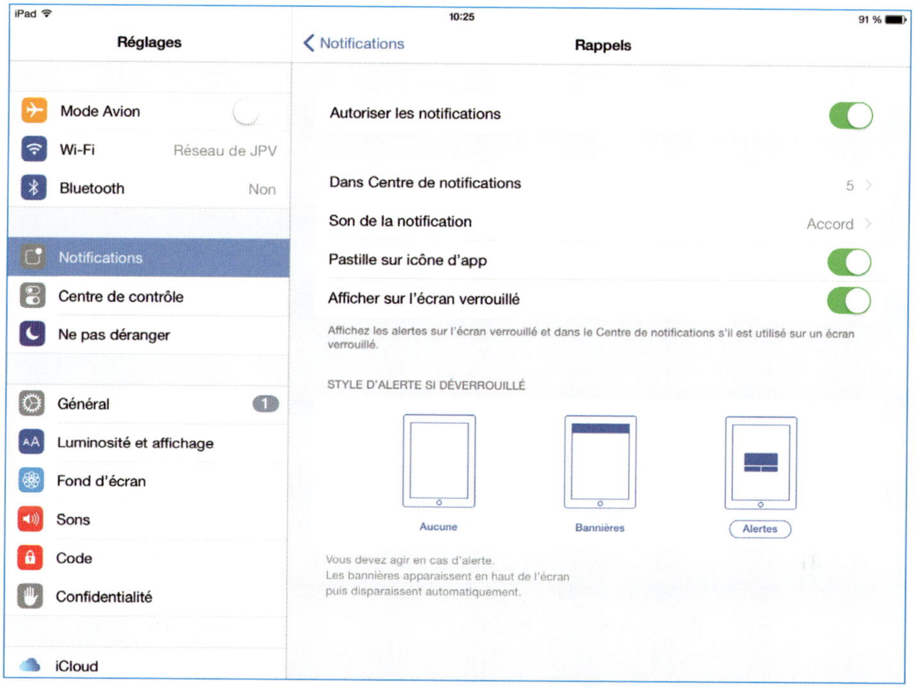

Figure 17.14

2. **Pour fermer ce Centre, tirez le volet vers le haut par le bouton situé dans le bas du panneau.**

iOS 8

Le bouton Modifier que vous trouverez tout en bas vous permet d'exercer un contrôle sur la présence de certains widgets prédéfinis et aussi de contrôler l'ordre d'apparition des notifications (Figure 17.15).

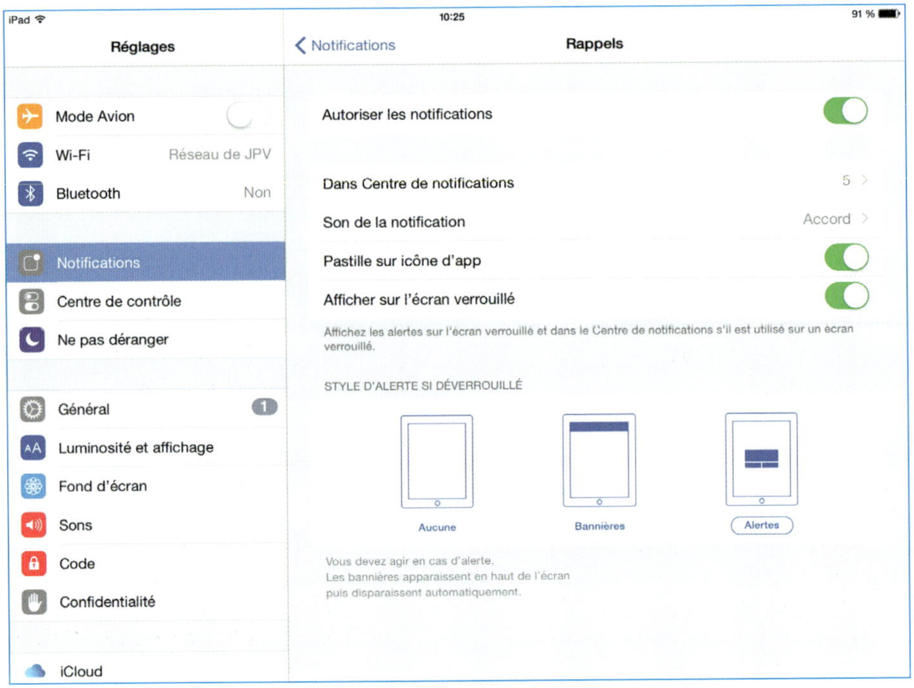

Figure 17.15

Accéder à une application à partir de ce centre

Il est très facile d'aller du panneau du Centre de notifications jusqu'à une des applications qui y affichent des données :

1. **Déployez le panneau du Centre de notifications en effleurant du haut de l'écran vers le bas.**

2. **Touchez un élément. L'application associée s'ouvre aussitôt. Par exemple, si vous avez touché un courrier électronique, le message en question apparaît dans Mail. Ou si vous avez touché un événement de Calendrier, l'app Calendrier se déclenche aussitôt.**

Index

M

N

O

P

R

S

Notes

Notes

Notes

Notes

Notes

Notes

Notes